基础教育教材建设文献资料选编

（1949—2019年）

课程计划卷

人民教育出版社　课程教材研究所　编

人民教育出版社
PEOPLE'S EDUCATION PRESS
·北京·

图书在版编目（CIP）数据

基础教育教材建设文献资料选编：1949-2019年.课程计划卷/人民教育出版社课程教材研究所编.—北京：人民教育出版社，2020.11
ISBN 978-7-107-34659-0

Ⅰ.①基… Ⅱ.①人… Ⅲ.①基础教育－教材建设－文献资料－选编－中国－1949-2019 ②基础教育－课程建设－文献资料－选编－中国－1949-2019 Ⅳ.① G632.3

中国版本图书馆CIP数据核字（2020）第218272号

基础教育教材建设文献资料选编（1949—2019年） 课程计划卷
人民教育出版社　课程教材研究所　编
责任编辑：李红梅
封面设计：郭　威

出版发行	人民教育出版社
	（北京市海淀区中关村南大街17号院1号楼　邮编：100081）
网　　址	http://www.pep.com.cn
经　　销	全国新华书店
印　　刷	北京新华印刷有限公司
版　　次	2020年11月第1版
印　　次	2020年11月第1次印刷
开　　本	890毫米×1240毫米　1/16
印　　张	17.5
字　　数	275千字
印　　数	0 001～3 000册
定　　价	58.00元

版权所有·未经许可不得采用任何方式擅自复制或使用本产品任何部分·违者必究
如发现内容质量问题、印装质量问题，请与本社联系。电话：400-810-5788

基础教育教材建设文献资料选编
（1949—2019年）

选编说明

  为落实中办、国办《关于加强和改进新形势下大中小学教材建设的意见》精神，加强教材文献资料整理，做好教材建设基础性工作，我们收集整理并选编了1949—2019年基础教育教材建设的规章制度、政策文件、领导指示讲话以及相关文献。这些文献按类分编，每类又按发表时间先后顺序进行排列。

  为尽可能保持文献原貌，编辑加工时仅针对编校方面的问题进行了修改。限于篇幅，文献中收录的中小学各学科课程标准（教学大纲），仅保留通知全文，略去了呈现各学科课程标准（教学大纲）具体内容的附件。

  这是国内首次对1949—2019年的基础教育教材建设文献进行系统整理与选编。对于本选编存在的缺漏和不足，欢迎提出宝贵意见与建议，以便我们不断完善。

目　　录

19500801	教育部关于颁发中学暂行教学计划（草案）及中等学校暂行校历（草案）的命令	1
19520205	教育部关于颁发四二旧制小学暂行教学计划的指示	5
19520318	教育部颁发小学暂行规程（草案）	7
19520318	教育部颁发中学暂行规程（草案）	12
19520915	教育部关于"中学暂行教学计划（草案）"部分科目调整办法及高中地理科分别讲授中外经济地理的通知	18
19530722	教育部颁发"中学教学计划"（修订草案）及"1953年8月至1954年7月试行中学教学计划（修订草案）的调整办法"	19
19530922	教育部颁发试行小学（四二制）教学计划（草案）	24
19540215	教育部关于颁发小学"四二制"教学计划（修订草案）的通知	27
19540428	教育部关于从1954年秋季起中学外国语科设置的通知	31
19541113	教育部关于初中不设外国语科的说明的通知	32
19550610	教育部关于制发1955—1956学年度中学授课时数表的通知	33
19550902	教育部关于颁发"小学教学计划"及"关于小学课外活动的规定"的命令	36
19560319	教育部关于制发1956—1957学年度中学授课时数表的通知	43
19560406	教育部关于公布中学校历的命令	46
19560411	教育部关于颁发小学校历的规定的通知	47
19560423	教育部关于对高级中等学校军事训练目的、任务的指示	49
19560710	教育部关于中学外国语科的通知	51
19560717	教育部关于1956—1957学年度中小学实施基本生产技术教育的通知	51

编号	标题	页码
19560903	教育部关于恢复初中三年级音乐科的通知	52
19560915	教育部关于1957年春季小学自然课本和手工劳动、自然教学时间的安排的通知	53
19570206	教育部关于小学五年级第二学期自然课教学时数的通知	53
19570307	教育部关于增设农业基础知识课的通知	54
19570608	教育部关于1957—1958学年度中学教学计划的通知	55
19570615	教育部关于在农村小学五、六年级增设农业常识和农业常识教学要点的通知	59
19570711	教育部公布"1957—1958学年度小学教学计划"	59
19570715	教育部关于"1957—1958学年度中学教学计划"的补充通知	61
19571119	教育部关于明春是否停授汉语课问题的复信	62
19580308	教育部关于1958—1959学年度中学教学计划的通知	63
19580510	教育部关于1958—1959学年度中学教学计划的补充通知	69
19590326	教育部关于在中学加强和开设外国语的通知	70
19590411	教育部关于在中学加强和开设外国语的补充通知	71
19590423	教育部关于停设高中和师范学校经济地理的通知	72
19590605	教育部关于1959—1960学年度中小学、师范学校教学工作几个问题的通知	72
19591203	教育部关于普通中学和师范学校讲授中国地理暂用教材的通知	74
19620730	教育部对小学开设外国语课的有关问题的意见	75
19620912	教育部关于中小学上课时间的通知	76
19621222	教育部关于中学数学课程安排的通知	76
19630612	教育部关于中小学开设农业生产知识（常识）课的通知	77
19630715	教育部关于开办外国语学校的通知	78
19630727	教育部关于坚持进行中小学校教学改革试验工作的通知	85
19630731	教育部关于实行全日制中小学新教学计划（草案）的通知	88
19640714	教育部关于调整和精简中小学课程的通知	95
19640821	教育部关于调整和精简外国语学校课程的通知	98
19650114	教育部关于暂停授初中世界历史和高中世界现代史的通知	98
19780118	教育部颁发《全日制十年制中小学教学计划试行草案》的通知	99

19780922	教育部关于试行《全日制中学暂行工作条例》（试行草案）、《全日制小学暂行工作条例》（试行草案）的通知 …… 105
19790329	教育部关于印发《加强外语教育的几点意见》的通知 …… 128
19790927	教育部印发《关于办好外国语学校的几点意见》 …… 132
19810313	教育部关于在城市试行六年制小学问题的意见 …… 136
19810313	教育部关于颁发《全日制五年制小学教学计划（修订草案）》的通知 …… 137
19810417	教育部颁发《全日制六年制重点中学教学计划试行草案》《全日制五年制中学教学计划试行草案的修订意见》的通知 …… 141
19820719	教育部关于开好高中地理课的通知 …… 147
19820730	教育部印发《关于加强中学外语教育的意见》的通知 …… 148
19820730	教育部关于办好外国语学校若干问题的通知 …… 152
19821019	教育部颁发《关于普通中学开设劳动技术教育课的试行意见》的通知 …… 154
19840815	教育部关于全日制六年制小学教学计划的安排意见 …… 158
19860829	国家教委办公厅关于印发《全国中学劳动技术教育工作座谈会纪要》的通知 …… 163
19880920	国家教委关于印发《义务教育全日制小学、初级中学教学计划（试行草案）》和二十四个学科教学大纲（初审稿）的通知 …… 167
19900308	国家教委印发《现行普通高中教学计划的调整意见》的通知 …… 177
19910729	国家教委印发《关于实施〈现行普通高中教学计划的调整意见〉和普通高中毕业会考制度的意见》等两个文件的通知 …… 183
19920403	国家教委办公厅关于加强普通高中教学管理的几点意见 …… 189
19920806	国家教委关于印发《九年义务教育全日制小学、初级中学课程计划（试行）》和二十四个学科教学大纲（试用）的通知 …… 190
19921116	国家教委关于组织实施《九年义务教育全日制小学、初级中学课程方案（试行）》的意见 …… 202
19930330	国家教委办公厅关于贯彻《九年义务教育全日制小学、初级中学课程方案（试行）》中有关体育教学要求的意见 …… 204
19940705	国家教委关于印发《实行新工时制对全日制小学、初级中学课程

	（教学）计划进行调整的意见》和《实行新工时制对高中教学计划进行调整的意见》的通知	205
19940712	国家教委关于在普通高中开设"艺术欣赏"课的通知	212
19950412	国家教委办公厅关于印发《关于实行每周40小时工作制后调整全日制中小学课程（教学）计划的意见》的通知	213
19960117	国家教委办公厅关于下发实验《"体育两类课程整体教学改革"的方案》的通知	215
19960326	国家教委基础教育司关于印发《全日制普通高级中学课程计划（试验）》的通知	222
19990726	教育部办公厅关于印发《落实全教会精神，深化高考改革座谈会纪要》的通知	228
20000131	教育部关于印发《全日制普通高级中学课程计划（试验修订稿）》的通知	231
20000410	教育部关于做好2001年普通高考"3＋X"科目设置改革工作的通知	237
20000804	教育部办公厅关于《全日制普通高级中学课程计划（试验修订稿）》的补充通知	238
20010118	教育部关于积极推进小学开设英语课程的指导意见	239
20010120	教育部关于全国使用《全日制普通高级中学课程计划（试验修订稿）》和各学科教学大纲（试验修订版）的通知	241
20011119	教育部关于印发《义务教育课程设置实验方案》的通知	242
20020426	教育部关于印发《全日制普通高级中学课程计划》的通知	245
20030331	教育部关于印发《普通高中课程方案（实验）》和语文等十五个学科课程标准（实验）的通知	251
20041108	教育部关于保证中小学体育课课时的通知	256
20110802	教育部关于中小学开展书法教育的意见	257
20171229	教育部关于印发《普通高中课程方案和语文等学科课程标准（2017年版）》的通知	259

19500801

教育部关于颁发中学暂行教学计划（草案）及中等学校暂行校历（草案）的命令

1950 年 8 月 1 日

中一字第 211 号

关于普通中学教学计划及中等学校始业制度，迄尚未作统一的规定，以致各地区中学在教学科目及每周教学时数的增减上，颇多出入，中等学校之始业制度，各地亦不尽一致。但在工作要求上，实有统一规定的必要。本部为增加教学的计划性，提高教学的效率，并便于学生升学、转学起见，特制定中学暂行教学计划（包括各科教学科目及时数）（草案）及中等学校暂行校历（草案），随令附发。希即斟酌当地情况，参照执行，以求大体上的一致，并望在执行过程中继续研究，搜集意见，于本年 11 月底以前汇报我部。各地如因具体情况之特殊，对上项计划草案及校历之规定，必须有重大变动时，应事先呈报我部核准。

附件一：

中学暂行教学计划（包括各科教学科目及时数）（草案）

每周时数 科目 \ 学年 阶段	初中					高中				
	第一学年	第二学年	第三学年	三学年总计	各科百分比	第一学年	第二学年	第三学年	三学年总计	各科百分比
政治	2	2	2	240	6.67	2	2	2	240	6.67
语文	7	7	7	840	23.33	6	5	5	640	17.78
数学	4	5	5	560	15.56	5	5	5	600	16.66
自然	4	1		200	5.56					
生物						4			160	4.44
化学		4		160	4.44		3	3	240	6.67
物理			4	160	4.44		3	3	240	6.67
历史	3	3	3	360	10.00	3	3	3	360	10.00
地理	2	2	2	240	6.67	2	2	2	240	6.67
外国语	3	3	3	360	10.00	4	4	4	480	13.33

续表

阶段 / 每周时数学年 / 科目	初中					高中				
	第一学年	第二学年	第三学年	三学年总计	各科百分比	第一学年	第二学年	第三学年	三学年总计	各科百分比
体育	2	2	2	240	6.67	2	2	2	240	6.67
音乐	1	1	1	120	3.33	1			40	1.11
美术	1	1	1	120	3.33	1			40	1.11
制图							1	1	80	2.22
每周教学时数	29	31	30			30	30	30		
每学年上课周数	40	40	40			40	40	40		
教学总时数	1160	1240	1200	3600	100	1200	1200	1200	3600	100

说明：

一、总的说明

1. 各地在获得解放后，各教育行政机关对中学的教学科目及授课时数的旧有规定，都已作了必要的变更，但很不一致。现中国即将全部解放，规定统一的标准，已具备条件。本部经征询各方意见，缜密研讨，特制定"中学暂行教学计划"，以备在我国学制改革以前，暂行适用。

2. 教学计划内所列科目均为必修。

3. 课外自修、生产劳动、文娱活动及社会服务等，应有计划地配合正课进行，达成学好正课的目的。

二、分科的说明

1. 政治

除各科均应贯彻政治思想教育外，初高中各学年仍设政治科目，以期加强现阶段中学政治思想教育。

2. 语文

（1）初中每周7小时，使在课内能有充分时间进行讲解和讨论。教师并应利用这些时间讲授语文法则，订正写作错误。

（2）在兄弟民族的学校，初中语文教学以4小时授国语文，3小时授本族语文，高中全授国语文。

3. 数学

教学程序为：

初中第一学年——算术；

第二学年——代数；

第三学年——平面几何。

高中第一学年——平面几何、三角、立体几何（下学期）；

第二学年——立体几何（上学期）、大代数、解析几何（下学期）；

第三学年——大代数、解析几何。

在高中各学年以两科平行教学为原则，每科教学时数，教师应适当支配，并参照订定的"普通中学数学精简纲要（草案）"进行教学，使教材分量适合学生的接受能力，适当减轻学习上的负担。

高中数学课程授课时数分配意见

每周时数\科目\学年		平面几何	立体几何	三角法	解析几何	代数
高一	上	2		3		
	下	1	1	3		
高二	上		2			3
	下				2	3
高三	上				3	2
	下				3	2

4. 自然

包括植物、动物、达尔文学说基础和生理卫生等。分科教学：

初中第一学年——植物、动物各每周2小时，第二学期的最后三周，略授达尔文学说基础。

第二学年——生理卫生，包括防空、化学防卫和救护等常识。

5. 生物

包括达尔文学说基础的教学，注重采集和实验。实验以每两周在课内时间进行一次为原则。

6. 化学和物理

参照本部订定的"普通中学化学精简纲要（草案）"及"普通中学物理精简纲要（草案）"进行教学。初中理化教学均应有简单实验。高中理化实验以各每两周一次，物理和化学交互间周举行为原则。

7. 历史

初高中各每周3小时，使能有充分时间分析历史事实，逐渐明了历史发展的规律，并着重近代史的教学。初高中第一、二学年均授本国史，第三学年授外国史。

8. 地理

初高中第一、二学年均授本国地理，第三学年授外国地理。

9. 外国语

初高中均须设一种，如有条件（如师资、教材等）宜设俄语，但已授英语之班级，仍应继续授英语，不可中途变更，其不具备俄语条件的学校，亦宜暂授英语。

10. 体育

包括集体操、体格检查和保健知识。体育正课和课外运动应有合理的划分。男女生的差异应作适当的照顾。

11. 音乐

包括乐理的教学，初中第三学年和高中第一学年应兼授简单的作曲法。

12. 美术

初三第三学年应兼授简单的制图——实用图样的绘制。

13. 制图

内容为与工农业建设有关的各种图样的绘制。

附件二：

中等学校暂行校历（草案）

甲、学期

1. 中学以每年8月1日为学年之始，次年7月31日为学年之终。

2. 一年分为两学期，自8月1日至次年1月31日为第一学期，自2月1日至7月31日为第二学期。

3. 中学授课时间，全年共290天，计41周零3天。上学期145天，计20周零5天；下学期145天，计20周零5天。

乙、假期

1. 暑期52天（7月11日起至8月31日止）。

2. 寒假23天（1月24日起至2月15日止）。

3. 春假3天（4月3日起至4月5日止）。

丙、全年日程

9月1日
 暑假期满正式上课
10月1日至10月2日
 国庆纪念日放假2天
1月1日
 新年放假1天
夏历正月初一日至初三日
 春节放假3天
1月24日
 寒假开始
2月16日
 寒假期满正式上课
3月8日
 妇女节放假半天（限于妇女）
4月3日至4月5日
 放春假3天
5月1日
 劳动节放假1天
5月4日
 青年节放假半天
7月11日
 暑假开始

丁、附则

1. 各校于规定寒、暑假期满前，应一律办好注册手续，不得延误，以免影响正课时间。

2. 假日除妇女节、青年节外，如适逢星期日应补假，但春节如在寒假期间则不另补假。

3. 除一般例假外，非经主管机关批准，不得随便放假或停课。

4. 我国南北气候差异很大，如因适应地方具体情况需调整假期长短或变更起讫日期者，可呈请该区主管机关批准，报部备案，但总数不得超过75天。

5. 本校历除工农速成中学另行规定外，凡属普通中学、中等技术学校均可适用。

19520205

教育部关于颁发四二旧制小学暂行教学计划的指示

1952 年 2 月 5 日

遵照中央人民政府政务院"关于改革学制的决定",小学应从 1952 年秋季招收第一学年新生开始,改行五年一贯制。以后逐年递改,到 1957 年,改革完成。有条件的地区,得依照本地区具体情况,缩短改革年限。

近据各地方反映:在新旧学制过渡时期,小学的四二旧制既非立即废除,其教学计划,仍有明确规定的必要。否则各地方旧制小学无所遵循,科目时间支配等难免有混乱的现象。我部以为这意见是对的。因此,除在小学暂行规程中规定了五年制小学教学计划,俟中央人民政府政务院准予备案后再行公布外,特订定四二旧制小学暂行教学计划,随文附发。希通知你区(省、市)小学,在学制未改革前,依照实施。

但各地方所用小学教科书尚未统一,此项规定,得由各大行政区(内蒙古等自治区)及中央直属各省、市斟酌本地区用书等具体情况,变通处理。你部厅局如认为你区省市有变通处理必要时,希即提出适用于你省市区四二制小学的教学计划,并加说明,送部备案后,分发所属各小学实施为要。

附:

四二旧制小学暂行教学计划一件

一、教学科目和时间表

每周节数\科目	初级 一	初级 二	初级 三	初级 四	高级 五	高级 六
语文(国语)	12		12		10	
算术	5		6	7	7	
自然					3	
历史					3	
地理					2	
体育	2		2		2	
音乐	3		3		1	
美工	2		2		1	
总计	24		25	26	29	

说明:

1. 每周各科教学节数,每节都以 45 分钟计算。各校初级班因习惯关系,在各科总时间不减少的原则下,每节时间的长短,得酌量变通。

2. 每节课后休息时间,以 10—15 分钟为原则。

3. 初级小学语文科包括常识教学。常识不另设科目。常识教学,除在语文科中进行外,并得在有关各科中随机进行。

4. 算术科从四年级起包括珠算在内，珠算教学时间，各年级每周各一节。

5. 高级小学自然科包括卫生常识。初级卫生常识除在语文科中进行教学外，并得在有关各科中随机进行。

6. 美工科，包括图画、劳作。各校可改设单独的图画科，或分为图画、劳作两科。

7. 各校可根据实验情况，增减教学时间。但增减时间，每周不得超过两节。

8. 教学大纲，以中央人民政府教育部的"小学课程暂行标准初稿"为参考。

二、每周集体活动时间表

每周分钟　学年　项目	初级	高级
朝会（包括晨操）或课间会（包括课间操）	120	120
周会	60	60
校内课外活动（体育、学生会服务、学习小组）	120	180
校外社团活动	40	90
每周总计	340	450

说明：

1. 朝会：儿童每天作息时间，要看季节和本地的气候而定，保证睡眠充足，早晨不得令儿童过早到校。冬季改为课间会：每天一次，平均各20分钟。有计划、有中心地结合最近的时事或校中新发生的事项，进行集体的生活指导。

2. 周会：每周举行一次，结合时事和校中有关全体的事项，进行有关全体的生活指导。有时并可作演剧等文娱活动。

3. 校内课外活动：主要是（1）分组体育活动，（2）少年儿童队或学生会的活动，（3）由教师领导依据高年级儿童能力，自愿而组织的音乐、图画、工艺、农作……各学习小组，在每几天的课后分别进行。时间可酌情灵活地规定（课外作业的时间不计算在内）。

4. 校外社团活动：依照中央人民政府政务院关于改善各级学校学生健康状况的决定"小学每人每周不超过1.5小时"。没有社团活动时，此项时间空出。

19520318

教育部颁发小学暂行规程（草案）

1952 年 3 月 18 日

第一章 总则

第一条 本规程根据中国人民政治协商会议共同纲领文化教育政策及中央人民政府政务院"关于改革学制的决定"制定。

第二条 小学教育的宗旨是：根据新民主主义的教育方针和理论与实际一致的教育方法，给儿童以全面的基础教育，使他们成为新民主主义社会热爱祖国和人民的、自觉的、积极的成员。

第三条 小学实施智育、德育、体育、美育全面发展的教育。其主要目标如下。

一、智育方面：使儿童具有读、写、算的基本能力和社会、自然的基本知识。

二、德育方面：使儿童具有爱国思想、国民公德和诚实、勇敢、团结、互助、遵守纪律等优良品质。

三、体育方面：使儿童具有强健的身体，活泼、愉快的心情以及卫生的基本知识和习惯。

四、美育方面：使儿童具有爱美的观念和欣赏艺术的初步能力。

第二章 学制

第四条 小学修业年限定为五年。

第五条 小学儿童入学年龄以七足岁为标准。如有特殊情况，得酌予变通处理。

第六条 各地为适应特殊需要，得采取下列办法。

一、举办二部制的小学和季节性的小学，或在小学内酌设早班和晚班等，以广泛吸收工农子女入学并便利其参加家庭劳动。

二、举办半日制的和巡回制的小学，以便利人口分散地区的儿童入学。

依照前项规定所设立的班和小学，其修业年限得视具体情况酌量伸缩，但都应修毕小学课程。

第七条 小学得附设幼儿园或幼儿班（得不设小班），设主任一人，在校长领导下，主持本园或本班教养事项。

第八条 小学得附设各种补习班或专业训练班，以便使不能升学的毕业儿童得继续受适当的教育。

第九条 小学实行秋季始业。现在实行春季始业的地区应逐步改行秋季始业。小学每一学年分为两个学期。每学年的实际授课时间，以38周为原则。

第十条 小学学历，由各省、市人民政府教育行政部门订定，报请本大行政区人民政府（军政委员会）教育行政部门核准，并转报中央人民政府教育部（以下简称中央教育部）备案。

第三章 设置、领导

第十一条 小学由市、县人民政府统筹设置。

第十二条 小学的设立、变更、停办，依照下列的规定办理。

一、市、县所办小学的设立、变更、停办，由市、县人民政府教育行政部门决定。

二、群众所办小学的设立、变更、停办，分别由区、乡、镇、街、村人民代表会议决议，报请市、县人民政府教育行政部门核定。

三、机关、团体、学校、公营企业所办小学的设立、变更、停办，由各该设立者报请上级核准，并报告所在市、县人民政府教育行政部门备案。

四、私人或私人团体所办小学的设立、变更、停办，依照私立学校暂行管理办法的规定办理。

第十三条 市、县或群众所办小学以所在地地名为校名。例如某某街小学或某某村小学。同街同村有两校以上的，以第一、第二等顺序分别。市、县内地名有相同者，由有关市、县人民政府另行调整校名。机关、团体、学校、公营企业所办小学的校名，由设立者自定。私人或私人团体所办小学，用特定名称，上加"私立"二字。

第十四条 小学不论公办或私立的，都由市、县人民政府教育行政部门统一领导。机关、团体、学校、公营企业所办小学的人事、经费等日常行政事项，由设立者领导。

第十五条 市、县得按照行政区划和小学分布的情况，选择区内一所或两三所基础比较好、地点比较适中的小学为中心小学。在教育行政部门领导和工会协助下，组织区内各小学进行业务研究、政治学习，并交流经验。

第十六条 小学应于每学期开始时制订工作计划，学期末进行总结；并应将工作计划和工作总结报请其直接领导的教育行政部门审核备案。

第十七条 小学应在每学期开始后两个月内将教师名册、儿童名册及其他统计表册报请市、县人民政府教育行政部门备查。

第四章 教学计划、教导原则

第十八条 小学的教学计划依照下列的规定。

一、教学科目和时间表

每周节数\学年 科目	一	二	三	四	五	五年合计
语文	14	14	14	10	10	2356
算术	5	6	7	7	7	1216
自然				3	3	228
历史				3	3	228
地理				2	2	152
体育	2	2	2	1	1	304
图画	1	1	1	1	1	190
音乐	2	2	2	1	1	304
总计	24	25	26	28	28	4978

二、说明

1. 教学时间每节为 45 分钟（每节课后休息时间以 10—15 分钟为原则）。

2. 五年合计时间以每年上课 38 周计算。

3. 语文包括阅读、说话、作文、语法、写字。

4. 算术包括珠算。珠算在第四、五学年教学。

5. 第一、二、三学年不设常识科，教师应将自然、社会等常识，在语文及其他各科教学和课外活动中联系进行。

6. 第四、五学年自然科中包括卫生常识。

7. 图画包括绘画、剪贴等。

8. 劳作在各科教学的实验、实习中和课外另定时间教学，不列入教学科目内。

9. 各校得根据实际情况增减教学时间；但增减的时间每周不得超过两节。

第十九条　小学各科教学大纲由中央教育部另行规定。

第二十条　小学课本由中央教育部统一编辑，但在未编出前暂用中央教育部指定的课本。不用课本的各科教材，由中央教育部组织领导各级人民政府教育行政部门编辑。

第二十一条　小学教导的基本原则如下。

一、实行理论与实际一致的教学方法。教师应根据学科系统，正确地结合儿童生活经验以及社会自然实际，并适当地运用实际事物，进行教学。

二、以上课为教学的基本形式。教师应在教学方面起主导作用，充分准备功课，掌握教材内容，通过一定的教学过程，有计划、有系统地进行教学，以完成教学计划。

三、启发儿童的自觉性和积极性。教师应以身作则，并根据儿童心理，注意提高儿童的学习兴趣，培养独立思考的能力，使儿童在自觉、自动的基础上遵守纪律，不得实行体罚或变相的体罚。

四、课内和课外活动配合进行。教师对上课和课外活动的指导，应负全面责任，并在统一的计划下配合实施。

第二十二条　小学儿童生活指导标准，由中央教育部另行规定。

第五章　成绩考查、升级、留级、毕业

第二十三条　小学儿童学业成绩的考查，应逐步采用五级制记分法（以得三分的为及格）；各地方在未采用前，得暂用百分记分法。

第二十四条　小学儿童学业成绩的考查，依照下列的规定。

一、平时考查：由教师于平时用口述和笔述的问题，叫儿童口答和笔答，随时就成绩记分，每月至少两次，每学期总结两次，一学年共总结四次。

二、学年考查：第一、二、三、四学年各班，由教师于学年终根据儿童平时成绩的发展情况，酌定分数，作为学年总成绩，不举行学年考试。

三、毕业考查：由教师于儿童毕业时分科举行毕业考试，就成绩记分，和第五学年的学年成绩结合起来，作为毕业总成绩。

第二十五条　小学儿童操行成绩的考查，由班主任会同科任教师根据生活指导标准就儿童平时行为经常记分，约每两个半月总结一次，每年共总结四次，结合为学年总成绩，并用具体评语指出儿童的优点和缺点。总成绩的评定，采用五级制记分法，以三分为及格。

第二十六条　小学儿童升级、留级，依照下列的规定。

一、修完一学年，各科学业成绩及格的，准予升级。不及格的，教师应负责予以补习；补习后语文、算术仍有一科不及格或其他科目仍有两科不及格的，应予留级。

二、超龄儿童（例如八九足岁肄业小学一年级的，余类推）成绩特别优良，身体强健，力能超升一级的，经考查及格，得予以超升一级的机会。

第二十七条　小学儿童修完小学课程，操行和学业成绩及格的，准予毕业。学业成绩不及格的，教师应负责予以补习。补习后及格的仍予毕业，不及格的应予留级。毕业的，由校长发给毕业证书，报请市、县人民政府教育行政部门备案。

第二十八条　小学儿童因身体或家庭的特殊情况，不能继续学习的，可请求休学、转学或退学，由校长核准后，发给休学或转学证件。休学应确定期限，期满由学校通知其复学。

第六章　组织、编制、会议制度

第二十九条　小学采校长责任制。设校长一人，负责领导全校工作。必要时得设副校长。

第三十条　小学班数在5班以上的，得设教导主任一人，在15班以上的，得增设副教导主任一人，协助校长办理教导和行政事宜。

第三十一条　小学校长和教导主任，都应任课。在班数较多、校务繁重的小学，得报请领导机关核准，酌量减免。

第三十二条　小学各班采教师责

任制，各设班主任一人，并酌设科任教师。

第三十三条　小学班数较多、事务较繁的，得酌设事务员，在校长领导下办理本校会计、庶务等工作。

第三十四条　小学教师、职员、工友编制标准，由各省、市人民政府教育行政部门按照本省、市情况订定，报告本大行政区教育行政部门备案施行。

第三十五条　小学每班儿童名额：乡村以20—50人为原则，城镇以30—45人为原则。除依照年级组织单式班外，名额不足的，可将程度不同的年级，组织为复式班；并可将全校各年级儿童组织为单班小学（旧称单级小学）。

第三十六条　小学教师（包括校长、教导主任）的任务、资格、任免、待遇、学习、奖惩等办法，由中央教育部在"小学教师服务规程"中另行规定。

第三十七条　小学举行下列会议。

一、校务会议：由校长为主席，全体教职员出席，必要时得邀请家长委员会代表或本地教育委员会代表列席，讨论决定教导实施计划，检查总结教导工作，并解决学校其他重要问题；每月举行一次，必要时得举行临时会议。

二、教导研究会议：由全体教师依照学科性质，根据本校具体情况，分别组织研究组，各组设组长一人，主持本组教导研究会议，研究改进教学内容和教导方法，并交流、总结经验。教导研究会议，每两周各举行一次，必要时得召集临时研究会议；并得联合各研究组，举行联席会议。

规模较小的小学，不能举行教导研究会议的，得由同地区内几个小学联合举行。

第三十八条　小学应成立家长委员会，由家长代表、教育委员、校长等组成。定时举行会议，反映家长对学校的意见，听取学校的工作报告，以密切家庭和学校的联系，并协助学校解决困难。其决议由校长采择施行。

第七章　经费、设备

第三十九条　市、县所办小学的经费，由地方人民政府依照需要，负责统一筹措、调配、支给。具体办法由中央教育部会同中央人民政府财政部另行规定。

第四十条　机关、团体、学校、公营企业所办小学的经费，由设立者供给。

第四十一条　私立小学的经费由设立者或董事会负责筹措供给。所在市、县人民政府对办有显著成绩而经费确有困难的私立小学，应酌予补助。

第四十二条　小学经费开支标准，由各省、市人民政府教育行政部门订定，报请本大行政区教育行政部门备案施行。

第四十三条 小学应有坚固、适用、安全的校舍。课堂的建筑，以向南或向东南、由左面采光、光线充足、地位宽广的平房为原则；并应有必要的校具、教具和有关体育、卫生的各种设备以及适当的校地和校园。

第四十四条 小学建筑和设备标准，由中央教育部另行规定。

第八章 附则

第四十五条 本规程公布后，各大行政区教育行政部门应根据本规程的规定并参酌地方具体情况，订定实施办法，报请中央教育部备案后公布施行。

第四十六条 本规程由中央教育部报经中央人民政府政务院核准，公布施行。修订时同。

19520318

教育部颁发中学暂行规程（草案）

1952 年 3 月 18 日

第一章 总则

第一条 本规程根据中国人民政治协商会议共同纲领文化教育政策及中央人民政府政务院"关于改革学制的决定"制定。

第二条 中学教育的任务，是用马克思列宁主义的理论与中国革命实践相结合的毛泽东思想和普通文化知识教育青年一代，使他们的身心获得全面的发展，以便为升入高等学校或参加建设工作打好基础。

第三条 中学应对学生实施智育、德育、体育、美育等全面发展的教育，其主要目标如下。

一、使学生能正确运用本国语文，得到现代科学的基础知识和技能，养成科学的世界观。

二、发展学生为祖国效忠、为人民服务的思想，养成其爱祖国、爱人民、爱劳动、爱科学、爱护公共财物的国民公德和刚毅勇敢、自觉遵守纪律的优良品质。

三、培养学生体育卫生的智能和习惯，以养成其强健的体格。

四、陶冶学生的审美观念，并启发其艺术的创造能力。

第四条 中学修业年限为六年，分初、高两级，各修业三年。两级合设者称中学，单设者称初级中学或高级中学。

第五条 中学学生入学年龄，初级中学以 12 足岁、高级中学以 15 足岁为原则，各地得根据具体情况，酌予伸缩。

第六条 凡小学毕业或具有同等学力者得报考初级中学，初级中学毕业或具有同等学力者得报考高级中学，不分性别、民族、宗教信仰，经入学试验，取者，均得入学。

第七条 省、市（中央及大行政区直属市，下同）人民政府文教厅、局（以下简称省、市文教厅、局）于中学招收新生时，对于青年工农及工农子女的录取名额，应规定一定的比例，其比例额由各省、市文教厅、局根据当地情况另定之。

第八条 初、高级中学均于每年秋季始业，其校历另定之。

第九条 中国人民及人民团体，得依照私立学校管理办法所规定的程序，经省、市人民政府批准，设立私立中学。私立学校管理办法另定之。

第二章 设置、领导

第十条 中学由省、市文教厅、局遵照中央和大行政区的规定实行统一的领导。其设立、变更和停办，由省、市人民政府决定，报大行政区人民政府（军政委员会）文教部（以下简称大行政区文教部）备案并转报中央人民政府教育部（以下简称中央教育部）备查（华北各省、市报华北行政委员会和中央人民政府教育部备案）。

第十一条 省文教厅于必要时得委托专员公署、省属市或县人民政府领导所辖地区内的中学。

第十二条 中学于每学期开始与终了时应将工作计划与工作总结分别报告省、市文教厅、局。其日常请示报告制度，由省、市文教厅、局规定之。

第十三条 中央和大行政区人民政府（军政委员会）各业务部门所设立的中学，其设立、变更和停办，由主管业务部门决定分别报中央教育部或大行政区文教部备案。各省、市人民政府各业务部门所设立的中学，其设立、变更及停办，由主管业务部门提请同级人民政府决定，报同级文教行政部门转报中央教育部备案。各校除日常行政由各主管业务部门领导外，其有关方针、政策、学制、教育计划、教导工作等事项应受所在省、市文教厅、局的领导。

公立高等学校附设的中学，其设立、变更和停办，由各该高等学校报请大行政区文教部（教育部）批准，转报中央教育部备案（华北报请中央教育部批准）。各附设中学除由各该高等学校领导外，并受所在省、市文教厅、局的指导。省、市文教厅、局对于师范大学或师范学院所附设的中学之指导关系另定之。

第三章 教学计划、教材

第十四条 中学教学计划（包括各科教学科目及时数）（草案）附后。

第十五条 中学课程标准另定之。

第十六条 中学所用各种课本须

采用中央教育部审定或指定者。

第四章　教导原则

第十七条　中学教导工作采教师责任制，由教师负责各项教学工作和学生思想行为之指导，以贯彻中学教育全面发展的宗旨。

第十八条　中学教师应根据理论与实际一致的教育方法，结合革命斗争和国家建设的实际，进行教学，以达学以致用的目的。自然科学的教学尤应力求与现代生产技术相结合，采用实验、实习、参观等实物教学法，使学生理解一般生产过程的基本原理与最简单最基本的生产工具的使用方法。

第十九条　中学以课堂教学为教学的基本形式，教师须根据教学计划、课程标准的规定和学生身心发展的规律，充分掌握教材内容，运用正确的教学法，按照一定进度循序渐进地进行教学。

第二十条　中学教学方法，应注意启发学生学习的自觉性、积极性和创造性，培养其良好的学习习惯与分析、批判、独立思考的能力，务使学生对所学各科知识，能深切领会，具体运用，并在实践活动中，获得验证和发展。

第二十一条　中学对于学生的体育、娱乐、生产劳动及社团活动的时间，应由校长会同学生会、青年团作合理的分配，避免妨碍学生健康与课业学习。

第五章　成绩考查、升级、留级、转学、休学、退学及毕业

第二十二条　中学学生成绩，分学业成绩、操行成绩和体育成绩。

一、学业成绩考查，分平时考查、阶段考查（每学期举行一至两次）及学期考试。在各科学期成绩中，平时考查及阶段考试成绩应占60%，学期考试成绩应占40%；各科上下两学期成绩的平均数即为该科的学年成绩。

记分法暂采百分制，以60分为及格。有条件的学校，经省、市文教厅、局之核准得试行五级制记分法。

二、操行成绩，由班主任及本班教师就学生的平时行为作经常考查，并于每学期结束时拟定评语及等级（分甲、乙、丙、丁四等，以丙等为及格），由教导主任审查决定之。

三、体育成绩考查办法另定之。

第二十三条　学生各科学年成绩均属及格者升级，其有不及格的学科者，由学校组织假期补习，于次一学年第一学期开始前补考，补考后全部及格或不及格学科在三门以下者，仍准升级；但如有三门学科不及格，或本国语文、数学两门学科不及格，升级学习有困难者，应令留级。获准升级的学生，其有不及格的学科者仍应令其继续补习及补考。

第二十四条　学生学业成绩优良，操行列入甲等或有特殊模范行为者，

应由学校分别给予荣誉的或物质的奖励。

第二十五条 学生违反学校纪律时，应着重说服教育，必要时得给以批评和警告。如有严重违反校规屡教不改者，经校务会议通过，报请省、市文教厅、局批准得令其退学。

第二十六条 学生如有正当理由得请求转学、休学或退学，经校长核准后发给转学或休学证书。

第二十七条 中学除最后一学期不收转学生外，各班学生如有空额时，得于学期开始前招收转学生，此项转学生须持有原校所发给的学期衔接的转学证书（附学业成绩单及操行考核表），并须经编级测验，及格后方得入学。

第二十八条 学生修完初级中学或高级中学三年课程，各科学年成绩和操行成绩均及格者，准予毕业。由学校根据中央教育部规定格式制定毕业证书，报经省、市文教厅、局审核验印后发给。

第六章 组织编制及会议制度

第二十九条 中学采校长责任制，设校长一人，负责领导全校工作，必要时得设副校长，协助校长处理日常校务。校长和副校长由省、市人民政府任命（省辖市和县设立的中学校长由市、县人民政府提请省人民政府任命）。各级人民政府业务部门内所设立的中学的校长由主管业务部门任命，并报同级人民政府教育部门备案。

公立高等学校附设中学的校长，由各该高等学校校长分别提请中央教育部或大行政区文教部批准任命。

第三十条 中学设教导、总务两处。

一、教导处：设教导主任一人，在校长领导下负责计划、组织和检查全校教学和学生生活指导事项，必要时得设副主任，协助教导主任处理日常教务行政事宜。

二、总务处：设总务主任一人，在校长领导下主持全校事务行政工作，在规模较小的学校，可不设总务处，酌设事务人员办理事务行政工作。教导主任、副教导主任、总务主任由省、市文教厅、局委任（省辖市和县设立的中学的教导主任、总务主任由市、县提请省文教厅委任）。

第三十一条 中学以班为教学单位。每班学生人数，初中以50人、高中以40人为原则。教员人数每班以二至三人为原则。教职员工名额编制标准另定之。

第三十二条 中学每班设班主任一人，由校长就各班教员中选聘，在教导主任和副教导主任领导下，负责联系本班各科教员指导学生生活和学习。班主任任课时数，可根据具体情况，较专任教员酌减。

第三十三条 中学各学科设教学研究组，由各科教员分别组织之，以研究改进教学工作为目的。

每组设组长一人，由校长就各科教员中选聘之（在班数较少的学校，教学研究组得联合性质相近的学科组织之）。

第三十四条　中学设校医，在校长领导下，负责全校的卫生和医疗工作。其未能聘得校医者，应商请当地卫生医疗机构协助办理校内卫生医疗工作。

第三十五条　中学校长、副校长、教导主任、副教导主任均应兼课。在校务繁重的学校，得报经省、市文教厅、局核准，酌量减免之。

第三十六条　中学教职员由校长聘任，报省、市文教厅、局备案（省辖市及县设中学报市、县人民政府核转）。

第三十七条　中学建立下列各种会议制度。

一、校务会议，由校长、副校长、教导主任、副教导主任、总务主任、班主任、各科教学研究组长及教育工会代表组成之，由校长为主席，青年团、学生会派代表列席。其任务为讨论教育实施计划、布置与总结教育工作、审查学校预决算及商议其他重大问题。校务会议每月举行一次，必要时得召开临时会议。

二、各科教学会议由各科教学研究组分别举行之，以组长为主席，校长、教导主任分别参加指导。其任务为讨论及制定各科教学进度、研究教学内容及教学方法。各科教学会议每两周举行一次，必要时得举行各组联席会议。

各校得于每学期开始与终了时邀请学生家长举行学生家长会议，由校长报告本学期教育计划及工作总结，并征询家长对学校工作的意见。

第七章　经费及设备

第三十八条　中学经费开支标准，由各省、市文教厅、局根据中央教育部规定的原则及当地实际情况具体规定之，并报大行政区文教部备案，转报中央教育部备查。

第三十九条　中学酌收学杂费，其标准由各省、市文教厅、局根据当地具体情况订定之。

第四十条　中学设人民助学金，其最高标准以能解决学生膳食及一部分必要的图书、文具费用为原则。凡学生经济困难，经区以上人民政府证明者，均可向学校申请人民助学金。中学所设人民助学金名额，由各省、市人民政府根据财政状况及当地人民经济情况加以规定，就公私立学校适当分配之。

各学校对于青年工农、工农子女、少数民族学生、归国华侨学生及教师子女申请人民助学金时，应在可能条件下尽先予以照顾。

第四十一条　中学的各项设备以适用、经济为原则。各校对于图书、仪器、体育、卫生等设备，应尽先充实。各项设备标准另定之。

第四十二条 中学的教育工会、学生会、青年团等社团应团结全校员、工、学生，协助学校完成教学计划，推进课外及业余政治学习，并增进员、工、学生的生活福利。中学行政领导方面应切实扶助校内各种社团的工作，并密切结合工会、青年团、学生会办好学校。

第八章 附则

第四十三条 全国各地区少数民族的中学规程另定之。

第四十四条 各大行政区及中央直辖省、市教育行政机关得依本规程规定并参酌地方具体情况，制定实施办法，报请中央教育部批准后公布施行。

第四十五条 本规程经政务院批准，由中央教育部颁布施行。

中学教学计划（包括各科教学科目及时数）（草案）

科目		初中						三学年总计	高中						三学年总计	六学年总计
每周时数 年级		第一学年		第二学年		第三学年			第一学年		第二学年		第三学年			
		上	下	上	下	上	下		上	下	上	下	上	下		
本国语文		8	8	7	7	6	6	756	6	6	6	6	6	6	648	1404
数学	算术	6	6					216								216
	代数			3	3	3	3	216	2	2	2	2	2	2	216	432
	几何			2	2	2	2	144	3	3	2	2			180	324
	三角										2	2	1	1	108	108
	解析几何												3	3	108	108
物理				2	2	2	2	144	2	2	3	3	4	4	324	468
化学				2	2	2	2	144	2	2	2	2	4	4	288	432
生物	植物	3	3					108								108
	动物			3	3			108								108
	生理卫生					2	2	72								72
	达尔文理论基础										2	2			72	72
地理		3	3	2	2	2	2	252	2	2	2	2			144	396
历史		3	3	3	3	3	3	324	3	3	3	3	3	3	324	648
中国革命常识						2	2	72								72
社会科学基础知识									2	2	2	2			144	144
共同纲领													1	1	36	36
时事政策		1	1	1	1	1	1	108	1	1	1	1	1	1	108	216
外国语		3	3	3	3	3	3	324	4	4	4	4	4	4	432	756
体育		2	2	2	2	2	2	216	2	2	2	2	2	2	216	432

续表

每周时数\年级\科目	初中						三学年总计	高中						三学年总计	六学年总计
	第一学年		第二学年		第三学年			第一学年		第二学年		第三学年			
	上	下	上	下	上	下		上	下	上	下	上	下		
音乐	1	1	1	1	1	1	108								108
美术	1	1	1	1	1	1	108								108
制图								1	1	1	1	1	1	108	108
每周教课时数	31	31	32	32	32	32	3420	32	32	32	32	32	32	3456	6876
每学期上课周数	18	18	18	18	18	18	108	18	18	18	18	18	18	108	216
教学总时数	558	558	576	576	576	576	3420	576	576	576	576	576	576	3456	6876

说明：

一、本教学计划表内所列教学科目，均为必修。

二、学生每学期在校时间规定为20周，除入学注册、考试外，实际上课时间为18周。

三、教学时间每节上课45分钟，休息10分钟；每日第二节课后的休息时间得延长至30分钟。

四、学生每日学习时间（包括上课及课外作业时间），初中不得超过八小时，高中不得超过九小时。

五、数学等需要练习较多的学科，每节应以一定的时间，由教师在课堂指导学生练习为原则。

六、物理、化学、生物等科的教学时数，包括实验时数在内。

七、本国语文包括语法，其教学时数包括写作练习时数在内。

八、外国语一科，各校得视具体条件，教授俄语或英语。

九、体育一科，高中包括军事体育（女生看护）在内。

十、高中不设音乐科。但应于课外活动中规定每周有一小时的音乐活动。

19520915

教育部关于"中学暂行教学计划（草案）"部分科目调整办法及高中地理科分别讲授中外经济地理的通知

1952年9月15日

自1952年秋季起，初、高中一年级一律按照中学暂行规程（草案）所规定的中学教学计划（包括各科教学科目及时数）试行。初、高中二年级以上原按 1950 年 8 月 1 日本部中一字第 211 号令所颁发的中学暂行教学计划（草案）执行的班级，部分科目调整如下。

一、初中代数减少一小时，改为每周三小时；初中物理增加一小时，改为每周五小时。至两科在二、三年级排列的程序，各校得视具体情况自行进行调整。课本用 1952 年秋季中小学教科用书表所列初中代数及物理课本。

二、高中二年级物理增加一小时，改为每周四小时；高中二年级化学仍为三小时不变。课本用 1952 年秋季中小学教科用书表所列高中一年级物理及化学课本（经中央教育部批准采用其他课本者不变）。

三、高中三年级物理增加一小时，改为每周四小时，原用课本不变。1953 年秋季高中三年级化学增加一小时，改为每周四小时。

四、高中二、三年级每周一小时的制图，如师资实在难得，可从 1953 年起讲授。此外，地理科：高中一、二、三年级本年度均授外国经济地理；1953 年度高中一、二、三年级均授本国经济地理；1954 年秋季起，高中一年级授本国经济地理，高中二年级授外国经济地理。

19530722

教育部颁发"中学教学计划"（修订草案）及"1953 年 8 月至 1954 年 7 月试行中学教学计划（修订草案）的调整办法"

1953 年 7 月 22 日

（53）中行董字第 236 号

中学教学计划自 1952 年 3 月 18 日随中学暂行规程（草案）颁发后，在试行过程中已屡有修订。为了适应第一次五年计划建设的要求，我部曾于本年 2 月 7 日制成中学教学计划（修订草案）初稿，发交各地征求意见，并根据各地意见作了适当的修改。兹将中学教学计划（修订草案）及 1953 年 8 月至 1954 年 7 月试行中学教学计划（修订草案）的调整办法，随文附发。希即转发所属各中学自 1953 年 8 月起试行，并将试行情况报告我部。1952 年 3 月 18 日我部颁发的中学暂行规程（草案）中关于教学计划部分自 1953 年 8 月起停止试行。

附一：

中学教学计划（修订草案）

1953年7月

周数统计

学年		授课	补课	考试	假期	总计
初中	一	36	2	3周3天	10周5天	52
初中	二	36	2	3周3天	10周5天	52
初中	三	35	2	4周3天	10周5天	52
高中	一	36	2	3周3天	10周5天	52
高中	二	36	2	3周3天	10周5天	52
高中	三	35	2	4周3天	10周5天	52

授课时数及每周授课时数

顺序	学科		总计	初中	高中	初中第一学年 上学期18周	初中第一学年 下学期18周	初中第二学年 上学期18周	初中第二学年 下学期18周	初中第三学年 上学期18周	初中第三学年 下学期17周	高中第一学年 上学期18周	高中第一学年 下学期18周	高中第二学年 上学期18周	高中第二学年 下学期18周	高中第三学年 上学期18周	高中第三学年 下学期17周
1	语文		1321	714	607	7	7	7	7	6	6	6	6	6	6	5	5
2	数学	算术	252	252		7	7										
		代数	463	213	250			3	3	3	3	3	3	2	2	2	2
		几何	356	142	214					2	2	2	2	2	2	2	2
		三角	142		142									2	2	2	2

续表

顺序	学科		授课时数			每周授课时数											
						初中						高中					
						第一学年		第二学年		第三学年		第一学年		第二学年		第三学年	
			总计	初中	高中	上学期18周	下学期18周	上学期18周	下学期18周	上学期18周	下学期17周	上学期18周	下学期18周	上学期18周	下学期18周	上学期18周	下学期17周
3	物理		480	160	320				2	2	2	3	3	2	2	4	4
4	化学		336	87	249					2	3	2	2	2	2	3	3
5	生物	植物	126	126		2	2										
		动物	124	124				3	3								
		人体解剖生理学	72		72					2					2		
		达尔文主义基础	72		72							2	2				
6	卫生常识		36	36		1	1										
7	历史	世界古代史	162	162		3	3	3									
		中国古代史	159	159					3	3	3						
		世界近代史	162		162							3	3	3			
		中国近代史	159		159										3	3	3
8	地理	自然地理	108	108		3	3										
		世界地理	90	90				2	3								
		中国地理	88	88						3	2						
		中国经济地理	72		72							2	2				
		外国经济地理	72		72									2	2		

续表

顺序	学科	授课时数			每周授课时数											
					初中						高中					
					第一学年		第二学年		第三学年		第一学年		第二学年		第三学年	
		总计	初中	高中	上学期18周	下学期18周	上学期18周	下学期18周	上学期18周	下学期17周	上学期18周	下学期18周	上学期18周	下学期18周	上学期18周	下学期17周
9	中国革命常识	142	142				2	2	2	2						
10	社会科学基本知识	144		144								2	2	2	2	
11	共同纲领	70		70											2	2
12	外国语	749	321	428	3	3	3	3	3	3	4	4	4	4	4	4
13	体育	428	214	214	2	2	2	2	2	2	2	2	2	2	2	2
14	音乐	107	107		1	1	1	1	1	1						
15	图画	107	107		1	1	1	1	1	1						
16	制图	107		107							1	1	1	1	1	1
17	总时数	6706	3352	3354	30	30	32	32	32	32	32	32	32	32	30	30

符号：/授课时间　∷补授假日缺课时间　×考试时间　□假期

说明：

1. 授课时间每节为45分钟，每节课后休息10分钟，每日第二节课后的休息时间，得延长到30分钟。
2. 假期依照1950年8月颁布的中等学校暂行校历（草案）施行。
3. 外国语一科，各校得视具体条件，教授俄语或英语。

附二：

1953年8月至1954年7月试行中学教学计划（修订草案）的调整办法

为了使中学教学计划（修订草案）在第一个年度试行过程中不致引起教学上的混乱，特根据过去中学各年级学科的设置情形和目前教科书的供应情况，规定1953年8月至1954年7月试行中学教学计划（修订草案）的调整办法。在这一个年度内中学各年级学科的设置除下列调整的以外，其余均按照中学教学计划（修订草案）执行。

一、初中一年级

1."卫生常识"暂不开设。

2."历史"讲授中国古代史。

二、初中二年级

1. 上学期"植物"每周授课时数改为两小时。"植物"如在一年级已教完的，"动物"仍自下学期开始讲授。

2."历史"上学期讲授中国古代史，下学期讲授世界古代史。

3."地理"讲授中国地理。

4."中国革命常识"暂用政治常识读本上册（人民出版社出版）为教材。

三、初中三年级

1."化学"如在二年级已教完的，则不再讲授。"动物"在二年级时已教过，不再讲授，改授"人体解剖生理学"；如在二年级时已教过"生理卫生学"的，"人体解剖生理学"则不再讲授。"化学"及"生理卫生学"两科如尚未结束的，应继续讲授，每周授课时数各若干，各校得根据实际情况确定；但授课时数应比本计划中所规定的少，所余的时数可增加"几何"和"物理"的授课时数。

2."历史"讲授外国历史。

3."地理"讲授世界地理。

4."中国革命常识"暂用政治常识读本（人民出版社出版）或初级政治常识教材（青年出版社出版）。

四、高中一年级

在初中时已教过"生理卫生学"，"人体解剖生理学"则不再讲授。高中二年级应授的"达尔文主义基础"提前在一年级讲授，每周授课时数仍为两小时。

五、高中二年级

1."物理"每周授课时数改为三小时。

2."达尔文主义基础"在一年级时已教过，不再讲授。

3."历史"上学期讲授苏联现代史，下学期讲授中国近代史。

4."地理"讲授中国经济地理。

5."制图"在一年级时尚未教过的，上学期可以用高级中学课本制图学第一册，下学期用第二册进行教学。

六、高中三年级

1."三角"在一年级时已教过，不再讲授。

2."代数"及"几何"两科每周授课时数共五小时，这两科各授若干小时，各校得根据实际情况确定。

3."物理"每周授课时数改为五小时。

4."历史"上学期讲授世界近代史，参考"人民教育"八月号高中世界近代史第一、二两册精简教材要目进行教学。下学期讲授苏联现代史。

5. 增设"地理"一科，讲授中国经济地理，每周讲授时数为两小时。

6."制图"在二年级时尚未教过的，上学期可用高级中学课本制图学第一册，下学期用第二册进行教学。

说明：

一、以上各调整学科未说明每周授课时数的均按照中学教学计划（修订草案）中的规定执行。

二、过去各地区初、高中二、三年级各学科的设置和授课时数并不完全一致，如按照以上调整办法执行仍有困难者，各省、市教育（文教）厅局得依据当地实际情况作适当调整，并报告我部。

三、高中一、二年级"社会科学基本知识"暂用教材社会科学基本知识讲座及三年级"共同纲领"暂用教材中国革命读本下册均停版。因此，关于今年秋季这两科的教材，由我部另作决定，再行通知。

19530922

教育部颁发试行小学（四二制）教学计划（草案）

1953年9月22日

(53) 小教韦字第71号

我部于1952年3月随着小学暂行规程（草案），颁布了五年一贯制小学教学计划。同年11月发出指示，全国小学自1952年秋季一年级新生起，一律开始实行五年一贯制。1953年2月又发布小学教学计划（修订草案）交由指定的少数重点小学加以研究。近据各方面反映，由于教材、师资等条件不足，五年一贯制的普遍推行，目前尚多困难。我部奉上级指示，特作如下决定：五年一贯制未推行的地方从缓推行；已推行的停止推行。全国小学仍一律暂照四二制办理。

查四二制小学暂行教学计划业于1952年2月颁布施行。我部近又根据各方意见就原计划重加修订，制定"试行小学（四二制）教学计划（草案）"，并报经中央文化教育委员会(53)文教秘字第735号函复同意试行。兹随文附发是项教学计划（草案）

一份，即希转行所属，分发各小学即便遵照试行。各地方如有自行制订教学计划在各校施行，而其教学时数和本教学计划（草案）有所出入，本学期不便变更者，待延至1954年春季开始试行。在试行期间，各级教育行政部门务须认真检查各校执行情况并搜集各方反映，随时汇报我部，以便查核。至于从前颁发的各种教学计划，应即分别予以废止或停止实行，并希知照。

附：

试行小学（四二制）教学计划（草案）及说明各一份

一、教学科目和时间表

1953年8月修订

科目		教学总时数			初级								高级			
					第一学年		第二学年		第三学年		第四学年		第五学年		第六学年	
		初级	高级	总计	上学期19周	下学期19周	上学期19周	下学期19周	上学期19周	下学期19周	上学期19周	下学期19周	上学期19周	下学期19周	上学期19周	下学期19周
					每周各科教学时间											
语文	阅读	2128	760	2888	11	11	11	11	10	10	10	10	7	7	7	7
	作文								2	2	2	2	2	2	2	2
	写字				3	3	3	3	2	2	2	2	1	1	1	1
	合计				14	14	14	14	14	14	14	14	10	10	10	10
算术		988	532	1520	6	6	6	6	7	7	7	7	7	7	7	7
历史			228	228									3	3	3	3
地理			152	152									2	2	2	2
自然			152	152									2	2	2	2
体育		228	152	380	1	1	1	1	2	2	2	2	2	2	2	2
音乐		304	76	380	2	2	2	2	2	2	2	2	1	1	1	1
图画		152	76	228	1	1	1	1	1	1	1	1	1	1	1	1
每周各科教学总时间		3800	2128	5928	24	24	24	24	26	26	26	26	28	28	28	28

附注：

1. 每周各科教学时间，每节课为45分钟。在上课时，如果感觉儿童有疲劳的现象，就得用课间活动（如课间操等）来予以调节。第一、二学年各科教学时间，如果学校条件许可，可把定在每天第四节的课缩短为35分钟。每节课后休息时间以15分钟为原则，每日第二节课后的休息时间，得延长到20分钟。

2. 课外作业总时间，每日不得超过一小时。

3. 学期、假期等，依照各省市教育行政部门制订报请中央人民政府教育部核定的学历施行。

说明：

1. 语文课作业暂分为阅读、作文、写字三项，阅读作文包括语法（语法暂不独立）和说话练习。初级阅读教材，除文艺性的课文外，并应有尽可能文艺化的历史、地理、自然、卫生等科学性的课文。高级阅读教材，以文艺性的课文为主。作文以每两周习作一次为原则，余为说话练习、写作指导、造句练习、周记等作业时间。写字包括生字练习。

2. 算术科从第四学年起包括珠算。珠算教学时间，平均每周一节，得由各校在一定的时期内集中学习。

3. 高级自然科包括卫生常识。

4. 图画科包括绘图、剪贴。

5. 除大、中、小城市各小学和乡镇农村的中心小学、完全小学必须遵照规定实施外，其余农村初级小学、民族小学，需变更教学科目和每周教学时间时，得由省、市教育行政部门另订科目时间表，报请中央人民政府教育部批准施行。

二、每周集体活动时间表

每周分钟＼学年　项目	初级 一、二	初级 三、四	高级 五、六
朝会（包括晨操在内）	各120	各120	各120
周会	各60	各60	各60
课外活动	各180	各240	各300
社团活动		各60	各90
每周总计	各360	各480	各570

附注：

课外作业时间不计算在课外活动时间内。

说明：

1. 朝会：儿童每天作息时间，要看季节和本地的气候而定，保证睡眠充足（七八岁适龄儿童每日应睡足10小时）。朝会除进行晨操外，可结合学校生活中所发生的事件和重要时事，对全体儿童进行集体教育（课堂有扩音机设备的，可让各班儿童回到课堂之后再行报告），并由各班分别进行清洁卫生检查。

2. 周会：每周举行一次，每次以60分钟为度。低（初级第一、二学年）中（初级第三、四学年）高各阶段或各班得分别举行，但每月应全校合并举行一次。原则上以文娱活动为主，并可结合时事和学校生活中所发生的事件，对儿童进行教育。

3. 课外活动：主要是（1）体育游戏活动，根据儿童年龄、性别、身体状况，分组进行，每两天一次，每次平均初级以 30 分钟，高级以 45 分钟为原则。（2）劳作活动，联系课堂教学的实验实习，例如栽种植物，饲养动物，制作教具、玩具等，可各班分组轮值进行，每人每两天参加一次，每天平均以 30 分钟为度。（3）小组学习，由教师领导高年级儿童，根据个性和能力参加音乐、图画、工艺……各小组的一组或两组，在规定时间内分别进行。每周每组所占学习时间由各校自定，但以每周不超过 45 分钟为原则。

4. 社团活动：主要是（1）校内学生会、少年先锋队、青年团的活动，由初级第三学年起的儿童参加。（2）校外由机关、团体发动的群众性活动，必须是为儿童能力所能参加，并和教学有关，不发生危险，不妨碍身体健康的，经过教育行政部门统一布置，可由初级第三学年起的各学年的儿童有组织、有计划地前往参加。校内校外社团活动时间，遵照中央人民政府政务院"关于改善各级学校学生健康状况的决定"："每人每周不超过 1.5 小时"。没有校外活动的周内，经常进行校内社团活动。凡参加校外社团活动时，可停止校内社团活动和课外活动。

19540215

教育部关于颁发小学"四二制"教学计划（修订草案）的通知

1954 年 2 月 15 日

（54）小教韦字第 6 号

我部曾于 1953 年 9 月 22 日以（53）小教韦字第 71 号令颁发试行的小学"四二制"教学计划（草案），其附注和说明有脱漏和易滋误解之处，应加修订。兹将修订后的小学"四二制"教学计划（草案），印发各地，望即转知所属各小学遵照试行。

附件一：

小学"四二制"教学计划（修订草案）

一、教学科目和时间表

1954年1月修订

科目		教学总时数			初级								高级			
					第一学年		第二学年		第三学年		第四学年		第五学年		第六学年	
		初级	高级	总计	上学期19周	下学期19周	上学期19周	下学期19周	上学期19周	下学期19周	上学期19周	下学期19周	上学期19周	下学期19周	上学期19周	下学期19周
					每周各科教学时间											
语文	阅读	2128	760	2888	11	11	11	11	10	10	10	10	7	7	7	7
	作文								2	2	2	2	2	2	2	2
	写字				3	3	3	3	2	2	2	2	1	1	1	1
	合计				14	14	14	14	14	14	14	14	10	10	10	10
算术		988	532	1520	6	6	6	6	7	7	7	7	7	7	7	7
历史			228	228									3	3	3	3
地理			152	152									2	2	2	2
自然			152	152									2	2	2	2
体育		228	152	380	1	1	1	1	2	2	2	2	2	2	2	2
音乐		304	76	380	2	2	2	2	2	2	2	2	1	1	1	1
图画		152	76	228	1	1	1	1	1	1	1	1	1	1	1	1
每周各科教学总时间		3800	2128	5928	24	24	24	24	26	26	26	26	28	28	28	28

附注：

1. 每周各科教学时间，每节课为45分钟。在每节45分钟时间内，如果感觉儿童有疲劳的现象，就得用3—5分钟的课间活动来调节。第一、二学年各科教学时间，如果学校条件许可，可把定在每天上午最后一节课缩短为35分钟。每节课后休息时间以15分钟为原则；每日第二节课后的休息时间，得延长到20分钟。

2. 课外作业总时间，每日不得超过1小时，包括家庭作业在内。

3. 学期、假期等，依照各省市教育行政部门制订报请中央人民政府教育部核定的学历施行。

说明：

1. 语文课作业暂分为阅读、作文、写字三项。阅读作文包括语法教学（语法教学暂不独立进行）和说话练习。作文以每两周习作一次为原则，余为写作指导（包括造句练习、说话练习、周记习作等）的时间。写字包括生字练习。

2. 算术科从第四学年起包括珠算，珠算教学时间，平均每周一节。

3. 图画科包括绘画、剪贴。

4. 初级不设常识科。历史、地理、

自然、卫生等常识，基本上包括在语文阅读课中进行，其余各科亦应随机进行常识教学。

5. 高级教学总时间，每周得增加一节，以增加自然科为原则。二部制小学教学总时间，每周得减少两节，以减少语文、音乐各一节为原则。

6. 除大、中、小城市各小学和乡镇农村的中心小学、完全小学必须遵照规定实施外，其余农村初级小学、民族小学，需变更教学科目和每周教学时间时，得由省市教育行政部门另订科目时间表，报请中央人民政府教育部批准施行。

二、每周集体活动时间表

每周分钟 学年 项目	初级		高级
	一、二	三、四	五、六
朝会（包括晨操在内）	各120	各120	各120
周会	各60	各60	各60
课外活动	各180	各240	各300
社团活动		各60	各90
每周总计	各360	各480	各570

附注：

1. 课外作业时间不计算在课外活动时间内。

2. 儿童每天作息时间，要看季节和本地的气候而定，保证睡眠充足（七八岁适龄儿童每日应睡足10小时）。

说明：

1. 朝会。除进行晨操（亦名早操）外，可结合学校生活中所发生的事件和重要时事，对全体儿童进行集体教育（城市小学课堂有扩音机设备的，可让各班儿童回到课堂之后再行报告），并由各班分别进行清洁卫生检查。

2. 周会。每周举行一次，每次以60分钟为度，低（初级第一、二学年）中（初级第三、四学年）高各阶段或各班得分别举行，每月全校合并举行一次，原则上以文娱活动为主，并可结合时事和学校生活中所发生的事件，对儿童进行教育。

3. 课外活动。主要是（1）体育游戏活动，根据儿童年龄、性别、身体状况，分组进行，以每天一次为原则。（2）劳作活动，联系课堂教学的实验实习，例如栽种植物，饲养动物，制作教具、玩具等，可由各班分组轮值进行，以每人每两天参加一次为原则。（3）小组学习，由教师领导五、六学年儿童，根据个性、能力参加音乐、图画、工艺等小组，在规定时间内分别进行。每周每组所占学习时间由各校自定，以每周一次为原则。

4. 社团活动。主要是（1）校内学

生会活动，由初级第三学年以上的儿童参加；少年先锋队、青年团的活动，由已加入队团的学生参加；（2）校外由机关、团体发动的群众性活动，必须是为儿童能力所能参加，并和教学有关，不发生危险，不妨碍身体健康的，经过教育行政部门统一布置，可由初级第三学年起的各学年的儿童有组织、有计划地前往参加。校内校外社团活动时间，遵照中央人民政府政务院"关于改善各级学校学生健康状况的决定"："每人每周不超过1.5小时"。没有校外活动的周内，经常进行校内社团活动。参加校外社团活动时，可停止校内社团活动和课外活动。

附件二：
关于小学"四二制"教学计划（修订草案）几个问题的解释

一、教学科目和时间表附注1所谓"课间活动"，是指上课的时间内，在课堂里插做的简易柔软体操或唱歌表演等。因为儿童——尤其是第一、二学年的低年级儿童，在45分钟教学时间的中途，容易感觉疲劳，这种活动是使儿童精神恢复，以便继续积极学习的调剂方法。注意：不在不必要时举行，不出课堂，不做剧烈运动，以免流于形式或妨碍正课。

二、教学科目和时间表附注1指出"第一、二学年各科教学时间，如果学校条件许可，可把定在每天上午最后一节课缩短为35分钟"。因为第一、二学年的儿童，在上课几节之后的这一节时间，最容易感觉疲劳，所以缩短为35分钟，以资调节。注意：下课后务使不妨碍中、高各班的课堂教学。

三、教学科目和时间表附注2所谓"课外作业"，包括家庭作业在内。要做到每天不超过1小时，各科教师必须事先联系，决定布置作业的总分量，以免作业过多，影响儿童的健康。

四、教学科目和时间表说明1"作文以每两周习作一次为原则，余为写作指导的时间"，照规定：两周间有四节作文教学时间，可分配为两节作文一次，两节写作指导一次。在进行写作指导时，可酌量做下述的教学工作。

1. 根据一般儿童的写作情况，把作文中已发现或估计容易发现的关于内容、结构、简单语法等的一般错误提出，指导儿童研究订正。

2. 把儿童不会使用或容易用错的字和词汇提出，指导儿童研究订正，并指导儿童造句（口述或笔述）。

3. 叫儿童口述一件简单的事（例如从画片上看出的事或新闻、故事等，即说话练习），共同注意其用字、造句、修辞是否恰当，结构是否条理清楚，段落是否分明，随时予以肯定或改正。

4. 指导笔述一周间的重要事件（周记）。

5. 其他。

第一、二学年，阅读和作文时间没有分列，教师在语文的阅读教学时，应适当地和造句练习、说话练习、短文习作等有机地配合进行。

五、教学科目和时间表说明 1 末句"写字包括生字练习"：在语文阅读教学时，本来可以进行生字的笔顺练习等，要求儿童正确地会写生字，但这不是加工练习。到了写字教学时，才能进行加工练习，把生字的笔顺、间架等对儿童详加指导，要求儿童不但要写得正确，而且要写得端正、熟练。这并且要和作文造句时所发现的错别字密切结合。注意：第一、二学年可用石笔和铅笔写，主要写阅读时学习过的生字；第三学年起可用毛笔写，并可写日常应用的字，其余用笔写字的作业，可用毛笔、钢笔或铅笔配合进行。

六、每周集体活动时间表说明 3 关于"课外活动"，其目的在补充课堂教学的不足；通过这些活动，可以充分地使儿童的个性全面发展。但各校必须根据自己的实际情况，如教师、校舍设备等条件，而自行掌握，不必强求一致，以免流于形式。第一项"体育游戏活动"、第二项"劳作活动"，这两项必须顾及儿童的年龄特征和体力、能力；第三项"小组学习"，必须在教师领导下，并根据儿童的个性、能力，在自愿的原则下分组进行。

19540428

教育部关于从1954年秋季起中学外国语科设置的通知

1954 年 4 月 28 日

（54）中行董字第 160 号

兹将中学外国语科的设置问题，规定如下。

一、从1954年秋季起初中不设外国语科；二、三年级原已授外国语科的一律停授；外国语科停授后，各校不得任意增加其他学科的授课时数与教材分量。

二、高中设外国语科，一、二、三年级每周授课时数均为 4 小时；从一年级起授俄语，个别地区如缺少俄语师资的可授英语；二、三年级原授英语的，可继续授英语，如有俄语师资而学生又愿意改授俄语并对英语教师能作妥善安置者，可改授俄语。

三、各地在停授初中外国语之前，应做好准备工作，指示各中学行政领导向师生进行思想教育，说明初中停授外国语科的理由，是为了减轻学生学习负担，使学生能更好地学好本国语文及其他学科。防止因停授外国语引起师生不必要的思想波动。

四、初中外国语停授后对外国语教师必须妥善安置。安置的办法，提出如下的意见，以供参考。

1. 能不经过训练即可转任其他学科的外国语教师，即可调任其他学科的教学；能担任高中俄语的教师，即可在高中教授俄语。

2. 对可能训练成为高中俄语教师的初中外国语教师，可开设俄语师资训练班或采自学办法，进行短期学习，训练成为高中俄语师资。

3. 其他学科基础较好但已荒废的初中外国语教师，可适当少排授课时数，使之担任教学一定学科，或暂不担任教课工作，由各校教学小组帮助其复习、自修，或送入教师进修学院学习，使其经短期学习后，能担任某一学科的教学工作。

4. 不能教其他学科的初中外国语教师，可征得本人同意，调任学校职员。

5. 初中外国语教师调任其他学科、学校职员或留职进修者，其工资均照原规定发给，暂不变动。

6. 对于不能担任学校任何工作须另行处理的初中外国语教师，教育行政部门应会同人事部门统一安置，各校不得擅自处理。在未作处理前，其工薪待遇仍不宜变动。

以上各点，希即根据各地实际情况，布置施行。

19541113

教育部关于初中不设外国语科的说明的通知

1954 年 11 月 13 日

（54）中行陈字第 549 号

政务院在本年 4 月 3 日颁发的"关于全国俄文教学工作的指示"（政文习字第 13 号）中指出："初中一般不设外国语，如已设立并办有成绩者可继续办下去，并应办得更好。"我部根据这个指示的精神，在本年 4 月 28 日发出"关于从 1954 年秋季起中学外国语科设置的通知"[（54）中行董字第 160 号]，规定初中一律不设外国语科。现在有的地区来问我部的规定与政务院的指示是否一致的问题，兹特作如下说明：

初中一般不设外国语的主要原因，是为了减轻初中学生学习的过重负担，使他们能更好地学好本国语文和其他学科。目前初中各科师资质量不高，学生基础知识差，学习各门学科本已吃力，而外国语文又与本国语文不是同一系统，学习就更费劲。虽然初中原设的外国语每周只有3小时，但学生在课外所花的时间是很多的，以致形成学生学习的负担过重，不仅外国语一科学习成绩差，而且影响学生身体健康和妨碍其他学科知识的巩固。根据以上理由，并为了初中教学计划的统一，我部所发的通知与政务院指示的精神是一致的。

现在初中暂时不设外国语，既可集中力量教好高中外国语，又可以使初中学生减轻过重的学习负担，集中力量学好本国语文和其他学科。这样，对于他们毕业后参加劳动生产或继续升学都有好处。如果将来各方面的条件具备以后，则可考虑修订中学教学计划，在初中重新开设外国语科。

根据以上说明，希各地仍按照我部原通知初中一律不设外国语科的规定执行。

19550610
教育部关于制发1955—1956学年度中学授课时数表的通知

1955年6月10日

（55）中行林字第97号

1953年7月颁布的"中学教学计划（修订草案）"，由于教材供应上的和其他方面的原因，1954—1955学年度部分学科的设置和授课时数曾有若干变动。为了与上一学年度相衔接，1955—1956学年度部分学科的设置及授课时数仍有部分变更。兹特制定1955—1956学年度中学授课时数表及其说明随文附发，希即转知所属各有关学校执行。

附：

关于1955—1956学年度
中学授课时数表的通知

一、兹将1955—1956学年度中学授课时数表中对中学教学计划（修订草案）部分学科的名称、设置及授课时数的变更，说明如下。

1. 初中三年级"中国革命常识"改为"政治常识"，高中三年级"政治常识"改为"中华人民共和国宪法"。

2. 1955—1956学年度起高中一年级不设"社会科学基本知识",二年级"社会科学基本知识"改设"社会科学常识",每周授课时数两小时,1955—1956学年度的上学期暂停授一学期。

高中一、二年级"社会科学基本知识"原用的教材,各地普遍反映分量重,理论性的东西多,大部分材料和历史地理两科重复,在进行教学时感到很大困难,因此停止开设这一学科。在二年级另设"社会科学常识"一科,教材内容为社会科学常识和辩证唯物主义与历史唯物主义基础知识,因目前还没有适当教材,1955—1956学年度上学期这一门学科暂停授一学期。

高中一、二年级"社会科学基本知识"停授后的教师,可组织他们学习有关辩证唯物主义与历史唯物主义方面的材料,或指定文件给教师进行自修,以培养为高中二年级下学期"社会科学常识"教师。如有多余的原教"社会科学基本知识"学科的教师,由各地教育行政部门负责作妥善安置,如调教其他学科或入学学习。

3. 初中二年级下学期原设"世界古代史",改授"中国近代史"。

初中二年级下学期和初中三年级的历史科原规定讲授"世界古代史",为了使今后初中毕业生获得近代史的知识,自1955—1956学年度起初中二年级下学期暂讲"中国近代史",这一班学生到1956—1957学年度升入三年级时讲"世界历史"。

4. 高中一年级"中国经济地理"改设"外国经济地理",二年级"外国经济地理"改设"中国经济地理"。

初中二年级教"世界地理",到高中二年级才教"外国经济地理"。这两门学科的关系密切,如果学习时间相隔太久,学生容易把世界地理知识忘了,这样学习外国经济地理时便会增加困难。因此,从1955—1956学年度起把原来高中一年级"中国经济地理"和二年级"外国经济地理"对调设置。

5. 高中一年级上学期"代数"和下学期"几何"每周授课时数各增加一小时。

根据目前中学数学教学的质量不高,学生课外作业负担较重以及高中一年级"代数"和"几何"两科教材配合不很合适等情况,决定高中一年级的上学期"代数"和下学期"几何"两科每周授课时数各增加一小时,要求教师充分利用增加的时间,组织学生在课堂上反复练习,或进行独立作业,以达到巩固、精通知识和减轻学生课外作业的过重负担。关于教材的具体安排,我部将在今年秋季开学前另行通知。

6. 高中二年级"达尔文主义基础"在上学年度一年级时已教过,因此不再开设。少数地区在上学年度高中一年级时未教过"达尔文主义基础"的，则1955—1956学年度高中二年级应开设这一门学科。

二、部分学科教材的规定

1. 1955—1956学年度上学期初中"音乐""图画"两科教材，暂由各地自行选用。

2. 高中三年级"中华人民共和国宪法"一科，教师参考用书："中华人民共和国宪法讲授提纲"（学生不用），人民教育出版社出版，新华书店内部发行。学生可备有："中华人民共和国宪法"（包括毛主席"中华人民共和国第一届全国人民代表大会第一次会议开幕词"和刘少奇同志"关于中华人民共和国宪法草案的报告"），人民出版社出版，新华书店发行。以上两书各校可向当地新华书店预订。

三、初级师范学校、师范学校、幼儿师范学校的政治课，师范学校、幼儿师范学校的"外国经济地理""中国经济地理""达尔文主义基础"与以上中学相同学科同样办理。

1955—1956学年度中学授课时数表

1955年6月

顺序	学科		初中 一年级 上学期	初中 一年级 下学期	初中 二年级 上学期	初中 二年级 下学期	初中 三年级 上学期	初中 三年级 下学期	高中 一年级 上学期	高中 一年级 下学期	高中 二年级 上学期	高中 二年级 下学期	高中 三年级 上学期	高中 三年级 下学期
			每周授课时数											
1	语文		8	8	8	8	7	7	6	6	6	6	5	5
2	数学	算术	7	7										
		代数			3	3	3	3	4	3	2	2	2	2
		几何			2	2	2	2	3	3	2	2	2	2
		三角									2	2	2	2
3	物理				3	2	2	2	3	3	2	2	4	4
4	化学						2	3	2	2	2	2	3	3
5	生物	植物	2	2	3									
		动物				3	2	2						
		人体解剖生理学							2	2				
		达尔文主义基础												
6	卫生常识		1	1										

续表

顺序	学科		初中						高中					
			一年级		二年级		三年级		一年级		二年级		三年级	
			上学期	下学期	上学期	下学期	上学期	下学期	上学期	下学期	上学期	下学期	上学期	下学期
			每周授课时数											
7	历史	中国古代史	3	3	3									
		世界古代史					3	3						
		世界近代史							3	3	3			
		中国近代史				3						3	3	3
8	地理	自然地理	3	3										
		世界地理			2	3								
		中国地理					3	2						
		外国经济地理							2	2				
		中国经济地理									2	2		
9	政治常识						2	2						
10	社会科学常识											2		
11	中华人民共和国宪法													2	2
12	外国语								4	4	4	4	4	4
13	体育		2	2	2	2	2	2	2	2	2	2	2	2
14	音乐		1	1	1	1	1	1						
15	图画		1	1	1	1	1	1						
16	制图								1	1	1	1	1	1
17	总时数		28	28	28	28	31	31	31	31	28	30	30	30

19550902

教育部关于颁发"小学教学计划"及"关于小学课外活动的规定"的命令

1955年9月2日

(55)小教张字第44号

"小学教学计划"已由本部制定，现在予以公布。

附：

小学教学计划

科目	各学年每周上课时数						总计		
	一	二	三	四	五	六	初级	高级	合计
语文	12	12	12	12	9	9	1632	612	2244
算术	6	6	6	7	6	5	850	374	1224
历史					2	2		136	136
地理					2	2		136	136
自然					2	3		170	170
体育	2	2	2	2	2	2	272	136	408
唱歌	2	2	2	1	1	1	238	68	306
图画	1	1	1	1	1	1	136	68	204
手工劳动	1	1	1	1	1	1	136	68	204
合计	24	24	24	24	26	26	3264	1768	5032

附注：

1. 每学年实际上课时间总计以34周计算。

2. 上课时间每节以45分钟为准（每次课后休息时间以10分钟为原则）。

3. 语文教学总时数中，包括写字教学时间，一、二年级每周三小时，三、四年级每周两小时，五、六年级每周一小时。

4. 算术内的珠算在四、五两年级内教学，每周各一小时。

关于各科教学的一些说明

在各科"教学大纲"没有完全制定之前，各科教学，除了语文、算术、历史、地理、自然有教科书可资依据的各科，依照教科书的顺序教学，体育、图画有苏联教材和教学方法可资参考的各科，参考苏联教材和教学方法进行教学之外，其余如语文的阅读、作文、写字，算术的珠算，还有音乐、手工劳动各科，教学时应依照下列各点，研究准备，正确进行。

一、语文

每周上课时间的支配：第一、二学年阅读（包括识字、作文）九节，写字三节（可和阅读同一时间配合进行，以使每天都有写字的机会）；第三、四学年阅读八节，作文、写字各两节；第五、六学年阅读六节，作文两节，写字一节。从第三学年起，每两周可划出一节阅读时间，指导阅览"少年儿童读物"。各项作业的内容要点如下。

1. 阅读。应注意到语文阅读的新任务是教学以北京话为基础的标准语——民族共同语，从首先使语文读音规范化（暂用注音字母正音），逐渐做到语汇和语法的规范化。课文的教学，除阅览（包括默读）、问答、讲解等外，还应有朗读、表情朗读、复述、表情复述、写字练习、复习等课堂作业，并应适当地布置课外作业。在教学过程中，不得浪费时间，不得强令学生背诵或默写散文的全文，不得强令学生多抄不必要的笔记（历史、地理、自然各科教学也应该如此）。

2. 作文。课堂作业有口述、笔述、写作指导三项。口述旨在使学生练习口头语言，做到能正确地、善于表达地说话（尽可能以标准语为标准），并为笔述打好基础；除在笔述、写作指导时附带练习外，第一到第三学年的作文以口述为主，从第四学年起以每周有口述一节为原则。笔述旨在使学生练习写作书面语言，做到能照着语法，运用文字，清楚地发表自己的思想，从第五学年起，以每两周笔述一次（得两节连排）为原则。写作指导，旨在使学生练习造句、订正错误、熟悉各种写作方法，从第四学年起以每两周上课一节为原则。无论口述、笔述，必须有切合实际，适于儿童年龄特征的适当题材，教师不得凭主观出题目，以免流于形式。

3. 写字。旨在使学生练习字的写法，掌握写字的基本规律，获得清楚、端正和迅速书写的熟练技巧。教材应根据"语文课本"的生字，按照"由简到繁，由易到难"的原则和"从上到下，从左到右，先横后直，先外后内"等笔顺规律，预先编成，系统地进行教学。第一、二学年尤其要注意笔顺的教学。先用硬笔（石笔、铅笔、钢笔）练习，后用毛笔习写。教学时，应注意各种笔的执笔姿势、运笔方法和各个字的间架、结构等书写指导，并应使学生保护笔、墨和练习簿，不让弄坏、弄脏。

二、珠算

集中在第四、五两学年教学。第四学年学会加减法，使四年毕业不升学的学生，能应用于日常生活；升学的学生在第五学年学习结束，以便到了第六学年能专心学习笔算（当然仍可以用珠算运算）。教学方法，应加强打算盘的练习，以使学生掌握运算的熟练技巧。

三、唱歌

主要任务，在培养学生爱好唱歌、欣赏音乐的兴趣和能力，发展学生的音乐听觉和韵律情感。教材以现代流行的少年儿童歌曲为主，包括民间歌曲。选材，必须是足以培养共产主义思想、道德，并且文字流利，音调昂扬、优美，又为学生所能接受的。教学方法，可参考苏联经验，以合唱为主，介绍关于合唱的一切规则、技术。在学生学会了某些歌曲之后，可领导学生作表情演唱、韵律活动或者进行舞蹈、游戏。伴奏以风琴、提琴为主。

四、手工劳动

它是实施基本生产技术教育的主

要学科之一。它的教学，应当和有关学科的教学密切联系起来，而不是孤立地教学一些工艺和农艺的技术，语文、自然等各科教学所需要的简单教具，体育游戏教学所需要的游戏体育用具和玩具，自然教学所应有的实验、实习……都可在手工劳动教学中选用各种容易加工的材料，像纸、厚纸、布、黏土、木料、软铁片、铁丝等予以制作，并可利用学校园地、盆、台，开展花木、作物的栽培活动。教学时应该因地制宜，充分结合当地生产的实际，并争取当地著名技术家的协助，尽量培养学生的创造才能。

如果某科的"教学大纲"已经制出，该科的教学就根据该科的教学大纲进行，不再以本附件有关说明为据。

中华人民共和国教育部关于执行"小学教学计划"的指示

教育部这次公布的"小学教学计划"是根据1953年秋季颁发试行并经1954年修订的小学"（四二制）教学计划（草案）"（下简称"草案"）两年来试行的结果制定的。它是小学规划教学工作和编制每周上课时间表的指导文件，同时又是编写小学教学大纲和教材的根据。因此，除了教育部正依据这个新教学计划编制或者修订小学各科教学大纲和教材之外，全国各地方教育行政部门和各小学必须体会它的精神实质，并且遵照它的规定由各小学合理地编排每周上课时间表，以便按日按时有准备地、有计划地进行教学。为了便利全国各地方各小学执行"小学教学计划"，特作如下的指示。

一、全国各地方、各小学必须深切体会到"小学教学计划"的新的精神是开始实施基本生产技术教育（即综合技术教育）和加强劳动教育及体育，更完整地体现全面发展的教育方针。小学教育的任务是培养社会主义社会全面发展的成员，所以小学中不但要进行智育、德育、体育、美育，同时还必须有步骤地实施基本生产技术教育。这次的教学计划充分注意实施生产技术教育和加强劳动教育及体育。为了实施基本生产技术教育，除了"生产劳动"仍在"关于课外活动的规定"中另行明确规定以外，这个教学计划除了增加第六学年的自然科上课时间每周一节外，特别增设了从第一学年到第六学年的"手工劳动"科，以便联系自然、地理、语文、算术等各科进行教学，制作教具、玩具，并作植物栽培、动物饲养等活动，使学生获得一些基本的生产知识，学会使用一些简单的生产工具，同时具有共产主义的劳动态度。在体育方面，除了"体育锻炼"仍在"关于课外活动的规定"中另行明确规定以外，这个教学计划还增加了第一到第二学年的体育上课时间每周各一节。所以采取这样的措施，就是要保证全面发展的教育得到正确的贯彻，纠正过去忽视基本生产技术教育、劳动教育和体育的片面性倾向。

二、全国各地方、各小学必须深切地体会到"小学教学计划"符合于减轻学生过重负担和提高教育质量的要求，以便更好地达到培养社会主义社会全面发展的成员的目的。首先应该了解减轻负担和提高质量，不是互相矛盾而是统一的。只有减轻了学生的过重负担，才能更有效地提高教育质量。过去的草案，各年级每周上课的总时数过多，每学年规定上课38周，实际上做不到，而且语文、算术、历史等科的教材和教学也有问题，因而促成了教学赶进度和学生负担过重的现象，影响了教育质量的提高。这次的教学计划，减少了每周上课的总时数，三、四、五、六年级每周减少了两节；语文、算术、历史等科上课时数减少了，并调整或增加了别的科目的上课时数，每学年上课周数也确定为34周。再适当地精简语文、算术、历史等科教材，改进教学方法，改变成绩考查办法，对减轻学生过重负担和提高教学质量会起重大的积极的作用。同时小学教育是国民义务教育性质，随着经济建设的发展，人民文化需要的日益迫切，小学也要逐步发展，但是过渡时期国家总任务主要在发展重工业，不能大量建筑校舍，扩充学校，所以城镇和居民众多的乡村必须推广二部制，农村的复式班更必须存在和适当发展。为了便于编排二部制和复式班的每周上课时间表，适当减少上课时数也是需要的。

三、各地方、各小学对"小学教学计划"的实施，应从1955年秋季开始。为了执行这个教学计划能和执行旧教学计划互相衔接，得采用下列过渡办法。

（一）有能担任手工劳动课的教师的小学，应从本学年开始增设手工劳动科。如果没有能任课的教师，可延到1956年秋季再增设。本学年内本科的上课时间可移作教学自然、语文或生产劳动有关的活动。

（二）语文、历史等科如果继续用旧课本，得由各省、市教育厅、局组织人力，予以适当精简，并将精简的方案报告教育部备案。

（三）本学年度的六年级可保留语文、历史等的原教学时间，不增设手工劳动科，并可不减少每周教学总时数。

四、各地方、各小学在执行"小学教学计划"的时候，必须防止和克服可能发生的偏差。特别是在基本生产技术教育的实施过程中，要防止和克服实用主义和形式主义的偏向。那种劳动和其他教学脱节；或者在学校中用过多的时间进行生产劳动，忽视文化科学基础知识的教学；或者不照顾学生的年龄特征，要求过高过急；或者不照顾城乡不同的情况，对教学内容不加以适当区别（城市应着重工艺的手工劳动，农村应着重农艺的手工劳动）等等的看法和做法，都是错误的。

五、全国各小学，必须合理地编排每周上课时间表。编排时，应注意以下内容。

（一）各学科的名称，不得擅自更改。

（二）各科教学时数，不得擅自加、减。除了课外作业，可酌情让学生在校进行外，不得增加所谓"自习"时间。

（三）每周上课时间的安排，以每天平均若干节（例如一到四年级每周共24节，每天可平均4节；五、六年级每周26节，两天可各5节，四天可各4节），把各科在周内均匀分配（例如语文、算术每天都有；历史、地理、自然、体育分配为隔三天一次；图画、手工劳动两科一排在周一或二、三，一排在周四或五、六）为原则。

（四）每天上课时间的安排，以课堂作业较难、课外作业较多的学科（例如算术、语文等）排在第一、二节，课堂作业较易、课外作业较少或没有的学科（例如体育、音乐、图画等）排在午前末一节或午后，并使它们能互相调节为原则。除了从第五学年起作文两节得连排以外，其余均不得两节连排。

（五）每周每天作息时间的安排，也得合理，并应随着季度的变更而变更（例如冬季天寒，学生到校和上课的时间要晚些）。在一天和一周之内，要把上课、课外活动、课外作业、休息等安排得均匀、适当，互相调节，避免偏重偏轻的现象发生。

"小学教学计划"是全国各小学在今后若干年内必须遵照执行的重要法令。各省、市教育厅、局接到这个指示之后，必须立即通知所属市、县教育行政部门和所属小学，认真学习和执行，并转知所属师范学校和初级师范学校在有关课程中作为教学材料。用本民族文字教学的民族小学，则可由自治区或省、市教育行政部门参考本教学计划另定教学计划，报请教育部批准执行。

中华人民共和国教育部颁发"关于小学课外活动的规定"的通知

教育部已经公布了"小学教学计划"，并发出指示，要求全国各小学切实遵照执行。现在为了配合"小学教学计划"的执行，并作出"关于小学课外活动的规定"。原"小学（四二制）教学计划（草案）"中的"课外集体活动"的规定作废。希即各级教育行政部门转知所属小学，一体依照这次的规定，配合"小学教学计划"，支配课外活动的时间和内容，切实进行，以使课堂教学的成果巩固和扩大，并使智育、德育、体育、美育和基本生产技术教育充分地获得全面发展。

"关于小学课外活动的规定"如下。

一、每周集体活动时间

（一）课前操（或课间操）和清洁检查每周共 90 分钟。

（二）课外集体活动每周共 120—240 分钟。

二、每周集体活动的内容和方法

（一）课前操（或课间操）和清洁检查的时间支配，每天合各 15 分钟。

1. 课前操（或课间操）原则上以"少年儿童广播体操"为教材。在春、夏、秋三季可做课前操。冬季可在第二节课后休息时间做课间操，二部制的下午班亦可做课间操。学校规模较大的，如有条件，可将一、二年级和三、四、五、六年级的课间操，分开进行。

2. 清洁检查，专检查学生的清洁和健康状况，在课前操之后，由各班各自进行。必须有记录。对不清洁的学生，应设法使他清洁，对不健康的学生，应注意给予矫治。

（二）课外集体活动包括：校会、班会、少年先锋队活动、体育锻炼、生产劳动、学习小组和社会活动（社会公益活动和参加少年宫、少年之家等校外机关的活动）等。这些集体活动，看活动的性质：有的可以以各班为单位进行或全校共同进行；有的可以以少先队的小队、中队、大队为单位进行；有的可以分小组进行。各种课外集体活动，除了校外机关活动有人指导之外，其余都应在教师指导之下有计划地进行，并且必须依靠学生的组织，发挥学生的主动性、积极性和创造性。其大要如下。

1. 校会、班会：校会全校共同举行，由校长主持，每月至多一次；班会每班分别举行，由班主任主持，以每两周一次为原则。校会班会的内容：主要作时事报告或本校本班重大事项的简要报告，也可以开讲演会、故事会、诗歌朗诵会以及作其他文娱活动等。纪念节日举行纪念会可占用校会时间。校会每次以 40 分钟为原则。班会的形式和内容都应适合于学生的年龄特征，使学生得到实际的教育，避免流于形式，并应防止开"批评会"等对成人所用的方法。每次班会以 40 分钟为原则。参加校会或班会的，停止参加当天的其他课外活动。

2. 少先队的活动：除队员参加外，并应吸收非队员参加。参加队活动的，停止参加当天的其他课外活动。

3. 体育锻炼：分小组（例如以 7—14 人为一组）进行。在一定的时间内，由各组指定的小组长领导本组组员活动。教材以课内体育教材的练习为主。每组每周活动两次或三次。

4. 生产劳动：分小组进行。在一定的时间内，由小组长领导活动。教材要和课内的自然、手工劳动各科教材配合。栽培活动，视实验园地的面积而定：面积大的，可以各组各管一区，自行种植、培养；面积小的，可以每若干组共管一区，在种植后，按日轮值工作。每组每周活动一次或两次。

5. 学习小组：看各校的条件分设音乐、图画、文学、工艺（某一种）、自然、地理、历史……各小组（最多以20人为一组），原则上由高年级学生志愿参加（由担任该组教学的教师批准。功课较差的学生不参加）。音乐、图画、工艺各小组，在中年级也可组织学习。一般每人只能参加一组，在该组教师的指导下进行。教材由教师在课内各有关学科的基础上予以提高，自行制订。每组每周活动一次。条件不具备的学校，可不设学习小组，增加"生产劳动"或其他文娱活动。

6. 社会活动：社会公益活动，由教育行政部门在必要时统一布置组织四年级以上学生参加。其内容应该是有教育意义、为学生力所能做、不妨碍学习和健康并注意安全的教育。参加者"每人每周最多不超过 1.5 小时"。参加社会公益活动的，停止参加当天的其他课外活动。少年宫、少年之家的活动，由少年宫、少年之家组织学生在课外参加。参加少年宫、少年之家活动的，得停止同时间的其他课外活动。

（三）课外集体活动：在一般的小学、中心小学和高级小学，原则上每天都应该进行，例如每周进行六次，每次 40 分钟，共计 240 分钟。二部制和初小复式班或条件确有困难的学校，可酌量减少，但是每周最少也得进行三次（间日一次），共 120 分钟。

三、除上述有组织的集体活动时间外，每天的其余时间，应让学生自由活动，不得任意组织学生作其他集体活动，以免学生没有自由活动时间。

19560319

教育部关于制发 1956—1957 学年度中学授课时数表的通知

1956 年 3 月 19 日

(56) 中教林字第 23 号

为了进一步贯彻全面发展的教育方针，积极实施基本生产技术教育，提高教育质量，更好地为国家培养出合乎规格的人才，以适应社会主义建设迅速发展的需要，从1956年秋季起，在中学教学计划中增设了一部分新的学科，对原有部分学科的名称、设置和授课时数作了适当的调整和变动，并重新规定了每学年上课周数。兹制定1956—1957学年度中学授课时数表及说明，随文附发，希即转知所属各中学遵照执行。

附：

1956—1957学年度中学授课时数表

1956年3月

顺序	学科		初中						高中					
			一年级		二年级		三年级		一年级		二年级		三年级	
			第一学期	第二学期	第一学期	第二学期	第一学期	第二学期	第一学期	第二学期	第一学期	第二学期	第一学期	第二学期
1	汉语		3	3	3	3	2	2	1	1	1	1	1	1
2	文学		6	6	6	6	5	5	4	4	4	4	4	4
3	数学	算术	6	6										
		代数			4	4	3	3	4	3	2	2	2	2
		几何			2	2	3	3	2	3	2	2	2	2
		三角									2	2	2	2
4	历史	中国历史	3	3	3	3					3	3	3	3
		世界历史					3	3						
		世界近代现代史							3	3				
5	政治常识						2	2						
6	社会科学常识								1	1				
7	中华人民共和国宪法												1	1
8	地理	自然地理	3	3										
		世界地理			2	3								
		中国地理					3	2						
		外国经济地理							2	2				
		中国经济地理									2	2		
9	生物	植物	2	2	3									
		动物				3	2	2						
		人体解剖生理学							2	2				
		达尔文主义基础									2	2		
10	卫生常识		1	1										
11	物理				3	2	2	2	3	3	3	3	5	4

续表

顺序	学科	初中						高中					
		一年级		二年级		三年级		一年级		二年级		三年级	
		第一学期	第二学期	第一学期	第二学期	第一学期	第二学期	第一学期	第二学期	第一学期	第二学期	第一学期	第二学期
12	化学					2	3	2	2	2	2	2	3
13	外国语							4	4	4	4	4	4
14	体育	2	2	2	2	2	2	2	2	2	2	2	2
15	音乐	1	1	1	1								
16	图画	1	1	1	1	1	1						
17	制图							1	1	1	1	1	1
18	工农业基础知识					2	2						
19	实习	2	2	2	2	1	1	2	2	2	2	2	2
20	总计	30	30	32	32	33	33	32	32	33	33	32	31

关于1956—1957学年度中学授课时数表的说明

一、每学年上课周数，初、高中各年级一律改为34周，以保证实际上课周数和升级、毕业考试有充分的复习时间，初中各年级及高中一、二年级另增加参观时间一周，以组织学生进行结合教学的生产参观。

二、初、高中各年级均增设实习科，每周时数除初中三年级为一小时外，其他各年级均为两小时。初中进行教学工厂和实验园地两种学习，高中进行农业实习、机器学实习和电工实习。初、高中各年级实习科应尽可能开设，如暂无条件开设的，可暂缓开设；如目前只具备一种实习条件的年级或班，可先开设一种实习，教学时数应按照实习教学大纲所规定的时数作适当的改变。

三、初中三年级增设工农业基础知识科，每周两小时，师资条件确实不具备的学校，可暂缓开设。开设这一学科的班级，原有一小时的音乐课停授，但是应该在课外活动中适当组织学生进行一些音乐活动。

四、原语文科改为汉语、文学两门学科进行教学。分科后的教学时数：初中汉语，一、二年级每周各三小时，三年级每周两小时；初中文学，一、二年级每周各六小时，三年级每周五小时；高中汉语，一、二、三年级每周各一小时；高中文学，一、二、三年级每周各四小时。

五、历史科除高中三年级外，其他各年级开始实行新的教学程序：初中一年级讲授中国古代史，二年级讲授中国近代现代史，三年级讲授世界历史；高中一年级讲授世界近代现代史,二年级讲授中国古代史,三年级讲授中国近代现代史(自 1957—1958 学年度起实行,本学年度仍讲授中国现代史)。

六、高中三年级中华人民共和国宪法,每周教学时数由两小时改为一小时。

七、初中一年级算术每周教学时数由七小时改为六小时,二年级代数由三小时改为四小时。

八、高中物理科每周教学时数,二年级由两小时改为三小时,三年级第一学期由四小时改为五小时。

九、高中试行军事训练的学校,军事训练每周教学时数,由体育课的时间中抽一小时,原有体育教材内容应加以精简,进行教学。

19560406

教育部关于公布中学校历的命令

1956 年 4 月 6 日

(56)中教林字第 28 号

中学校历已由本部制定,现在予以公布,自 1956 年秋季起实行。本校历实行后,1950 年 8 月我部颁布的中等学校暂行校历(草案)作废。

附:

中学校历

一、学年和学期

(一)中学以每年 8 月 1 日起至次年 7 月 31 日止为一学年。

(二)一学年分为两学期,自 8 月 1 日起至次年 1 月 31 日止为第一学期,自 2 月 1 日起至 7 月 31 日止为第二学期。

二、上课和考试

(一)全学年实际上课周数共计 34 周。初中各年级及高中一、二年级另规定参观时间一周。

(二)考试

1. 毕业考试　初中 3 周(6 月 17 日起至 7 月 7 日止),高中 4 周(6 月 10 日起至 7 月 7 日止)。

2. 升级考试　3 周(6 月 17 日起至 7 月 7 日止)

三、假期

(一)暑假 55 天(7 月 8 日起至 8 月 31 日止)

(二)寒假 23 天(1 月 23 日起至 2 月 14 日止)

(三)农忙假 14 天

(四)节日假

国庆纪念日(10 月 1、2 日)两天

新年（1月1日）1天

妇女节（3月8日）半天（限于妇女）

劳动节（5月1日）1天

青年节（5月4日）半天

四、附则

（一）第一学期9月1日开学，1月22日结束；第二学期2月15日开学，7月7日结束。各校应该在开学前做好各项准备工作，按时开学上课。

（二）国庆纪念日、新年和劳动节，如适逢星期日应该补假1天。

（三）除一般例假外，非经省、市、自治区教育厅、局批准，不得擅自放假或停课。

（四）农忙假次数、起讫日期，各省、市、自治区教育厅、局可根据各地的实际情况自行决定。

（五）农忙假期间，农村学生可回家参加劳动；城市中学应该根据实际情况，组织学生参加公益劳动、参观等活动，有条件的学校可适当地组织学生参加农业劳动。以上各项活动中应该注意学生的健康和休息。

（六）我国南北气候差异很大，各省、市、自治区如因适应地方具体情况需要调整寒暑假假期长短，可自行决定，报部备案，但是暑假应该按照规定日期放假。

（七）春节（夏历正月初一日至初三日）一般都在寒假期内，不另行规定放假日数。如遇春节不在寒假期内时，为了照顾我国习惯，可由省、市、自治区教育厅、局灵活掌握，变更寒假起讫日期，报部备案。

19560411

教育部关于颁发小学校历的规定的通知

1956年4月11日

(56)小行陈字第45号

兹颁发关于小学校历的规定，希即转知所属遵照执行。

附：

关于小学校历的规定

一、学年和学期

（一）小学以每年8月1日作为学年开始，下一年7月31日作为学年终了。

（二）一学年分为两学期：从8月1日到下一年1月31日作为第一学期；从2月1日到7月31日作为第二学期。

二、学习日

（一）每学年实际上课周数：34周

（除星期例假外共 204 天）。

（二）每学年总复习和考试周数：4 周（除星期例假外共 24 天）。

三、假日

（一）寒假：31 天（连星期日并且包括春节假在内）。

（二）春假：3 天（星期例假除外）。

（三）暑假：56 天（连星期日）。

（四）农忙假：乡村小学高年级应放农忙假，其余由各地按照本地情况决定放不放。农忙假的每年次数和每次日数，由各地教育行政部门决定，但最长每年不超过 21 天（连星期日），还应该按照放假的天数，减缩寒、暑假期的同样天数，也可以因此不放春假。

（五）节日假

国庆纪念日（10 月 1、2 日）2 天。

新年（1 月 1 日）1 天。

妇女节（3 月 8 日）半天（限于女教职员工）。

劳动节（5 月 1 日）1 天。

儿童节（6 月 1 日）1 天。

节日假除妇女节和儿童节外，如遇星期日都应该补假 1 天。

四、有关的规定

（一）为了便于做学校教育统计以及学生升学、转学和课本的及时供应，全国小学新学年第一学期一律定为 9 月 1 日开学、上课。

（二）每学年的总复习可在每学期上课结束之后进行，第一学期 9 天，第二学期一、二、三年级 15 天，四、五、六年级总复习和考试共 15 天。

（三）各校在寒、暑假期中，应该做好放学后的一切结束工作和开学前的准备工作。

（四）寒、暑假及春假期间，应该适当地组织学生参加体育锻炼、文化娱乐、生产劳动、社会公益活动以及参观、远足等活动。

（五）各校成立纪念日不放假，可以停止课外活动举行纪念仪式。

（六）少数民族节日，可以按当地人民委员会的规定，由教育行政部门布置放假。

（七）除了规定的假日之外，在学习日期内，各校如果因为特殊情况需要放假或者停课，必须经当地县人民委员会（直辖市的区）教育行政部门批准。放假的日数或停课的时数，要在以后补足。

（八）每学年除了学习日和假日之外，多余的几天，可由各地教育行政部门或者学校灵活安排。例如延长假期或者延长复习、考试日期等。

（九）各省、自治区、直辖市教育厅、局应该根据当地的气候情况，安排寒假、暑假、春假等的起止日期，通知所属小学执行，并报请教育部备案。个别省、自治区如需要延长寒假、缩短暑假或者延长暑假、缩短寒假，也应该报请教育部备案。

19560423

教育部关于对高级中等学校军事训练目的、任务的指示

1956 年 4 月 23 日

(56) 军训韦字第 10 号

我部于 1956 年 1 月 28 日发出 (56) 体军字第 1 号函,指示北京、辽宁等十省(市)分别共选择 21 所高级中等学校进行军训试点,为便于进行工作,在高级中等学校学生的军训条例及训练计划大纲未颁发以前,作如下指示。

一、高级中等学校学生的军事训练是征集前的军事训练,其目的是加强青年学生的国防观念,增强青年学生的体质,使青年学生在被征集前具有初步的军事知识,并为高等学校学生的军事训练打下基础,为此必须:

1. 在政治上,使学生进一步了解保卫祖国是每一个公民的神圣职责,提高其政治觉悟,热爱祖国。

2. 在军事训练上,使学生了解中国人民解放军各兵种的区分及其战斗使命;了解小口径步枪、军用步枪、自动枪、轻机枪的构造和性能;学会单个战斗动作,学会单个的和分队的队列动作;熟悉纪律条令、内务条令、卫戍勤务条令的基本内容,并能自觉地遵守纪律,执行命令。

二、高级中等学校学生的军事训练是作为一门正式课程,由学校编制内的军事教员在学校内逐渐进行的,并与其他课程一样按规定进行测验和考试。因此,学校进行军训是不会影响学生的其他学业的。军事是一门综合性的科学,它与其他课业有着密切的联系,如射击学理与物理学,防原子、防化学与化学,尤其是与体育的联系更为密切。体育训练作为保卫祖国的一个重要手段,应该是为战术、技术服务的,与战术教练、技术教练密切结合。体育教练时的队列动作应与军训的队列教练动作一致,并在体育课业中贯彻。在军事训练的过程中,应注意到培养学生的耐劳、有力、灵敏、迅速及勇敢、坚毅等性格。军事教员应是学校开展课外军事体育活动的积极参加者和组织者。体育教师是军事教员有力的助手,同样,军事教员也是体育教师的有力助手,互相团结搞好此一工作。

三、在军事训练问题上,要不断加强学生的思想教育工作。提高觉悟,以饱满的学习情绪,保证教学的收效。根据北京市于去年年底开始进行的三年军训试点学校看,部分学生学习军事从个人兴趣出发,好高骛远的思想

是存在的，他们不愿意上讲解课目，愿意上外堂课；不喜欢基本的教练动作，而急于学习战斗动作，如射击、战术等。凡有这种类似现象的发生，应教导学生，使他们明确高级中等学校学生军训的目的，认识到军事是一门科学，学习一门科学是要由浅入深、由简到繁、由已知到未知、循序渐进、逐步提高的。

四、为了使军事训练取得良好的效果，除了经常的思想教育保证外，在进行军事训练教学中，应严格地按照队列、内务、纪律、卫戍勤务条令所规定的一切进行训练。除此以外，还必须：

1. 在训练指导方法上，应根据由浅到深、由简到繁、循序渐进、掌握重点、逐步提高的原则，防止过宽和过深的偏向，同时还要善于总结和推广先进经验。

2. 在理论的教学方法上，应采用重点讲解、自行阅读和实际作业（如提问、抽测、酝酿等）相结合的方法，尽量利用模型、图表、挂图、实物形象化的教学方法，以增大收效。

3. 在射击教练、队列教练、战术教练的方法上，一定要在操场上认真操练；教员要有充分的准备，通过简明的讲解与正确的示范，使学生能够正确地领会要领。队列教练科目，每进行一堂课后，必须在课外时间内进行一小时的复习。

4. 无论在课堂教学或课外复习都必须在规定时间内讲解清楚，以免增加学生的负担。

五、学生所用教材，尚在编写，在未发行以前，教员要想办法，在改进教学方法的基础上，使学生易懂，能记下笔记，以便于复习。高级中等学校学生的军训虽然为一般的军事知识，亦应要求学生用专用笔记本记笔记，注意保存，不要在校外及公共场所（如电影院、戏院等娱乐场所及公共车站等地）随便谈论有关军训问题，条令教育应结合这一问题来进行，以提高学生的政治警觉性。

六、关于派遣的军事指导员及军事教员的管理和待遇问题，今后将有统一的规定，目前他们的一般奖惩、福利应与教育厅（局）干部或学校教员相同，薪金按现役军官待遇，由教育部门发给，服装由派遣单位或机关发给。凡遇有调动、任免、晋级等问题，可暂与派遣部门或有关部门商议处理，并将处理办法报告我部。

七、军事训练试点工作是一项新的工作，各省、市教育厅、局应按此指示领导各试点学校订出实施计划（江苏、四川省计划已上报），并要求各学校领导干部必须经常加强这一工作的领导，及时地帮助军事教员，解决工作上的困难，并注意与各有关部门加强联系。随时总结经验，将试行情况报告我部。

19560710

教育部关于中学外国语科的通知

1956 年 7 月 10 日

(56) 中教林字第 59 号

为了适应我国社会主义经济建设和文化建设的需要,必须扩大和加强中学外国语的教学。各厅、局除注意改进俄语教学外,还必须注意扩大和改进英语教学。从1956年秋季起,凡英语师资条件较好的地区,从高中一年级起应增设英语课,高中二、三年级原教英语的更应该继续教下去。

我部现正在修订中学教学计划,准备从1957年秋季起,初中一年级开始恢复外国语科(每周授课时数暂定4小时)。关于俄语、英语两科教材,已责成人民教育出版社编辑,及时出版。各地中学教俄语和英语的比例暂定各为50%左右。俄语和英语以分校教学为原则。每校设一种外国语,于配备师资和逐步提高教学质量,均属便利。但如有个别中学师资条件特优的,也可两种兼设分班教学,由你厅、局依上述原则决定报部,并盼作出1957—1958学年度自初中一年级起教俄语或英语的校数(班级数)和1956—1957学年度培养俄语、英语师资的具体计划,于8月上旬报部。

19560717

教育部关于1956—1957学年度中小学实施基本生产技术教育的通知

1956 年 7 月 17 日

(56) 中行林字第 177 号

在中小学实施基本生产技术教育是1955年全国文教会议上已经确定的方针。但是根据近半年来部分地区的少数学校试行的结果看来,有些问题尚须作进一步的研究。请即对我部(56)中行林字第101号通知所发"关于普通学校实施基本生产技术教育的指示(草案)"进行研究,结合各地的实际情况，对基本生产技术教育的内容、方法和步骤提出意见，报告我部，以便汇总研究。1956—1957学年度应首先根据结合实际、结合生产的原则，改进物理、化学、生物、数学、制图和地理等科的教学，特别应注意加强物理、化学、生物等科的实验。

关于实习作业和实习课的开设问题，各地可根据本地实际情况，并参照下列意见，自行研究决定。

一、凡没有作准备的地区和学校，暂时可以不进行准备工作，实习作业或实习课暂不开设。

二、高级中学的实习课，各省（区、市）可以选定个别物质设备已有准备，师资水平较高，并不因增加实习课而使教师负担过重的学校，在一年级进行重点试验。

三、物质设备已有准备，教师水平较高，并不因增加实习作业而使教师负担过重的初级中学，可以在一年级开设教学工厂和实验园地实习作业。如果只设有教学工厂或者实验园地一种，那就只开设一种实习作业。

四、1956年上半年在某些初中或高中已经着手试教实习作业或实习课的班级，如物质设备和师资条件困难不大时，可继续试教；如因增设新课使教师负担过重，可停止试教。

五、关于城市小学的手工劳动课，在师资和设备已有准备的学校可以开设；条件不够的，可以暂缓开设。农村小学原则上可暂不设手工劳动课，但有条件的完小、中心小学可以开设。

19560903

教育部关于恢复初中三年级音乐科的通知

1956年9月3日

（56）中教林字第96号

上学年度初中三年级音乐科因开设工农业基础知识科而停授，本学年度初三授课总时数减少，因此决定从今年秋季起有条件的学校恢复这一学科，每周授课时数仍为一小时。教学内容由各地自行决定，在选定教材时请注意适当增加民族音乐比重。

19560915

教育部关于1957年春季小学自然课本和手工劳动、自然教学时间的安排的通知

1956年9月15日

（56）小教陈字第65号

关于1957年春季小学自然课本和手工劳动、自然教学时间安排的问题通知如下。

一、1957年春季的小学自然课本第二册是按教学大纲草案新编的，其中的"土壤"部分跟六年级的"土壤"部分重复，这是因为六年级用的还是旧课本，等到这一班五年级的学生升到六年级时，就将换用新编的第四册，不会再念"土壤"了。

二、小学自然科的授课时数，教学大纲中五、六年级，都是按每周两课时制定的，教材也是按两课时安排的。因此，原教学计划规定六年级每周三节自然，多出的一节自然教学时间和不增设手工劳动课的原教学时间，都可移作语文、算术（包括珠算）教学之用。

19570206

教育部关于小学五年级第二学期自然课教学时数的通知

1957年2月6日

（57）小教陈字第8号

关于在小学增加农业生产常识问题，目前暂时决定在小学自然课中进行教学，因此1957年春季小学自然课本第二册中增加了农业生产常识方面的知识。小学教学计划原定五年级第二学期每周两节的自然教学时间，在1957年2月到7月间，可暂依照下列规定办理。

一、还未开设手工劳动课的各校，可将五年级第二学期每周空出来的一

节手工劳动课，改上自然课，每周上自然课三节。小学教学计划每周教学总时数26节不变。

二、已设置手工劳动课的各校，在五年级第二学期可增加一节自然课，每周上自然课三节。小学教学计划每周26节的教学总时数变更为每周27节。

三、学校设备比较好，担任自然课教学的教师水平比较高，如果每周两节课在学期终能教完自然课本第二册所有的教材，即可不增加自然课的教学时数，每周仍上自然课两节。

希各省、市按照当地具体情况，结合上述规定，自行考虑解决。

19570307

教育部关于增设农业基础知识课的通知

1957年3月7日

(57)中教林字第26号

近来有些地区提出要在初中三年级增设农业基础知识课的问题。我部考虑到在初中毕业生多数不能升学，而主要是参加农业生产劳动的情况下，如何使学生在学过生物知识的基础上，进一步获得比较系统的农业生产知识与技能，培养学生参加农业生产劳动的兴趣，请各厅、局根据学校所在地区与学生的来源（农村）以及其他必要的条件（师资、教材等）加以考虑。如果认为有必要与可能增设农业基础知识课，在取得当地人民委员会同意后，即可增设。

关于农业基础知识课的内容，各地可参照初级中学实验园地实习教学大纲（草案）的精神，结合当地农业生产的情况进行讲授。在以畜牧业为主的地区，可讲授与本地区最主要的家畜有关的知识。同时，要适当地照顾知识的系统性与学生的接受能力。

在教法上要贯彻理论和实际相结合的原则，注意训练学生实际操作技能。

授课时数，原则上以每周2课时为宜，可利用实习课的时间进行。已开实验园地实习课的学校，除占用实习课1课时外，可另增加1课时。

19570608

教育部关于1957—1958学年度中学教学计划的通知

1957年6月8日

（57）教指中林字第3号

为了适当地减轻学生负担，提高教育质量，我部准备在总结过去工作的基础上，对学制、教学计划和教材问题作通盘研究，以便从根本上解决学生负担和学习质量的问题。但是学制问题，关系国家百年大计，绝不是仓促间可以作出决定的。

目前，减轻学生过重的学习负担是一个十分迫切的问题，而某些必须增设的学科也必须尽速开设（如农业基础知识、政治、外语等），因此必须采取临时措施，使能够减轻学生负担和提高他们的学习质量。主要的办法是：精简教材内容；减少学科门类，暂时停授某些学科；减少每周上课总时数，增加学生自修时间。此外还对某些教材作必要的精简（如初中动物、植物，高中物理、历史和高一文学）。依此原则，我部对1957—1958学年度中学教学计划提出一个临时性的调整办法。现在发给你们。

这是临时性的调整办法，就难免有缺点，其中关于高中部分变动较大，各方面意见可能不少。你们可根据本地区具体情况，作适当的变动。比如高中暂停的几门学科，可以少停。如有必要也可组织高等师范学校有关科系专家、中学校长、教导主任和有关教师座谈。但须谨守减轻学生学习过重负担，提高学生学习质量的基本精神。

还请注意下面三点。

一、其中暂时停授的学科，各地区如仍旧开设，遇课本不足用时，须设法收用旧课本。

二、对暂时停授学科的教师，应恳切讲清道理，妥为安排，使他们不受影响。

三、各地区实施这项临时教学计划的具体安排情况，希报我部备案。

另外，关于1957—1958学年度中学、师范、小学第一学期教科用书已在3月内公布。现在根据本文，另发补充通知。

附：

1957—1958学年度中学教学计划

1957年6月

顺序	学科		初中			高中		
			一年级	二年级	三年级	一年级	二年级	三年级
1	语文	汉语	2	2	2			
		文学	5	5	5	5	5	5
2	数学	算术	6（5）					
		代数		4	2	4/3	2	2
		几何		2	3	2/3	2	2
		三角					2	2
3	历史	中国历史	3（2）	3			3	3
		世界历史			3			
		世界近代现代史				3		
4	政治		2	1	1	2	2	2
5	地理	自然地理	3（2）					
		世界地理		2/3				
		中国地理			3/2			
		中国经济地理					2	
6	生物	植物	3	2/				
		动物		2/4	2			
		人体解剖生理学				2		
7		物理		3/2	2	3	3	4
8		化学			2/3	2	2	3
9		外国语	3			4	4	4
10		体育	2	2	2	2	2	2
11		音乐	1	1	1			
12		图画	1	1	1			
13		农业基础知识			2			
14		总计	28—29	30	31	29	29	29

附注：

1. /线左面的数字是第一学期每周教学时数，/线右面的数字是第二学期每周教学时数。

2. 每学年实际上课周数，初中各年级和高中一、二年级均为34周，高中三年级为32周。

3. 授课时间每节课为45分钟，每节课后休息10分钟，每日第二节课后的休息时间，可以延长到30分钟。

4. 学校可以在上列教学计划时数之外，每月对各年级学生进行一次时事政策教育。

1957—1958 学年度中学教学计划的说明

我部为了适当减轻学生学习负担，提高学生学习质量，特对 1957—1958 学年度中学教学计划，采取临时措施，说明如下。

第一，削减的学科。

取消初中卫生常识科和高中汉语科。

今后对学生卫生知识的教育和卫生习惯的培养，仍应该通过其他有关方面继续加强，不能有所忽视。高中原 1 小时的汉语教学时数，增加到文学科中。今后在文学教学中应该结合讲授一些语法修辞的知识。

实习科一般暂不开设。原已开设而师资设备条件都有一定基础的个别学校，在学生负担不重的情况下，初中一、二年级和高中各年级可酌情继续开设，并应研究总结经验。暂不开设实习科的学校，其已建立的实验园地和教学工厂仍应在有关学科的教学和课外活动上尽量利用。

高中达尔文主义基础、制图、外国经济地理三科暂时停授。各地应该对这三科的教师郑重说明：这只是减轻学生负担的权宜措施，以后在修改各科教学大纲时，那些必要的教材，如生物进化以及外国经济地理等，必然会受到应有的重视，以免在思想上引起混乱。对这些教师的工作应该作妥善的安排。同时对学生也应该反复把道理讲清楚，以免因此发生误解（本学年度暂停外国经济地理，高中二年级学生不受影响，因已在高中一年级学过，我部正着手合编中外经济地理为经济地理，在明年高中二年级讲授，因此今年高中一年级学生不受影响）。

在高等师范学校中，和中学暂时停授学科有关系科的课程设置不作变动。

第二，增设的学科。

初、高中各年级增设政治科（原高中三年级"中华人民共和国宪法"课的内容，已包括在政治科内，故不单独设置），每周教学时数，初中一年级为 2 小时，二、三年级各为 1 小时，高中各年级均为 2 小时。教材由各地自行编写，我部将发讲授要点，供各地参考。

初、高中三年级增设农业基础知识科。每周 2 小时。城市中学可以根据条件开设或不开设。农业基础知识科教材由各地根据当地实际情况自行编写，城市中学并可酌量加些工业常识之类的内容。没有开设农业基础知识科的城市中学，原已开设实习科而且师资和设备均有一定基础者，初中三年级可以继续开设园地实习或工厂实习。

大、中城市有条件的中学，从 1957 年秋季起，初中一年级开设外国语科，每周教学时数为 3 小时。初中外国语科同高中一样设俄语或英语，有俄语师资的学校开设俄语，有英语师资的学校开设英语。各地区设俄语的中学与设英语的中学可以各占一半，在某些地区设英语的学校也可以多于一半。初中开设外国语科的学校，可在自然地理、算术、中国历史三科中的任何两科，每周教学时数各减少 1 小时，这些学科的教材内容由各地自行适当精简。

第三，调整某些学科的时数。

初中汉语科，一、二年级每周教学时数由 3 小时改为 2 小时，教材由各地作适当精简。

从本学年度起，初中植物改在一年级学完，每周教学时数为 3 小时；初中动物改在二年级学完，第一学期为 2 小时，第二学期为 4 小时。为了和上学年度衔接，初中二年级植物改在第一学期学完，每周 2 小时，初中三年级动物仍为每周 2 小时。

高中三年级第一学期物理每周教学时数减少 1 小时，由 5 小时改为 4 小时。

经过调整后各年级每周教学总时数，初中一年级为 28 或 29 小时，高中各年级均为 29 小时。初中二年级为 30 小时，初中三年级为 31 小时。

第四，农村初中（包括戴帽子学校的初中班）在目前条件下，学科设置不必强求一律。首先应开设文学、汉语、数学、政治、植物、动物、农业基础知识等科。其他学科也要争取陆续开设。具体安排，由各省、自治区、直辖市教育厅、局自行掌握。

第五，初中不设外国语科的学校，一年级的汉语教学时数可考虑不予减少，初中三年级每周教学总时数仍感过多，各地如仍感学生学习负担过重时，可对文学、世界历史或中国地理等学科教学时数作适当减少，并相应地精简教材。高中暂停讲授的几门学科，如学校师资条件较好，学生学习负担不感过重，可以考虑仍旧开设其中的某几科。

另外，工农速成中学实行第一类教学计划的班次，第四学年达尔文主义基础科可以停授，其教学时间由各校根据具体情况自行安排。实行第三类教学计划的班次，第四学年达尔文主义基础科仍应继续讲授，所需课本希各校径向当地新华书店洽购。

19570615

教育部关于在农村小学五、六年级增设农业常识和农业常识教学要点的通知

1957年6月15日

(57) 小教陈字第34号

小学毕业生今后将一年比一年多，除部分升学外，大部分要参加农业生产，逐渐学会一般农民能做和会做的一些事情，成为有文化的新农民。因此我部决定在1957—1958学年度小学教学计划内在农村及城市郊区小学五、六年级增设"农业常识"科，每周课堂教学一教时。由于各地区农业生产情况不同，要编写全国适用的教材是困难的。现在拟订"小学农业常识教学要点"（草稿）一件，望各省、市、自治区教育厅、局一面对这文件提出意见，一面把这文件作为组织人力，编写农业常识教材时的参考。

附：小学农业常识教学要点（草稿）（略）

19570711

教育部公布"1957—1958学年度小学教学计划"

1957年7月11日

(57) 小教陈字第41号

"1957—1958学年度小学教学计划"已由本部制定。各省、自治区、直辖市教育厅、局可根据这个教学计划，结合当地的具体情况，订定切合实际的执行和变动办法，一并转发所属各小学遵照执行。

附：

1957—1958学年度小学教学计划

1957年7月

科目	各学年每周上课时数						总计
	一	二	三	四	五	六	
语文	12	12	12	12	10	10	2312
算术	6	6	6	6	6	6	1224
自然					2	2	136
地理					2	2	136
历史					2	2	136
农业常识（农村小学专设）					1	1	68
手工劳动	1	1	1	1			204
体育	2	2	2	2	2	2	408
唱歌	1	1	1	1	1	1	204
图画	1	1	1	1	1	1	204
周会	1	1	1	1	1	1	204
合计	24	24	24	24	28	28	

说明：

1. 每学年实际上课34周。复习和考试时间在外。

2. 各年级每节（每教时）课的时间以45分钟为准。第一、二学年每节课中间应该有2—3分钟的"课间活动"。

3. 第五、六学年语文教学时间，比原计划每周增加1节。增加的教学时数，作为练习、巩固和作文、写字等用。

4. 算术内的珠算，仍在第四、五两个学年进行教学，第六学年也可以教珠算。每周各1节。

5. 农村小学（包括大、中城市的郊区和小城市的小学）第五、六学年增添农业常识，每周各1节，实际上课时数是28节。城市小学不上农业常识课，每周实际上课时数是28或27节（不上手工劳动课的学校是27节）。二部制的班级还可以减少语文或体育1节，上26节。

6. 城市小学的手工劳动课，在师资和设备条件具备的学校应继续开设；条件不够的，暂不开设。农村小学原则上不设手工劳动课，但有条件的小学也可以开设。没有开设手工劳动课的学校，第一至第四学年可改上唱歌或语文、算术课。

7. 各年级每周新设"周会"1节，

以便对学生进行思想品德教育和作时事报告等。

8. 在执行教学计划时，允许各地因地制宜，作适当的变动。

变动的范围，如果师资、设备等条件较好的小学，像大、中城市的小学（包括二部制班级），小城镇和农村的中心小学等，原则上应按照这个教学计划的规定执行。其他小学或者是复习编制和巡回教学班级，第一到第四学年除了保证教好语文、算术以外，其他科目可以减少上课时数或者暂缺；第五、六学年除了保证教好语文、算术、自然、农业常识、历史、地理以外，其他科目也可以减少上课时数或者暂缺。暂缺或者减少上课时数的科目所多出的教学时间，在中、低年级可以用于语文、算术两科的教学，高年级可以用于语文、算术、自然、农业常识、历史、地理等科的教学，部分还可以用于指导学生自习、补课和写字等。

变动的办法，由各省、市教育厅、局根据具体情况自行决定。少数民族地区小学的教学计划，可以参照这个教学计划结合当地情况由自治区的教育行政部门自行拟订。

9. 课外活动由各省、市教育厅、局参照我部"关于课外活动的规定"，根据本省、市具体情况，自行规定。但是，对年龄比较大、身体比较强的学生，必须适当地加强课余体力劳动的锻炼，以培养学生的劳动习惯。

10. 小学各科教学大纲（草案）中的某些项目和时间分配，与这个教学计划规定有抵触的，应根据本规定执行。没有规定的如自习、晨会等，各地可以根据实际需要自行规定。

19570715

教育部关于"1957—1958学年度中学教学计划"的补充通知

1957年7月15日

(57) 教指中董字第8号

关于中学教学计划，经研究各地报来意见，并请示总理原则批准，特作如下补充通知：

一、高中外国经济地理、达尔文主义基础、制图、实习等四科暂停，但如学校师资条件较好而学生学习负担不过重，在每周不超过30课时的原则下，可考虑少停一科或两科。

二、初中外国语科，在 1957—1958 学年度一般暂不开设，大、中城市个别有条件的学校可以开设，作为试点。

三、初、高中文学课中应适当增加应用文，如总结、报告和书信等，教材由各地自行解决。

四、卫生常识科取消后，应通过有关方面，特别在体育课中加强卫生教育。

五、初、高中各年级政治科教学时数，可根据具体情况自行调整。为了提高政治课的教学质量，应特别注意师资的挑选和训练工作。

各地可根据（57）教指中林字第3号通知和本通知执行。

19571119

教育部关于明春是否停授汉语课问题的复信

1957 年 11 月 19 日

（57）中教董字第 85 号

内蒙古、湖北、陕西教育厅：

关于 1958 年春季开学后中学汉语课是否停授问题的来信、来电都收到了。

教育部在（57）教指中林字第 3 号"关于 1957—1958 学年度中学教学计划的通知"里，对汉语科的设置已有明确的规定。因此，一般明年春季并不发生是否继续教汉语课的问题；另一方面，教育部在（56）中教林字第 78 号"关于语文教学的几个临时办法的通知"里曾指出："各年级语文教师如有不能教汉语或来不及准备者，经教育厅、局批准后，可暂时不教或精简教材。"因此，有的地区如果认为条件不具备或有其他原因，而要暂停汉语课，那就可以按照上列"通知"的精神，由各省、市自行决定，并及时向新华书店商洽是否用书的问题。

明春初中三年级（非试教班）只教汉语第五册，不教第六册。因为教两册，分量太重了。

19580308

教育部关于 1958—1959 学年度中学教学计划的通知

1958年3月8日

（58）普教指中林字第4号

1958—1959 学年度中学教学计划及其说明，业经我部制定出来，兹随文附发，并就有关学科的师资配备问题提出下述意见，仅供参考。

一、开设生产劳动科，应首先对师资问题积极准备，及早配备和培养。师资可从多方面来遴选，主要是：(1) 原有的物理、生物或其他学科的教师；(2) 高中毕业生给以短期的训练；(3) 商请工厂、农场或有关企业部门抽调技术员和老技工来校任课（或协助培养师资）。对选定担任生产劳动科的教师，可采取短期训练或其他方式，在技术上或教学方法上予以培养和提高，以便能更好地担负起教学工作。

二、整顿和加强外国语教师的队伍，是当前提高外国语教学质量的根本措施之一。希各省、自治区、直辖市教育厅、局对所属中学的外国语教师作一切实的调查，对尚可胜任和有培养前途的教师，可采取多种多样的办法，帮助他们提高外国语专业知识的水平和改进教学方法，以提高教学质量。对实在不能胜任教学工作（发音不正确，又对基本的系统语法知识不能掌握）又无培养前途的教师，应根据党的团结和改造知识分子政策和具体情况，采取转业办法予以调动。由此而需要补充的初、高中俄语和英语的师资，希各省、自治区、直辖市教育厅、局直接将所需数字报请当地经委予以分配。

三、历史科教学时数减少较多，可根据这次制定教学计划的基本精神向教师恳切说明原因，以免在思想上引起混乱。对由此而多出的教师可根据具体情况予以妥善安排。在政治上表现好而且思想水平较高有条件担任社会主义教育课的，可改教社会主义教育课；能改教其他课程的，也可改教其他课程。

另外，目前各地正在蓬蓬勃勃地开展勤工俭学，组织学生参加体力劳动，希从加强劳动教育方面认真摸索经验，于今年内加以初步总结，并将总结寄给我部。

各科教材内容经我部改编后，如仍感分量过重，各省、自治区、直辖市教育厅、局可以根据实际情况酌量精简。

各省、自治区、直辖市教育厅、局根据各地的具体情况,对 1958—1959 学年度中学教学计划所作的变动情况,希报我部备查。

附:

1958—1959 学年度中学教学计划

顺序	科目 每周教学时数 年级	初中 一年级	初中 二年级	初中 三年级	高中 一年级	高中 二年级	高中 三年级	总时数 每周	总时数 每年	全学年体力劳动及参观天数
1	语文	7	6	6	5	5	5	34	1146	
2	数学	6	6	5	6	6	6	35	1178	
3	历史	3	2	2	2	2	2	13	438	
4	社会主义教育	2	2	2	2	2	2	12	404	
5	地理	2	2	2		3		9	306	
6	生物	3	3	2	3			11	374	
7	物理		3	2	2	3	4	14	468	
8	化学			3	2	2	3	10	334	
9	生产劳动	2	2	2	2	2	2	12	404	
10	外国语				5	4	4	13	434	
11	体育	2	2	2	2	2	2	12	404	
12	音乐	1	1	1				3	102	
13	图画	1	1	1				3	102	
14	体力劳动									14—28
15	参观									6
	总计	29	30	30	31	31	30	181	6094	20—34
备注	1. 每学年上课周数,初中各年级及高中一、二年级各 34 周,高中三年级 32 周。 2. 初、高中各年级每学年均有 14—28 天的体力劳动时间;初中各年级及高中一、二年级每学年均有 6 天的参观时间。 3. 社会主义教育课的时间,初、高中各年级每周课内外一般为 2—6 小时(包括讲授、报告、讨论、辩论等)。									

1958—1959 学年度中学教学计划的说明

我国社会主义已进入第二个五年计划时期,在全国范围内已开始了工农业生产的大跃进,教育事业也有了蓬蓬勃勃的发展。根据多、快、好、省、勤俭办学、勤工俭学的方针,各地出现了多种形式的勤工俭学、半工半读的中学，这些中学的教学计划，也表现着多样性。在这种新的形势下，一方面要求有符合各种类型中学的教学计划，另一方面目前一时也很难由我部制定出一种或几种符合于各地区、各种类型学校要求的教学计划。但是为了进一步贯彻教育方针，加强劳动教育，以利于逐步实行勤工俭学、半工半读的教育制度，我部在现行中学教学计划的基础上，已作了必要的调整，同时要求各省、自治区、直辖市教育厅、局根据当地工农业生产和不同类型学校的具体情况，因地制宜，对我部制定的1958—1959学年度中学教学计划作适当的变动。如因教师条件或由于实行半工半读或二部制的需要等等，可以酌量减少一些科目或者一定科目的教学时数。我们认为语文、数学、社会主义教育和生产劳动等科都应该开设，其他学科可以根据条件开设。凡有条件按照我部制定的教学计划进行教学的，就应该按照我部所制定的教学计划执行。

我部制定中学教学计划的原则：

一、初中各年级每周教学总时数最高不超过30小时，高中各年级最高不超过31小时。

二、保证语文和数学两科有充分的教学时数。

三、不减少物理和化学两科的教学时数。

四、适当减少历史和地理两科的教学时数。

五、注意各科之间的联系和互相配合。

兹将1958—1959学年度中学教学计划的调整情况说明如下。

一、加强劳动教育，规定参加体力劳动的时间，并开设生产劳动科。

劳动教育是社会主义学校教育的一个重要组成部分，是社会主义学校教育区别于旧教育的标志，对贯彻培养劳动者的教育方针，起着决定性的作用。

劳动教育是办好社会主义学校、提高社会主义学校教育质量的纽带。加强劳动教育可以逐步克服当前中学教育中存在的脱离生产、脱离实际、脱离政治的缺点。在中学里进行劳动教育的途径是：1. 有计划地组织学生参加体力劳动；2. 在初、高中各年级增设生产劳动科；3. 增加有关学科劳动教育的内容，密切结合生产劳动并加强实验、实习。

有计划地组织学生参加生产劳动，实行勤工俭学、半工半读的教育制度，是贯彻教育方针、实现教育同生产相结合、理论同实际相结合、脑力劳动同体力劳动相结合的基本措施。为此，规定：

农村中学可以同当地农业生产合作社订立合同，组织学生参加农业生产。有土地的学校，还可以设置实验园地。

城市中学也可以同附近工厂、作坊、工地或服务性行业订立合同，组织学生参加生产劳动。有条件的学校可以设立实验工厂。有土地的学校可以设置实验园地；没有土地而邻近郊区的学校，可以组织学生到附近农业生产合作社参加生产劳动。

凡农村学生和在农村有家的城市学生，都应该利用假期、假日或课余时间回到本村参加生产劳动。

在学期中参加体力劳动的时间，两个学期一共为14—28天（原中学校历规定的14天农忙假取消），主要是参加生产劳动，其余校内外公益劳动，也可以计算在内。

此外，家务劳动和自我服务劳动，既很多而又经常，更应该注意提倡。

组织学生参加体力劳动，应该根据学生的年龄、性别、体质和当地的具体情况，妥善安排。教师应该负责指导学生进行劳动，并随时注意启发学生自觉地联系和运用所学的知识。在劳动时要加强劳动卫生和劳动安全的教育，注意学生的安全和健康；要特别注意在劳动中自始至终贯彻思想教育。

为了便于勤工俭学、半工半读，在保证完成教学计划的原则下，寒暑假放假时间和期限由各省、自治区、直辖市教育厅、局自行决定（初、高中毕业班学生升学考试的时间应予照顾）。

开设生产劳动科是以工农业生产的基础知识和初步技能去武装学生，培养学生正确的劳动观点和良好的劳动习惯，使所学文化科学知识能够运用于实践，促进智力和体力的全面发展，并为参加生产劳动准备更好的条件。从本学年度起，初、高中各年级都开设生产劳动科，教学时数，初、高中各年级各为每周2小时（原初、高中实习科的名称取消）。

生产劳动科包括初中手工劳动和农业基础知识，高中农业实习和机械实习。具体安排，由各省、自治区、直辖市教育厅、局根据各地工农业生产的需要和学校的师资、设备条件自行决定。

在进行生产劳动课的过程中，必须贯彻勤俭办学、勤工俭学的精神，一方面要因陋就简，另一方面要充分利用实验工厂、实验园地的设备，有目的有计划地使实验、实习与生产相结合，使生产出的成品的价值，能够用来解决学校在教学设备、原料消耗上和学习费用上的困难。同时在要求和内容上，都不必强求一律，各地应该积极创造条件（包括设立实验工厂和设置实验园地）争取开设。

初中手工劳动和高中机械实习的教学大纲，将由我部拟订发布。各省、自治区、直辖市教育厅、局可根据教学大纲自行编写教材和教学参考资料。初中农业基础知识和高中农业实习的教材，由各省、自治区、直辖市教育厅、局根据当地具体情况自行编写。本学年度高中农业实习的教材如不能及时编出，亦可暂用初中农业基础知识的教材。

此外，还必须注意在有关学科的教学中贯彻劳动教育，特别要加强物理、化学、生物、地理和数学等学科的实验、实习、参观和课外小组的活动。

为了适应各科教学的需要，规定初中各年级和高中一、二年级每学年有6天参观时间。如果组织学生进行参观有困难时，则此时间可以移作体力劳动或各科复习、实习之用。

在中学中加强劳动教育将进入一个新的阶段，组织学生参加体力劳动和开设生产劳动科，对于大多数学校来说，是一件新的工作，各地教育行政部门和学校都应该重视积累经验，总结经验。

二、改进外国语科的教学。

外国语是中学教育基础知识的组成部分之一，是吸取各国科学成就的重要工具，在中学教育中有着重要的作用。当前改进和加强外国语科的教学是着重整顿和加强高中外国语科的教学，同时在大、中城市有条件的初级中学开设外国语科。至于初、高中开设俄语和英语学校的比例问题，由各省、自治区、直辖市教育厅、局暂根据师资条件并和当地的高等学校联系，结合他们的需要研究解决。

从本学年度起，高中一年级外国语科教学时数增加1小时，由每周4小时改为5小时，并采用新的教学大纲和教科书进行教学，使学生开始即有较多的课堂练习机会，对所学知识能够巩固掌握，以便逐步地打下外国语的良好基础。但必须注意防止因增加教学时数而加多课外作业，以致加重学生学习负担的偏向。

从1958—1959学年度起，大、中城市有条件的学校，应逐步在初中开设外国语科。已在初中开设外国语科的学校，初中一、二年级都应该继续开设，并应该加强外国语科的教学工作，使教学质量逐步提高。初中外国语科的教学时数，一、二年级各为每周3小时。由于外国语科的开设，初中一、二年级各科之间的教学时数，可参考以下的办法进行调剂：初中一年级每周减少语文和历史各1小时，初中二年级每周减少生物和生产劳动各1小时。减少教学时数的各科教材内容，由各省、自治区、直辖市教育厅、局作适当的精简。

三、部分学科的安排和教学时数的调整。

（一）语文科——教学时数，初中一年级每周7小时，二、三年级各为每周6小时（三个年级的汉语每周都是1小时）；高中各年级各为每周5

小时。

初、高中各年级语文教学时数中都包括作文和练习时间。

初、高中各年级全学年共写作26次（第一学期14次，第二学期12次），间周一次命题作文；间周一次练习（包括应用文的练习）。

（二）历史科——教学时数作了适当的减少：初中二、三年级及高中各年级都减少1小时，由每周3小时改为2小时。初中一、二年级讲授中国历史，初中三年级讲授世界历史，高中一年级讲授世界近代现代史，高中二、三年级讲授中国历史，程序都未变动。

（三）地理科——初中地理的教学程序暂不作变动，教学时数作了适当的调整：初中一年级由每周3小时减为2小时，初中二、三年级分别减为每周2小时。高中外国经济地理和中国经济地理合并，改为经济地理，在高中二年级开设，每周3小时。

（四）生物科——为了使初中学生获得比较完整的生物学知识，高中学生在已有知识的基础上，适当地扩大、加深和系统化，生物科作了如下的调整：初中一年级植物，初中二年级动物，都为每周3小时；初中三年级生理卫生，每周2小时；高中一年级生物学，每周3小时。原高中人体解剖生理学和达尔文主义基础两科取消，其主要内容将分别在初中生理卫生和高中生物学中讲授。

（五）物理、化学两科——为了使初中物理、化学两科更密切地结合生产实际，初中二年级物理和三年级化学的教学时数，都适当有所增加，分别改为3小时。高中一年级物理教学时数减少1小时，由每周3小时改为2小时。教材内容的调整，将另行通知。

此外，数学科教学程序和教学时数都没有变动，仍按照1957—1958学年度中学教学计划执行。

初中一年级的算术课中，应增加珠算和簿记的教学，所需教学时数，由各省、自治区、直辖市教育厅、局研究决定。此外，还可在初中各年级组织课外珠算小组，在教师的指导下，进行珠算的练习。

四、初、高中语文、中国历史，初中中国地理，高中经济地理的中国经济地理部分，都应分别增加乡土教材。各科乡土教材由各地参照我部1月18日（58）教指中董字第6号通知自行编写。

19580510

教育部关于1958—1959学年度中学教学计划的补充通知

1958年5月10日

（58）普编林字第14号

1958—1959学年度中学教学计划已于3月8日以（58）普教指中林字第4号通知发出。各地可以根据中央关于勤工俭学的指示和第四次全国教育行政会议的精神，因地制宜，作适当的调整，以适用于公立普通中学。至于民办中学的教学计划，即由各地根据具体情况自行拟订，我部亦不另行拟订发布。目前，我部对公立普通中学部分学科的教材内容作了一些变动。兹将各该科教学时数的变动情况通知如下。

一、地理科——从今年秋季初中一年级开始，自然地理不单设一科，地理课集中在初中一、二年级开设（内容包括地球、世界地理、中国地理、乡土地理），初中三年级不开设。名称统叫作地理。初中一年级每周为3小时，初中二年级每周为2小时。（因为教材内容有变动，今年秋季初中二年级和三年级的学生在一年级和二年级所学地理与新规定的地理课内容不尽一致，因此他们在初中三年级时还须有地理课。）

二、初中一年级历史所用课本不变，将按每周2小时编写教材精简提纲。

三、初中一年级植物所用课本不变，将按每周2小时编写教材精简提纲，初中二年级动物教材按每周2小时重新编写。

四、物理科——教学时数初中二年级改为每周2小时，初中三年级改为每周3小时。初中二年级物理所用课本不变，将按每周2小时编写教材精简提纲（今年秋季初中三年级物理仍为每周2小时）。

五、高中一年级俄语教材仍按每周4小时编写（英语教材原系适用于每周4小时）。

为了眉目清楚起见，现在根据教材变动情况将初中课程的安排列表于后，以供参考。如果初中开设外国语，每周教学总时数就会多过28节，你们如认为过多则可以对各年级每周教学总时数作适当变动。变动教学时数的学科，教材内容由你们负责精简。

附：

初中课程安排表

顺序	每周教学时数\科目	一	二	三	顺序	每周教学时数\科目	一	二	三
1	语文	7	6	6	8	化学			3
2	数学	6	6	5	9	生产劳动	2	2	2
3	历史	②	2	2	10	外国语	(3)	(3)	
4	社会主义教育	2	2	2	11	体育	2	2	2
5	地理	③	2	2	12	图画	1	1	
6	生物	②	②	2	13	音乐	1	1	
7	物理		②	③		总计	28 (31)	28 (31)	29

注：

1. 有圈的数字表示教学计划有变动。

2. 外国语的开设，是从初中一年级开始。本表初中二年级亦列有，是因为少数地区个别学校，在去年秋季开设了外国语，到今年秋季便升为二年级。总计栏括弧中的数字系包括外国语 3 课时在内。

19590326

教育部关于在中学加强和开设外国语的通知

1959 年 3 月 26 日

（59）普教董字第 110 号

关于改进中学外国语科的教学问题，在 1957—1958 和 1958—1959 两个学年度中学教学计划的说明里曾经提到：一面要加强高中外国语科的教学，一面要在大、中城市有条件的初中开设外国语科。从目前中学外国语教学情况来看，从培养高级建设人才和科学研究人才来看，在初中开设外国语，在高中加强外国语教学，使学生在中学就打好一种外国语的基础，已经日益深感必要。为此，特作如下通知。

一、今后全日制中学拟分为甲、乙两类：甲类教学计划要求较高，设置最高限度的科目；乙类教学计划要求较低，设置最低限度的科目。从 1959—1960 学年度起，全日制的甲类中学一定要在初中开设外国语，在高中加强外国语教学。全日制乙类中学的初中或完全中学的初中部，一般可不开设外国语。中学设置各种外国语的比例，大体上可以规定约有三分之一的学校教俄语，三分之二的学校教英语及其他外国语。各地根据以上精神对开设外国语的师资等问题，即作研究和准备。

二、目前各中学开设外国语的校数、班数（注明俄语或英语），准备在今年秋季开设外国语的校数、班数，以及开设各种外国语的比例（各地可以因地制宜，确定这个比例。如教俄语条件较好的地方，俄语比例可以较大，教英语条件较好的地方，英语比例可以大些），请在今年5月底报部。各地高、初中甲、乙两类中学各多少，亦请确定后将名单报部。

三、外国语教学时数，究应如何具体安排，待4、5月讨论确定两种教学计划时统一考虑。

19590411

教育部关于在中学加强和开设外国语的补充通知

1959年4月11日

（59）普教董字第209号

关于在中学加强和开设外国语问题，已于3月26日发出通知，兹有几点补充通知如下。

一、能在初中开设外国语的甲类中学名单，占全日制中学的比例数，将来开设英语或俄语的比例数等情况，希于接到此通知后的一周内（至迟不超过十天）报部，并希切实准备外文师资，宁缺毋滥。我们意见，这类中学应该是条件较好，能实行设置最高限度课程的学校。有的学校目前虽已开设外国语，但其余条件尚不够实施最高课程的，不统计在甲类中学内，但其所开设的外国语课，如学校还愿意开设，就不要取消。以上意见，是否完全合乎实际情况，各地可根据具体情况考虑。（前通知所说的乙类中学各校条件不尽相同，因此，不一定都是实施最低教学计划的学校。）

二、目前在中学开设的外国语，主要指的是俄语和英语。至于开设其他外国语问题，高等学校设立的附中，可以根据高等学校的需要来设。

三、初中开设外国语，从一年级开始。

四、目前各地中学开设外国语的情况，仍照以前通知的要求，与第一条甲类中学名单同时报部。

19590423

教育部关于停设高中和师范学校经济地理的通知

1959 年 4 月 23 日

(59) 普教董字第 271 号

现行中学和师范学校教学计划中的高中经济地理，有许多内容与初中地理和政治课重复，经我们研究，认为从下学年起，除其中一部分必要的内容与初中地理合并外，不再作为一门课程单独开设。本学期已经过去一半，高中和师范学校（包括幼儿师范学校）经济地理教科书尚未印行。因此，决定本学期的高中和师范学校（包括幼儿师范学校）的经济地理停开，所余时间，可视各地具体情况用于语文、外国语或数理课。

19590605

教育部关于 1959—1960 学年度中小学、师范学校教学工作几个问题的通知

1959 年 6 月 5 日

(59) 普教董字第 531 号

普通中小学和师范学校（包括中师、幼师和初师）的指导性的新的教学计划，我部正在研究拟订。为了使新的教学计划的执行有比较充分的准备，经过国务院第二办公室批准，决定 1959—1960 学年度基本上执行现行教学计划。各省、市、自治区可以因地制宜，作必要的适当的调整，以便稳定学校教学秩序，逐步提高教育质量。兹就 1959—1960 学年度教学工作几个问题的安排通知如下，供你们参考。

一、关于每学年的授课周数，复习考试和假期的安排，关于课堂教学、生产劳动、课外活动、自习和休息的安排，由各省、市、自治区按照国务院关于全日制学校的教学、劳动和生活安排的规定，结合当地的具体情况，自行决定。当生产劳动影响教学时间的安排的时候，可以把一少部分经常

劳动，移到假期中进行。

二、除现有设置外国语的中学以外，各省、市、自治区还应当积极调配教师，在一些基础与条件较好的初中和高中开设外国语。请将开设外国语的中学的名单报送教育部。不开设外国语的全日制中学可以适当增加其他学科的教学时数。增加了授课时数的学科，一般不再增加教材，应当用所增加的时间来帮助学生巩固与消化所学知识。

三、小学的主要课程是语文和算术，中学的主要课程是语文、外国语、数学、物理和化学。教育行政部门和学校，应当加强对这几门学科教学工作的领导，努力提高这些学科的教学质量。农村的学校还要注意生物科的教学工作。1958年新建的师资力量不足的学校，可以适当精简一些次要课程，首先保证教好政治、语文、数学等主要学科。

四、师范学校的教学计划，各省、市、自治区可以根据具体情况参考我部颁发的1958—1959学年度中等师范学校教学计划自行拟订。师范学校的教育学和心理学必须开设，心理学可以参照旧课本讲授，教育学通用教材今年不能供应，有条件自编教材的地区，可以尽量组织力量编写；编教材确有困难的地区，可以选用其他地区编写的教材。

五、1959—1960学年度中小学和师范学校的各科教材按既定计划供应。初级师范学校所用教材，由各省、市、自治区选用代用课本或自行编写。

随文附发现行中小学教学计划几个问题的说明，供各地安排教学计划时参考。

附件：

有关现行中小学教学计划几个问题的说明

一、现行教学计划，是指教育部于1958年3月8日所发的（58）普教指中林字第4号通知与1958年5月10日所发的（58）普编林字第14号通知所规定的中学教学计划和1957年7月11日所发的（57）小教陈字第41号通知所规定的小学教学计划。

二、数学科：初中一年级算术逐步下放到小学的工作，各地进度不同，1959—1960学年度的初中一年级用多少时间学算术，由各地自行决定。在算术讲完之后，即开始讲授代数。初中二年级至高中三年级数学科仍按照原排程序不变。

三、地理科：1959—1960学年度的初中一年级讲授中国地理，初中二年级讲授世界地理，初中三年级因为在一、二年级教的是自然地理和世界地理，故须讲授中国地理。高中二年级下学期补授经济地理取消后某些必须学习的地理知识，每周一课时（教材由人民教育出版社于1960年春季供应）。

19591203

教育部关于普通中学和师范学校讲授中国地理暂用教材的通知

1959年12月3日

(59)普教林字第1373号

今年6月5日，我部普教董字531号"关于1959—1960学年度中小学、师范学校教学工作几个问题的通知"中，决定高中二年级下学期补授高中经济地理取消后某些必须学习的地理知识，每周一课时。现在，考虑到需要补授的地理知识一学期每周一课时讲授不完，为了便于教学安排，决定将高中二年级地理授课时数变更为：从1960—1961学年度起，高中二年级地理课暂用高级中学中国地理暂用教材，讲授一学年，暂定每周一课时。1959—1960学年度教材已按一学年编写，但要到1960年春才能供应，因此，下学期的授课时数由原定每周一课时增至两课时（只是这一学年）。

今年4月21日我部普教董字271号和5月29日普教林字498号通知中规定，1959—1960学年度师范学校二年级上学期中国地理（下册）和下学期外国地理停授，幼儿师范学校一年级下学期中国地理（下册）停授。这些经济地理课本停授后，需要适当补充某些必须学习的地理知识。现在决定师范学校二年级下学期讲授中国地理，用高级中学中国地理暂用教材；幼儿师范学校一年级下学期地理课也改用高级中学中国地理暂用教材。师范学校原用的外国地理教材，1959—1960学年度我部不供应，开设该科的省市需自行解决教材。

将来，高级中学、师范学校和幼儿师范学校地理课如何安排，在调整教育计划时再作通盘考虑。

19620730

教育部对小学开设外国语课的有关问题的意见

1962 年 7 月 30 日

（62）教普教叶字第 511 号

河北、内蒙古、辽宁、浙江、山东、湖南六省、自治区要求我部人民教育出版社供应小学外国语课本的来函、来电收悉。

我们对小学开设外国语课的有关问题提出如下意见，供你们参考。

一、试验新学制的五年一贯制小学的外国语课，一般在四、五年级开设为宜。大中城市首先要解决全日制中学的外国语课的师资问题；个别基础较好的六年制小学如有外国语教师，也可以在五、六年级开设外国语课。授课时数一般可按每周三课时安排。

二、要挑选外国语水平较好、发音正确的教师担任小学外国语课的教学工作，要采取切实可行的措施，使在小学已学过外国语的学生升入中学后，能够继续学习同一种外国语，以免造成他们在学习外国语方面的浪费。

三、为解决今秋小学外国语课本的供应问题，提出下列建议。

1. 小学今秋开始学习俄语的班级（五年制的四年级和六年制的五年级）暂时使用现行十二年制课本初中俄语第一册的第 1—13 课（第 1—50 页）。小学今秋开始学习英语的班级暂时使用现行十二年制英语课本初中第一册的第 1—11 课（第 1—49 页）。均使用一个学期。

2. 人民教育出版社争取提前在明春供应新编十二年制初中英语、俄语第一册的上半册。小学今秋开始学习英语、俄语的班级，明春开学后可以用一些时间对这个上半册的前一部分内容作些复习整理，然后把这个上半册的后一部分内容在暑假前学完。

3. 明秋供应新编十二年制初中英语、俄语第一册的上半册和下半册。上半册供明年秋季开始学习外语的班级（五年制的四年级和六年制的五年级）使用一个学年，下半册供今秋开始学习外语的班级（明秋的小学五年制的五年级和六年制的六年级）使用一个学年。

这样，小学两年学完新编初中课本第一册，这些学生升入初中一年级以前，可以继续学习新编初中课本第二册。中学阶段可以提前一年学完中学课本，然后再学一些补充教材，以提高程度。

新编初中课本均按每周六课时编写，供小学学习两年，每周三课时，分量基本上是合适的。

如果你们同意这个办法，可以按现行十二年制课本俄语第一册第1—50页，英语第一册第1—49页的旧型照印，封面和目录按本件所附人民教育出版社所拟的办法处理。

目前已经开始学习外国语的小学各年级学生，如有可能，应该争取继续学下去，不要半途而废。这些年级今秋使用何种教材，由各地自行决定。

19620912

教育部关于中小学上课时间的通知

1962年9月12日

(62) 教普教周字第599号

中学的上课时间改为每节课45分钟以后，各地曾屡有反映，近来有些地区又已恢复为每节课50分钟。考虑到中学学生的年龄可以连续学习50分钟，而且增加了时间，可以使讲课和练习时间较为充裕，有利于提高教学质量，因此决定：今后中学上课时间每节课为50分钟，小学每节课仍为45分钟（低年级可在每节课内活动三五分钟）。

19621222

教育部关于中学数学课程安排的通知

1962年12月22日

(62) 教普教刘字第833号

从1958年到1961年，初中算术教材已逐步下放到小学学习。这部分教材下放以后，中学代数、几何的教学进度各地不一，这种情况既不利于有计划地提高数学的教学质量，又不利于统一安排教科书的供应工作。为此，特将现有中学各年级数学课的教学进度作统一规定，通知如下。

一、初中数学课的教学进度

1. 1962—1963学年度的初中一年

级仍按（62）教普教叶字第132号通知附件二"中小学数学课本的使用意见"，在初中阶段学完原高中代数第一册的第一、二两章（一元一次方程和可以化成一元二次方程的方程），学完平面几何。

2.1962—1963学年度的初中二、三年级数学课的教学进度各地不一，一般都准备将高中的平面几何和一部分高中代数教材下放到初中，其中比较多的是要求学完高中代数第一册的前两章。因此，这两个年级也可以参照上述对1962—1963学年度的初中一年级的要求进行安排，如果个别地区完成上述进度有困难，可以少下放一些高中代数教材。

二、高中数学课的教学进度

1.1962—1963学年度的高中一年级学生到高中毕业时，除了应该学完原有的高中代数、三角和立体几何教材以外，还应该学完人民教育出版社编辑出版的高中平面解析几何教材，即从1964—1965学年度开始，应该在高中三年级开设平面解析几何课。1965年暑期开始，高等学校招生时，平面解析几何将正式列入考试内容并计算正式分数。

2.1962—1963学年度的高中二、三年级学生到高中毕业时，应该学完原有的高中代数、三角和立体几何教材。如师资有可能，也应该开设平面解析几何课；如师资有困难，可以不开设平面解析几何课。1963和1964两年暑期高等学校招生考试时，平面解析几何的知识不作为必答题列入考试内容，不计算正式分数。

三、现有各年级初、高中数学课的教学时间和各分科的具体安排办法，由各地教育厅、局参照上述意见，结合各地具体教学进度，拟定具体实施办法下达，于明年春季开始执行，同时抄报我部备查。

19630612

教育部关于中小学开设农业生产知识（常识）课的通知

1963年6月12日

（63）教普教刘字第590号

根据"中央关于讨论试行全日制中小学工作条例草案和对当前中小学教育工作几个问题的指示"的规定，全日制中小学应该分别设置"生产知识"课和"生产常识"课。中央还指示，中小学教育要在提高农村文化和提供技术后备力量方面，大力支援社会主义农业建设，并指出，绝大部分中小学校学生将要在农村参加生产劳动。因此，目前中学设置的"生产知识"课和小学设置的"生产常识"课，一般应该分别讲授农业生产知识和农业生产常识。农业生产知识和农业生产常识课，分别在初中三年级和小学六年级开设，每周各两课时。

据了解，有些地区已经开设了农业生产知识（常识）课。尚未开设这类课程的地区，应该积极创造条件，争取今秋开设。

农业生产知识和农业生产常识教学大纲，我们准备先委托几个省、市拟订，然后综合编写一个通用教学大纲。但是，由于时间短促，今秋开学前难以发下。为了便于今秋开设农业生产知识（常识）课，请你厅、局根据当前农村形势和本地区农业生产的特点，暂时自编教材或者采用其他省、市编的教材。将来制定出教学大纲后，再进一步修改教材。

目前，没有条件开设外国语课程的全日制初中，应该利用这门课程的一部分教学时间，增设生产知识的内容。设置的年级，讲授的时间及具体内容，暂由你厅、局自行决定。

如果你厅、局编写了农业生产知识（常识）教学大纲和教材，请各寄两套给我部。

19630715

教育部关于开办外国语学校的通知

1963 年 7 月 15 日

（63）教普教刘字第 665 号

北京、上海、广东、四川、陕西、吉林、江苏、湖北教育厅、局，北京、上海、四川、西安外国语学院，北京大学、南京大学、吉林大学、中山大学、武汉大学、复旦大学、南开大学、黑龙江大学：

我国国际交往日益扩大和社会主义建设各项事业迅速发展，迫切需要培养一批高级外国语人才。培养高级外国语人才的途径，除了要努力办好现有的外国语院系，大力加强普通中学的外国语教学，并在师资条件具备的情况下有计划、有步骤地在全日制小学高年级开设外国语课以外，还有必要有计划、有重点地开办一些从小学三年级开始学习外国语的外国语学校。根据中央宣传部的指示，经过与有关省、市协商和在筹办外国语学校座谈会上初步研究以后，特将有关开办外国语学校的几个问题通知如下。

一、外国语学校总的培养目标和普通中小学校是一致的，区别只在于文化科学知识方面的要求有所不同，即外国语学校提高了语文、外国语和史地课程的教学要求，适当降低了数、理、化课程的教学要求。因此，外国语学校和普通中小学校一样，都必须全面贯彻执行党的教育为无产阶级的政治服务、教育与生产劳动相结合的方针，使学生在德育、智育、体育几方面都得到发展，成为有社会主义觉悟的有文化的劳动者。

外国语学校要特别加强思想政治教育和道德品质教育，培养学生无产阶级的革命意志和共产主义的道德品质。要注意防止资产阶级思想和其他各种反动思想对学生的影响和侵蚀，防止特殊化。组织学生参加生产劳动，是贯彻执行党的教育方针，加强思想教育的一个重要方面，不能丝毫放松。对中学学生，每年应该集中一定时间，组织他们到农村人民公社参加一两次农业劳动。在校内组织学生劳动，也应该严肃认真地进行。

二、学制和课程。外国语学校采用与普通中小学校相同的学制，即小学六年，初中和高中各三年。

外国语学校的课程设置与普通中小学校大体相同。小学阶段要重视语文和算术两科的教学，以打下良好的语文和算术的基础；外国语课从小学三年级开设；不设生产常识课。中学阶段政治课的授课时数与普通中学相同；外国语、语文、历史、地理的授课时数多于普通中学，数学、物理、化学的授课时数少于普通中学；不设生产知识课。中学的语文课中应该包括比较系统的逻辑学和修辞学的知识，历史和地理课中应该包括比较系统的所学语种国家的历史和地理知识，数学不学解析几何，物理、化学的教学要求大体上与中等师范学校相同。

根据上述教学要求，并参照新定的"全日制中小学教学计划（草案）"，我们起草了一个"外国语学校教学计划（草案）"。这个教学计划（草案），在外国语学校座谈会上进行了研究讨论，现随通知发下，可以在外国语学校试行。

三、外国语课的教学要求。外国语学校在中小学阶段外国语的授课总时数不少于2500个课时，学生在毕业的时候，应该比较熟练地掌握一门外国语，做到发音正确，掌握5000个左右的单词，学好语法知识，能读懂一般的外文书报杂志，能进行一般社会生活的会话。

小学阶段着重语音和口语的训练，要求发音准确，语调正确，切实打下良好的发音基础和初步的口语基础。

初中阶段继续重视口语的训练，要学习一定数量的词汇，学完基本的语法知识，使学生具有初步的阅读能力，并且注意培养学生用外国语作文的能力。高中阶段继续重视口语、阅读、写作能力的培养，并且适当注意培养初步的翻译能力。

外国语课，应该逐步做到用外国语进行教学。选用的课文，外文原著的比例应该逐年增加。中学高年级的某些文化课程（如数、理、化等）应该尽可能采用外文版本的教科书，用外国语教学，但不要影响学生正确理解和熟练掌握这些学科的基础知识和基本技能。

为了保证外国语教学的质量，中小学各年级的外国语课都实行小班教学。学校要从多方面为学生学习外国语创造条件，应该配备录音机、唱机、外文打字机和其他现代化外文教学设备，订购外文书报杂志和课外读物，积极开展多种多样的外国语课外活动，创造有利于学生学习外国语的环境。

四、学校设置。1963年秋季，除原有的北京外国语学院附属外国语学校和北京市外国语学校以外，决定在上海、南京、长春、广州、重庆、西安六市各新建一所外国语学校，共八校。1964年或1965年秋季，上海再增建一所外国语学校。建议湖北教育厅于1964年秋季在武汉新建一所外国语学校。两三年内共建十校。

五、语种设置。根据各地外国语师资的条件，考虑到外事和其他有关部门需要高级外国语人才的情况，决定在上述十所外国语学校开设英、俄、法、西、德、日、阿拉伯七个语种。各外国语学校的语种设置见附表。

六、学校规模。外国语学校规模不宜过大。各校的每一个语种一般招收新生四十人（外国语课分成小班上课）。从小学三年级到高中三年级共十个年级，学生在十年中的流动率按35%估算（小学20%，初中10%，高中5%），学校规模大致如下：开设两个语种的学校学生总数不超过七百人，开设三个语种的学校学生总数不超过一千一百人，开设四个语种的学校学生总数不超过一千四百人（如果管理上有困难，小学阶段和中学阶段也可以分两校办理）。北京外国语学校开设六个语种，规模太大，建议将来在适当时期分成两校。

七、招生。外国语学校一般不招收小学一、二年级学生，可以直接从现有各小学的二年级肄业期满的学生中选录新生。招收新生要经过严格选择，应该在全市范围内挑选一批家庭成分好、身体健康、口齿清楚和天资较好的儿童为新生，必要时可以作简单的发音测验。录取新生要向家长说明学校的培养目标和培养办法，取得家长的同意。

招生还应该注意掌握男生和女生

的比例，男生应该多于女生。

外国语学校开办时，可以从小学三年级和初中一年级同时招生。待本校小学三年级入学的新生开始升入初中以后，初中就不再外招新生。个别学校个别语种如因筹办不及，1963年秋季不能由小学办起，应该积极准备条件，于1964年秋季招收小学三年级学生。

八、学生的升学和转学。学生入学后，学校要对他们作进一步审查，如果发现少数不宜继续作外国语人才进行培养的学生，应该在适当时期使他们转入其他学校。在小学毕业升初中和初中毕业升高中的时候，尤其应该经过严格的挑选，对不宜升学的学生，应该教育他们参加生产劳动，或者投考其他学校。应该尽量做到升入高中以后，不再有学生中途退学和转学。

九、与高等学校的衔接。学生在外国语学校毕业以后，经过考试和选择，升入被指定为他们专门开班的高等院校继续深造。接受外国语学校毕业生的高等院校，初步确定为以下十一所：北京、上海、四川、西安外国语学院，北京大学，南开大学，复旦大学，南京大学，黑龙江大学，吉林大学，中山大学。在大学阶段，除进一步学习原语种以外，还要学习第二外国语，并根据需要学习某些其他方面的专业知识。

十、教材。为了办好外国语学校，加强外国语教学工作，必须妥善解决教材问题。外国语学校外国语教材（包括课本、教学参考资料和学生课外读物）的编写工作，决定采取分工协作的办法，即每个语种的教材，由一个单位主编，有关单位协助，编出后供各外国语学校使用。各语种教材的主编单位已经确定（通知已另发），希望主编单位和协作单位积极负责完成编辑任务。各语种课本的第一册，应该在今年7月上旬交稿，以供应秋季开学的需要；其余各册，应该在以后几年内逐步定稿付印，按时供应使用。

十一、领导干部和教师。各地应该选派得力的干部担任外国语学校的领导工作。外国语学校教职员工的编制标准，可以略高于重点中小学校。

要从数量和质量两方面切实保证外国语学校各语种所需的外国语教师。关于外国语课教师的配备，考虑到分小班上课的要求，以及教师除备课、课堂教学和批改作业、课外辅导以外，还要开展外国语的课外活动和布置外国语环境等，暂定为小学每一个大班配备1.5名，初、高中每一个大班配备2名。

今年高等院校外语专业毕业生，已由国家计委统一分配到各省、市，其中包括外国语学校所需要的外国语教师，请各省、市教育厅、局向省、市计委争取择优分配。

从1964年起，各地外国语学校所需要的外国语教师，由各地提出计划，由国家计委根据实际需要统一分配给教育部，由教育部分配给各外国语学校。

除国家计委统一分配以外，各地还应该自行调配一部分外国语教师到外国语学校任教，特别要注意调配一定数量的水平高、教学经验丰富的老教师到外国语学校任教。

有条件的地区，还可以聘请外籍教师担任教学工作。

其他文化课的教师，由各地自行调配。

十二、生活管理。外国语学校学生，中学阶段一律实行寄宿制，小学阶段是否住校，由各地按具体情况规定。应该加强对寄宿生的教育和管理工作。

外国语学校中学部助学金的享受面和开支标准，可略高于一般中学的助学金，究竟高多少合适，由省、市人民委员会根据各地入校学生的实际情况予以规定，并报我部和财政部备查。至于小学部是否设助学金，以及具体设置办法，也由省、市人民委员会根据招生后的实际情况，提出意见，报我部和财政部另行研究规定。

十三、经费。今年各外国语学校所需要的基建投资和开办费，由各地自行调剂解决。1964年以后外国语学校所需要的经费，由各地正式列入省、市计划和预算。

十四、领导关系。外国语学校可以由教育厅、局领导，也可以由外国语学院领导。教育厅、局领导的外国语学校，已由我部委托当地的外国语学院或综合大学外语系在业务上给以指导和帮助（通知已另发）。

开办外国语学校，是培养高级外国语人才以适应提高我国科学技术水平和开展国际交往的需要的一项重要措施。开办这样的学校，初期会遇到一些困难，请各有关教育厅、局和高等院校抓紧对这方面工作的领导，积极筹办起来，并且下定决心办好。

各地外国语学校今秋实际招生人数，各语种的教师数和开学后的一般情况，请各省、市教育厅、局于9月下旬报告中央教育部。

附件：

关于外国语学校教学计划的说明

这个教学计划是根据外国语学校的教学要求，参照全日制十二年制中小学新教学计划定的。

一、外国语学校采用与普通中小学相同的学制，即小学六年，初中和高中各三年。外国语学校一般从小学三年级办起。

二、外国语学校的学生，在高中毕业的时候，应该比较熟练地掌握一门外国语，并且具有较高的本国语文水平和相当于中学程度的其他文化科学知识。小学、初中、高中三个阶段要求分别达到以下要求。

1. 小学阶段要打下良好的语文和算术基础，在外国语方面打下良好的发音基础和初步的口语基础。

2. 初中阶段要进一步加强本国语文和外国语文的教学，并且使一般文化课的教学要求基本上保持与普通初中相同的水平。

3. 高中阶段应该进一步集中力量提高外国语水平，要让学生有更多的外国语实践的机会，以提高口语、阅读、写作和翻译能力，使学生毕业后升入高等院校外语专业学习时能更好地与所学外语专业的要求相衔接。要适当提高本国语文的水平。要学习比较系统的所学语言国家的史地知识。数学、物理、化学要求达到中等师范学校的程度。

三、在课程设置和课时安排上，与全日制十二年制中小学新教学计划不同的，有以下几点。

1. 小学阶段：从三年级起开设外国语课。语文课酌减习字的时间。算术课不学珠算。减少历史课的授课时数。不设生产常识课。

2. 初中阶段：语文课和外国语课的授课时数有所增加。酌减物理课的授课时数。不设生产知识课。

3. 高中阶段：语文课的授课时数有所增加，二、三年级的语文课中要讲授比较系统的逻辑学和修辞学的知识。三年级开设所学语言国家的历史和地理课程。数学不学解析几何。物理、化学的授课时数和教学要求与中等师范学校相同，这两科使用中等师范学校的课本。

四、小学和中学的语文课，都包括讲读、作文和习字。高中二、三年级的讲读课中用每周 1—2 课时讲授比较系统的逻辑学和修辞学的知识。时间安排如下。

时数\年级	小学				初中			高中		
内容	三	四	五	六	一	二	三	一	二	三
讲读	11	11	8	8	5	6	6	5	5	6
作文	2	2	2	2	2	2	2	2	2	2
习字	2	2	2	2	1					

中学数学课，各科的时间安排如下。

时数\年级	初中			高中		
科目	一	二	三	一	二	三
代数	7	3	2		3	3
平面几何		3	4			
立体几何				3		
三角				3		

历史课和地理课，初中设中国历史和中国地理，高中一、二年级分别设世界地理和世界历史，高中三年级设所学语言国家的历史和地理。

小学的周会、自然，中学的政治、生物，以及中小学的体育、音乐、图画等课程的教学要求均与普通中小学相同。

五、中小学各年级全年教学时间、寒暑假和劳动时间，以及每天课外作业时间和每节课的上课时间均与普通中小学相同。

各外国语学校语种设置及招生情况表

1963 年 7 月

学校	语种设置						招生情况
北京外国语学院附属外国语学校	英	俄	法	西			1963年初中英、俄、法、西四个语种招生；小学英、俄、西三个语种招生。1964年中、小学四个语种同时招生。
北京外国语学校	英		法	西	德	日 阿	1963年起中、小学六个语种同时招生。
上海第一外国语学校	英		法				1963年起中、小学英、法语同时招生。
上海第二外国语学校				西	德		1964年中、小学德语招生；1965年中、小学德、西语同时招生。
南京外国语学校	英		法		德		1963年中、小学英、法语同时招生。1964年新设德语，中、小学三个语种同时招生。
长春外国语学校		俄				日	1963年中、小学日语招生。1964年中、小学日、俄语同时招生。
广州外国语学校	英		法				1963年初中英语招生。1964年中、小学英、法语同时招生。
重庆外国语学校	英	俄					1963年初中英、俄语招生。1964年中、小学英、俄语同时招生。
西安外国语学校	英	俄					1963年初中英、俄语招生。1964年中、小学英、俄语同时招生。
武汉外国语学校	英						1964年起中、小学英语招生（均两个班）。
开设各语种的校数	8	4	5	3	3	2 1	

注：上海两所外国语学校俟四个语种开设全后，拟调整英、德语为一校，法、西语为一校。

外国语学校教学计划（草案）

1963 年 7 月

| 学科 \ 时数 \ 年级 | 小学 | | | | | | | 中学 | | | | | | 上课总时数 | 中小学上课总时数 | 百分比 | 备注 |
| | 一 | 二 | 三 | 四 | 五 | 六 | 上课总时数 | 初中 | | | 高中 | | | | | | |
								一	二	三	一	二	三				
周会	1	1	1	1	1	1	221								221	1.6	
政治								2	2	2	2	2	2	412	412	3.0	
语文	15	15	15	15	12	12	3102	8	8	8	7	7	8	1568	4670	33.6	
外国语			5	5	5	5	725	8	8	8	10	10	10	1854	2579	18	
数学	6	6	7	7	8	8	1542	7	6	6	6	3	3	1067	2609	18.5	
物理									2	3		4	4	441	441	3.2	
化学										3	2	2		274	274	1.8	
生物								2	2		2			210	210	1.5	
历史					2		70	3	3		3	2		375	445	3.2	
地理				2			72	3			3	2		276	348	2.5	
自然					2	2	142								142	1.1	
体育	2	2	2	2	2	2	442	2	2	2	2	2	2	412	854	6.1	
音乐	2	2	2	2	1	1	371	1	1					70	441	3.2	
图画	1	1	1	1	1	1	221	1	1					70	291	2.1	
手工	1	1					76								76	0.6	
每周上课时数	28	28	33	33	34	34	6984	34	35	35	34	34	33	7039	14 023	100	
劳动	小学四年级以上学生每年劳动半个月，中学生每年劳动一个月。																

19630727

教育部关于坚持进行中小学校教学改革试验工作的通知

1963年7月27日

（63）教普教刘字第790号

我部曾于3月间在北京召开了若干省市参加的中小学校教学改革试验工作座谈会，就教学改革试验工作的成绩、经验和目前存在的问题进行了座谈，初步总结交流了经验，进一步明确了试验工作的方向，提高了认识，坚定了信心，并且对今后如何继续进行试验，交换了意见。会后我们又进一步作了研究。现将中小学校教学改革试验工作的初步的成绩和经验以及对今后教学改革试验工作的意见通知如下。

一、试验工作的成绩和主要经验

中小学校教学改革试验工作，在1960年开始时，不少地方采取了积极的态度；但是，由于缺乏适当的控制，以致试验面过大，要求偏高偏急，曾走过一些弯路。在纠正了上述偏向之后，凡是踏实认真进行试验工作的，都已取得了显著的成绩，试验效果一年比一年好。

现在可以看出，五年一贯制小学完成六年制小学的教学任务，比较有把握。小学一、二年级的识字量已经由1300字增加到2200字，学生的阅读和写作能力也提高了。算术教学也较六年制小学相同年级多学了一些内容。中学试验班的教学内容和教学方法也已有显著的改进，以1961年秋季开始试验的初中班级的教学进度和学习质量来衡量，五年达到现行六年制中学的水平，也是可能的。条件好而试验工作也较好的还可以在高中增学平面解析几何。教学改革试验班的学生，思想面貌基本上是健康的，学习上更加发愤向上，身体的发育也正常。

在教学改革试验的实践中，锻炼了干部，提高了教师，改进了教学方法，改善了学校领导管理工作，还编写了一套十年制教材。这都是重要的收获。

教学改革试验工作取得的成绩和经验，不仅为今后继续进行试验打下了良好的基础，而且对草拟全日制中小学暂行工作条例，修订全日制十二年制教学计划，重新编写一套水平较高的十二年制中小学教科书，都起了很大的作用。

从上述中小学校教学改革试验已经取得的成绩来看，我们有可能争取用 10 年或者 11 年的时间，完成中小学的教学任务，也就是说有可能使新生一代在十七八岁时结束普通教育，并且有可能比现行十二年制中小学的教学程度有适当的提高。这对我国生产的发展，科学技术的提高，以及节约国家的人力、物力、财力，加速我国社会主义建设，都将产生深远的影响。当然这还是远景，还需要经过一定时期的艰苦的反复的试验工作，才能最后肯定。当前必须为争取这个有重大意义的前途作出坚持不懈的努力。

教学改革试验工作的实践证明，教学改革的方向是正确的，定一同志提出的"四个适当"的改革原则是正确的，并且已经取得了不少的经验。主要的经验是：

1. 中小学校教学改革是我国教育革命的继续，进行教学改革试验工作必须政治挂帅，思想领先。对于提高我国中小学校的教学质量，首先必须有远大理想，明确方向，统一认识，具有改革的热忱，敢于大胆地进行创造性的试验；同时，对各科教学的具体要求，又要具有根据条件实事求是的科学试验态度，不急躁，不轻率冒进。在试验遇到困难的时候，既要有坚韧的意志，又必须仔细地调查研究，及时总结经验，发扬优点，纠正缺点（如像某些试验学校，当发现套级过渡不适宜时，就适时地改变过来），以利于继续前进。试验学校必须全面贯彻执行党的教育方针，既要努力提高教学质量，又必须加强对学生的思想政治教育和道德品质教育，坚持适当地组织学生参加生产劳动。片面追求教学进度，放松思想政治教育和劳动教育，是错误的。

2. 经过合理地安排教学计划，减少课程的不必要的循环；注重语文、数学、外国语的教学，克服对各科教学要求的平均主义倾向；组织好教材，取消不必要的重复；改进教学方法，提高教学效果。试验证明，恰当地发挥这些方面的潜力，是能够做到既适当缩短年限，又适当提高程度的。这些方面试验效果的好坏，不仅与领导决心有关，还决定于师资的条件。

3. 教学改革是一项十分复杂的工作，需要经过完整的试验过程，反复地试验研究，才能得出正确的结论。这是要用十年二十年的时间来完成的任务，不能求成过急。对试验什么学制、达到什么要求、各年级教学的基本内容和进度如何安排等等，都需要拟订试验方案，有准备、有步骤地进行。试验要从一年级起，不宜套级过渡。试验学校不宜过多，一哄而起是不适当的；太少了，也不利于总结经验，遇到困难就一风吹掉则更是不对的。

二、对今后中小学校教学改革试验工作的意见

对今后如何继续进行试验工作，提出如下的意见。

（一）关于试验什么学制的问题

1. 现有试验学校的中小学试验班，一般仍按原计划进行试验，五年制小学试验班，要求达到现行六年制小学的程度。五年制中学试验班，要求达到现行六年制中学程度（增加平面解析几何）。这样，经过整个教学过程的试验，便于比较研究，总结经验。少数条件太差，继续试验确有困难的学校，小学试验班可以改为六年制；中学试验班在学生初中毕业以后，可即停止试验。

2. 从今年秋季起，试验学校新招收的小学一年级和初中一年级，可以分别进行下列试验。

小学继续试验五年一贯制，要求达到新订六年制小学教学计划达到的程度。

中学试验五年一贯制或者三二分段制，经过调整课程设置和教学进度，要求达到或者接近新订三三制中学教学计划达到的程度。如果届时确实难以完成预定计划时，可以视具体情况延长半年或者一年。

另外，个别有条件的学校还可以进行其他试验，例如北京景山学校在语文、数学、外国语教学方面采取的一些新的试验方案。作这种试验，必领有强的领导条件与师资条件，不宜轻易采取。

小学五年，看来已经较有把握，经过总结，逐步推广，可使我国中小学学制缩短一年。中学五年，如果试验成功，则中小学学制共可缩短两年，将使下一代在17岁时受完普通教育，而程度又较现行十二年制有所提高，从长远的未来着想，有更重大的意义。

（二）关于试验面大小的问题

各地应该根据领导力量和学校的条件决定。五年制小学的把握较大，试验学校可以多一些；中学的试验任务比较繁重一些，试验学校应该少一些。

（三）关于教材问题

十年制试验学校，中小学都可以采用通用的原十年制教材，中学还可以参照新十二年制教材进行必要的补充和调整。有的地区或学校（小学或中学一年级）经省、市、自治区党委决定，还可以采用新编十二年制教材或者自编教材，某些学科如数学、外国语等，还可以试用外国教材。

（四）关于加强领导问题

中小学教学改革试验，在纠正了试验面过大的现象以后，有些地方的试验工作又曾出现一风吹掉的趋势；也有一些地方指定条件差的学校进行试验，又没有认真的领导和必要的支持，试验工作很难继续进行。这种状况，必须加以改变。应该指定少数领导力量较强、师资条件较好的学校，

继续坚持进行试验。必须加强对这一工作的领导。要把试验学校看作是首先办好一批学校之一，从多方面给予支持。我部和各省、市、自治区教育厅、局都要直接抓几所试验学校，深入具体指导，认真进行试验和研究，及时总结经验。

请各省、市、自治区教育厅、局，即按通知精神，对今后究竟试验什么学制，以及试验面如何调整，进行研究，提出试验学校名单和试验方案，请示省、市、自治区党委同意后报告教育部。

供各地参考用的五年制小学教学计划（草案）和五年制中学教学计划（草案），另行通知。

19630731

教育部关于实行全日制中小学新教学计划（草案）的通知

1963 年 7 月 31 日

（63）教普教刘字第 800 号

根据党的教育工作方针和中央"关于讨论试行全日制中小学工作条例草案和对当前中小学教育工作几个问题的指示"，并吸取新中国成立以来教学工作的经验，我部重新拟定了全日制中小学教学计划。新教学计划（草案）对文化课、政治课和生产知识课，对教学、生产劳动和假期，都作了必要的安排，使学生能够在德育、智育、体育几方面都得到发展，成为有社会主义觉悟的有文化的劳动者。现将关于新教学计划（草案）的几个原则性问题和实施步骤通知如下。

一、关于全日制中小学新教学计划（草案）的适用范围

新教学计划（草案）适用于全年有九个月以上教学时间的全日制中小学。这一类学校是我国中小学教育事业的骨干，必须努力办好。

教学时间不足九个月的学校、半日制学校、农业中学、简易小学的教学计划和少数民族学校的教学计划，目前暂时由各省、市、自治区教育厅、局自定，报我部备案。各地在制定上述各类中小学的教学计划时，对农村学校要注意适应农村生产和农村生活的需要。

城市二部制学校的教学计划，由我部另行制定。

二、关于课程的设置和教学要求

中小学教育的根本目的在于培养

坚强的革命后代。必须改进和加强政治课的教学工作。小学各年级仍然设置周会，进行道德品质教育和时事政策教育。中学的政治课，按年级分别设置道德品质教育、社会发展简史、中国革命和建设、政治常识、经济常识、辩证唯物主义常识。时事政策教育，在通常情况下，在政治课上课时间内进行，可以占用政治课上课时间的四分之一。

为了使中小学教育更好地为以农业为基础、以工业为主导的发展国民经济的总方针服务，必须对学生加强为农业服务的思想教育，加强生产知识的教学，并且使他们学得一定的生产技能。小学六年级开设生产常识课，初中三年级开设生产知识课，高中三年级开设农业科学技术知识选修课。全日制小学和初中的生产常识课和生产知识课，一般应该讲授农业生产知识。

中小学在文化教育方面的主要任务，是使学生掌握基本的文化工具和基本的科学知识。小学阶段必须注重语文和算术的教学，中学阶段必须注重语文、数学和外国语的教学。这些课程是学习和从事工作的基本工具，使学生学好这些课程，对于提高中小学的教学质量有决定性的意义。1953—1957年期间，曾经将中学语文课不恰当地分设为文学和汉语两科，取消了高中的平面解析几何，删减了高中大代数的部分教学内容，停开了全日制初中的外国语课，不适当地压缩了教学总时数，这是应该接受的经验教训。1957年以来，特别是教学改革以来，这些方面已经有所改正。例如：中学已经恢复了语文课，初中算术已经下放到小学，有的高中已经恢复平面解析几何，半数以上的全日制初中已经恢复外国语课。

新教学计划（草案）适当提高了语文、数学、外国语三门课程的教学要求。

语文，要求学生在小学毕业的时候，认识3500个常用汉字，学会汉语拼音（作为识字的辅助工具），掌握常用词汇，字写得端正，会写一般的记叙文和应用文；在中学毕业的时候，具有现代语文的阅读能力和写作能力，具有初步阅读文言文的能力。

数学，要求学生在小学学完算术和学会珠算的加减乘除算法，在初中学好代数和平面几何，在高中学好大代数、三角、立体几何和平面解析几何。

外国语，学习俄语或英语，要求逐步做到高中毕业生具有初步阅读外文书籍的能力。没有开设外国语课的全日制初中，要积极准备条件，逐步开设。一部分全日制小学高年级，在师资条件具备的情况下，也可以有计划有步骤地开设外国语课。

这三门课程的上课时间都增加较多，教师在授课时，应该注意安排一定的时间让学生在课堂上练习。

物理和化学两门课程的上课时间也有所增加，目的是加强实验和课堂练习。

1957年以前，历史、地理课有不必要的循环重复，生物课有过于烦琐的缺点，这些课程的设置办法也过于分散。新教学计划（草案）使历史、地理、生物三门课程避免了不必要的循环重复，设置办法也适当集中，这样既能使学生学到必要的基础知识，又减少了各学年的课程门类。

三、关于教学时间、生产劳动时间和假期的安排

教学时间：小学，一、二、三年级全年教学时间九个半月，共41周，其中每学年上课38周，上、下学期各19周，复习考试2周，节日假和教学机动时间1周。四、五年级全年教学时间九个月，共39周，其中每学年上课36周，上、下学期各18周，复习考试2周，节日假和教学机动时间1周。六年级全年教学时间共38周，其中上课35周，上学期18周，下学期17周，复习考试2周，节日假和教学机动时间1周。中学，全年教学时间九个月，共39周（毕业班为八个半月，共37周），其中每学年上课35周，上学期18周，下学期17周（毕业班33周，上学期18周，下学期15周），复习考试3周，节日假和教学机动时间1周。

生产劳动时间：小学四年级以上学生每年半个月；中学生每年一个月。

假期：小学寒暑假每年两个半月；中学寒暑假每年两个月。

农村全日制中小学的劳动时间和假期，可以结合当地农事季节，将部分时间改放农忙假。农忙假和寒暑假每年不得超过三次，并须保证学生每年至少有一个月的休息时间。

城市、县镇全日制中小学的劳动时间可以根据各地具体情况，或者全部集中安排，或者全部分散安排，或者集中与分散结合安排。如果将全年劳动时间全部分散安排或部分分散安排在上课时间以内，应该相应地减少每周的上课时数和增加每学年的上课周数，以保证规定的各科教学总时数。

四、关于实施的步骤和必须准备的条件

实行新教学计划（草案），必须采取既积极又稳妥的步骤，并且准备好必要的条件。

1. 新教学计划（草案）的实施步骤

新教学计划（草案）应该有计划有步骤地分期分批地在全年有九个月以上教学时间的全日制中小学中实行。1963年秋季，可以先在一部分条件较好的全年有九个月以上教学时间的全日制学校小学一年级和初中一年级实行，其余各年级不采取套级过渡的办法。各地应该注意研究实行中的问题和意见，及时报告教育部，并且制定

规划，努力创造条件，逐步地在所有的全年有九个月以上教学时间的全日制中小学校实行新教学计划（草案）。1963年秋季实行新教学计划（草案）的中小学校数，以及今后的实施规划，由各省、市、自治区教育厅、局确定，并报教育部备案。

不实行新教学计划（草案）的学校，仍然实行现行教学计划。对现行教学计划，各地可以参照新教学计划（草案）作适当调整。

2. 教科书的编辑和供应

我部人民教育出版社将于1963年秋季供应新编中小学教科书的初小第一册和初中第一册以及相应的教学指导书，以后逐步供应其他年级的新编教科书以及相应的教学指导书。不实行新教学计划的全年有九个月以上教学时间的全日制中小学，从1963年的一年级起，也可以采用新编教科书。

生产常识课和生产知识课的教材，由各省、市、自治区自行编写；我部将组织力量编写这两门课程的教学大纲，供各省、市、自治区参用。各省、市、自治区可以自编历史、地理、生物等课程的乡土教材，作为通用教科书的补充教材。补充教材的分量由教学大纲具体规定。

3. 师资的培养和提高以及教学设备的改善

要实现新教学计划（草案）所规定的教学要求，必须切实提高师资水平，特别是提高政治、语文、数学、外国语、生产知识课教师的水平。

各地应该结合教育事业的调整工作，采取坚决有效的措施，从高等学校、中等专业学校以及其他方面的调整人员中，选择政治、业务、文化水平较高并且适合作教师的人员，到实行新教学计划（草案）的全日制中小学担任教学工作；把现有教师中一部分政治、业务、文化水平很差，确实不适于继续任教的教师调整出去。

各省、市、自治区教育厅、局应该拟定今后几年内调整和提高教师队伍的具体规划，除了将各级师范院校的毕业生分配到中小学工作以外，还应该有计划地分配一批综合大学和其他高等学校的毕业生充任中学教师，并且努力提高在职教师的政治、业务、文化水平，使师资水平的提高逐步适应教学要求的提高。这是一项极其重要的措施，务须切实做好。

必须大力加强师范院校和综合大学的工作，培养合格的师资。根据对中小学提出的新的教学要求，需要适当调整师范院校的系科设置和教学计划，提高教学质量。具体办法由我部另行规定。

为了使教师作好必要的准备，我部争取尽早供应给教师和师范院校以中小学各科新教学大纲和新教科书。

实行新教学计划（草案）的学校，教师编制可以暂按1962年5月25日中央批发教育部党组"关于进一步调整教育事业和精简学校教职工的报告"中规定的重点中小学的编制标准执行。小学低年级教师编制应该低于各年级平均每班1.5人的编制标准，按每班1.25人安排。

为了实现新教学计划（草案）规定的教学要求，还应该有重点有步骤地给学校添置图书、仪器和其他设备，改善校舍，帮助学校改进图书馆和实验室的工作，为提高教学质量提供必要的物质条件。

4. 关于统一规定和因地制宜问题

实行新教学计划（草案）的学校，开设的课程以及各门课程的教学时间和要求，全学年的上课周数、劳动时间和假期，应该执行教学计划的规定，不得随意变动；如果必须变动，应该由省、市、自治区教育厅、局报经我部审批。上、下学期的上课周数、学期起讫时间、假期和劳动时间以及校内校外自习时间的具体安排，可以因地制宜，由省、市、自治区教育厅、局自行确定。

附件：

全日制中小学教学计划（草案）

学科 \ 年级	小学							中学							中小学上课总时数	百分比
	一	二	三	四	五	六	上课总时数	初中			高中			上课总时数		
								一	二	三	一	二	三			
周会	1	1	1	1	1	1	221								221	1.6
政治								2	2	2	2	2	2	412	412	3.1
语文	15	15	16	16	12	12	3176	8	7	7	7	7	6	1444	4620	34.4
外国语								7	6	6	6	6	5	1238	1238	9.2
数学	6	6	7	8	9	9	1649	7	6	6	7	6	6/0	1216	2865	21.3
物理									3	3	4	4	4	616	616	4.6
化学										3	2	3	4	406	406	3.0
生物								2	3			2		245	245	1.8
历史				2	2		142	3	3				3	303	445	3.3
地理					2		72	3			3			210	282	2.1
自然					2	2	142								142	1.1
生产常（知）识						2	70		2					66	136	1.0
体育	2	2	2	2	2	2	442	2	2	2	2	2	2	412	854	6.4
音乐	2	2	2	2	1	1	371	1	1					70	441	3.3
图画	1	1	1	1	1	1	221	1	1					70	291	2.2
手工	1	1	1				114								114	0.8

续表

时数\年级\学科	小学						上课总时数	中学						上课总时数	中小学上课总时数	百分比
	一	二	三	四	五	六		初中			高中					
								一	二	三	一	二	三			
选修课													(2/5)	(111)	(111)	0.8
每周上课时数	28	28	30	30	32	32	6620	33	34	34	33	32	32/26 (34/31)	6708 (6819)	13 328 (13 439)	
劳动	小学四年级以上学生每年劳动半个月,中学生每年劳动一个月。															

附注:

1. 今后师资条件具备的一部分全日制小学可以在五、六年级开设外国语课,每周 3 课时,适当减少语文、数学的上课时数。

2. 中小学各科上课时间内都包括比过去较多的练习时间。

3. 校内外自习时间,一般可作如下安排:小学低、中年级每天 1 课时,高年级每天 1.5 课时,初中每天 2 课时,高中每天 3 课时。课外作业分量由学校教导处和班主任统一掌握。

4. 本计划是按劳动时间集中使用安排的,如果劳动时间全部分散安排或部分分散安排在上课时间以内,应该相应地减少每周的上课时数和增加每学年的上课周数,以保证规定的各科教学总时数。

说明

一、小学

1. 一、二、三年级全年教学时间九个半月,共 41 周,其中每学年上课 38 周,复习考试 2 周,节日假和教学机动时间 1 周。四、五年级全年教学时间九个月,共 39 周,其中每学年上课 36 周,复习考试 2 周,节日假和教学机动时间 1 周。六年级全年教学时间共 38 周,其中上课 35 周,复习考试 2 周,节日假和教学机动时间 1 周。

四年级以上学生全年劳动时间半个月。如果将全年劳动时间分散安排在上课时间以内,应该相应地减少每周的上课时数和增加每学年的上课周数,以保证规定的各科教学总时数。

寒暑假每年两个半月。

2. 周会,主要是进行道德品质教育和时事政策教育,具体内容由各县自定。上级有指示时,应依照上级意图安排。

3. 语文课,包括讲读、作文和习字。时间安排如下:

	一	二	三	四	五	六
讲读	12	12	11	11	8	8
作文			2	2	2	2
习字	3	3	3	3	2	2

低年级习字可以和讲读课结合安排,但必须保证上面规定的课堂习字时间,并且要加以指导。

4. 数学课,包括算术和珠算。珠算五年级每周两课时,六年级每周一课时。珠算的上课时间也可以适当集中使用。农村小学可以另外增加时间,提前在四年级开设珠算课。

5. 生产常识课的教材，由各省、市、自治区教育厅、局自编。

6. 上课时间，每节课 45 分钟。一年级在上课的 45 分钟里，可以在室内活动 3—5 分钟。

二、中学

1. 全年教学时间九个月，共 39 周（毕业班 37 周），其中每学年上课 35 周（毕业班 33 周），复习考试 3 周，节日假和教学机动时间 1 周。

全年劳动时间一个月。如果将全年劳动时间全部分散安排或部分分散安排在上课时间以内，应该相应地减少每周的上课时数和增加每学年的上课周数，以保证规定的各科教学总时数。

寒暑假每年两个月。

2. 政治课，按年级分别设置道德品质教育、社会发展简史、中国革命和建设、政治常识、经济常识、辩证唯物主义常识。

时事政策教育，在通常情况下，在政治课上课时间内进行，可以占用政治课上课时间的四分之一。

3. 语文课，包括讲读、作文和习字。时间安排如下：

时数\内容	初中 一	初中 二	初中 三	高中 一	高中 二	高中 三
讲读	5	5	5	5	5	4
作文	2	2	2	2	2	2
习字	1					

4. 数学课，各科的时间安排如下：

时数\科目	初中 一	初中 二	初中 三	高中 一	高中 二	高中 三
代数	7	3	2		6	
平面几何		3	4			
立体几何				4/3		
三角				3/4		
平面解析几何						6/0

附注：

(1) 初中一年级代数包括算术复习。

(2) 初中平面几何包括锐角和钝角三角函数以及解三角形。

5. 外国语课，根据师资条件，设俄语或者英语。目前没有条件开设外国语课的全日制初中，应该利用这门课程的教学时间，增授生产知识的课程内容。

6. 生物课，初中一年级设植物，初中二年级上学期设动物，下学期设生理卫生，高中二年级设生物学。

7. 历史课，初中二、三年级设中国历史，高中三年级设世界历史。

8. 地理课，初中一年级设中国地理，高中一年级设世界地理。

9. 生产知识课的教材，由各省、市、自治区教育厅、局自编。

10. 高中阶段在保证学好必修课程的基础上，可以根据学校的师资设备等条件，酌设农业科学技术知识、立体解析几何、制图、历史文选、逻辑等选修课，高中三年级学生可以根据志愿和爱好，任选一门或两门。选修课程不进行考试。

11. 上课时间，每节课 50 分钟。

19640714

教育部关于调整和精简中小学课程的通知

1964 年 7 月 14 日

（64）教普中季字第 160 号

为了正确地贯彻执行党的教育方针，减轻中小学学生课业负担，提高教学质量，使学生能够在德智体诸方面生动活泼地主动地发展，需要对目前中小学课程门类过多的状况加以改革。中小学课程的彻底改革要与学制改革统一考虑，但目前也应该根据积极稳妥的精神作一些必要的可能的初步调整，作为学制改革以前精简课程的临时措施。

目前初步调整课程的原则如下。

一、适当减少课程门类，能集中一年学完的就不学两年。

二、适当减少每周上课总时数，使学生有较多的课外活动时间。

三、比较有把握调整的课程先调整，有些课程研究不够，把握不大的，暂不调整。

四、教材只作必要的小修改。各科教材，除外国语适当减少词汇量外，一般不降低程度，只把理论要求过高的、烦琐的教材内容作必要的精简，使其基本上能够适应这次调整后的上课总时数。

具体调整意见如下。

一、对1963年拟定的全日制中小学新教学计划（草案）中课程设置的调整意见。

（一）小学

在1963年拟定的新教学计划中，高小除体育、音乐、图画外，有周会、语文、算术、历史、地理、自然、生产常识七门课程。高小周会、语文、算术、历史和自然是各学习两年，地理和生产常识是各学习一年，即除体育、音乐、图画外，每学年有六门课程。每周上课总时数，一、二年级是28节，三、四年级是30节，五、六年级是32节。

调整意见：高小历史、地理、自然、生产常识四门课程都可以按一年学完来安排，即五年级设自然每周三课时，地理每周两课时；六年级设历史每周三课时，生产常识每周两课时。这样，高小的课程除体育、音乐、图画以外，由每学年六门减为五门。三至六年级算术的每周上课时数各减少一课时，每周上课总时数，三、四年级减为29节，五、六年级减为30节。

（二）初级中学

在1963年拟定的新教学计划中，初级中学除体育、音乐、图画以外，政治、语文、外国语、数学四门课程都连续学习三年，其中数学在初中二、三年级是代数和平面几何并进；物理、生物、历史各学习两年，化学、地理、生产知识各学习一年。这样，除体育、音乐、图画以外，初中一年级有六门课，初中二年级有八门课，初中三年级有九门课。每周上课总时数，初中一年级是33节，初中二、三年级都是34节。

调整意见：

数学 代数和几何学完一门再学一门，即初中一、二年级学代数，初中三年级学几何（在单元复习题中，包括适量的代数复习题），每周各六课时，均使用新编十二年制教材。代数教材作适当精简后，初中二年级可以余下五周左右时间讲授簿记知识。簿记教材由各地自编。如果这样调整有困难，初中二、三年级数学也可以仍按调整前的计划安排不变。1964—1965学年度，几何暂仍使用现行教材。

生物 初中一年级集中学完植物和动物，每周三课时，初中三年级学生理卫生，每周一课时，均使用新编十二年制教材。初中三年级的生理卫生课和生产知识课的上课时间也可以统一使用，即以每周三课时的时间，先学完生理卫生再学生产知识。

历史 集中在初中二年级学完中国历史，每周四课时。1964—1965学年度暂仍使用现行教材。

初中各年级语文、初中一年级外国语、初中三年级物理，每周各减少一课时，均使用新编十二年制教材。语文、外语新编十二年制教材分量较重。课时减少后，教材暂不能修改。在教学中，各册语文课文可以有少量列为课外阅读；外国语可以适当放慢进度，学完一册接着学下一册，实行新教学计划的初中，在三年内可以学完五册。

初中二年级图画课不再开设。

这样调整后，除体育、音乐、图画以外，初中一、二年级都各有六门课，初中三年级有八门课。每周上课总时数，初中一年级减为31节，初中二、三年级都减为30节。

调整前后的初中教学计划比较如下页表。

（三）高级中学的课程如何调整，问题比较复杂，新教学计划目前只有初中一年级实行，要到1966年秋季才使用新教学计划的高中部分，因此，我们拟作进一步研究后，再提出调整意见。

（四）1964—1965学年度秋季初中一、二年级的课程，原则上应按调整后的教学计划执行。但原应在二年级学习的动物，可以仍设在二年级，每周上课总时数可以增加一课时，安排为31课时。1964—1965学年度秋季初中三年级的课程一律不作调整。

有的地区，如果师资安排有困难，也可以分批调整。

二、对不执行新教学计划的学校或班级，课程如何调整，各省、市、自治区教育厅（局）可以参考新教学计划的调整办法，结合具体情况，自行安排。

三、课程作以上调整后，各地更需注意引导教师改进教学方法，减少不必要的课外作业，总结推广好的教学经验，以便真正做到减轻学生负担，提高教学质量。

学科		调整前			调整后		
		一年级	二年级	三年级	一年级	二年级	三年级
政治		2	2	2	2	2	2
语文		8	7	7	7	6	6
外国语		7	6	6	6	6	6
数学	代数	7	3	2	6	6	
	几何		3	4			6
物理			3	3		3	2
化学				3			3
生物		2	3		3		1
历史			3	3		4	
地理		3			3		
生产知识				2			2
体育		2	2	2	2	2	2
音乐		1	1		1	1	
图画		1	1		1		
每周上课总时数		33	34	34	31	30	30

注：调整后的数学，初中二年级也可以安排为代数、几何各三课时，初中三年级安排为代数两课时，几何四课时。

19640821

教育部关于调整和精简外国语学校课程的通知

1964年8月21日

我部在1963年7月15日发出《关于开办外国语学校的通知》，附有一个试行的"外国语学校教学计划（草案）"，对外国语学校的课程设置和教学时间作了初步的安排。一年来试行的结果，反映课程门类和每周上课总时数都比较多，学生的课业负担较重，有必要加以修订，以便学生能够在德智体诸方面生动活泼地主动地得到发展。为此，根据我部（64）教普中季字第160号《关于调整和精简中小学课程的通知》的精神，对"外国语学校教学计划（草案）"的小学和初中部分，加以必要的调整（高中部分俟进一步研究后再作调整）。

今秋外国语学校的小学三、四年级和初中一、二年级均可参照调整后的教学计划（草案）试行一个时期，俟以后进一步总结经验后，再作正式规定。但原应在初中二年级学习的动物，可以在这一学年度仍设在二年级，每周上课总时数可以增加1课时，安排为32课时。至于各年级使用的教材，除外国语科已另有通知外，其他各科均使用普通中小学的教材。教学时数有出入的，希根据外国语学校的教学要求，再作必要的精简。在试行中如有困难或问题，请随时报告本部。

19650114

教育部关于暂停授初中世界历史和高中世界现代史的通知

1965年1月14日

（65）部编何字第17号

现行的初中世界历史课本和高中世界现代史课本内容有错误，继续讲授，将会产生不良影响。现决定在1964—1965学年度第二学期暂时停授初中三年级的世界历史课和高中的世界现代史课。请遵照执行。

19780118

教育部颁发《全日制十年制中小学教学计划试行草案》的通知

1978年1月18日

(78) 教普字046号

遵照华主席在党的十一大政治报告中关于要真正搞好教育革命，提高教学质量，建立一个充分体现毛主席的无产阶级教育路线，适合我国情况，适应社会主义经济基础的无产阶级教育制度的指示，我部于去年8月召开11个省、市教育局长和有关人员参加的中小学教学计划座谈会，在初步研究28年教育革命正反两个方面经验的基础上，起草了《全日制十年制中小学教学计划试行草案》。会后，将这个草案发到各省、市、自治区教育部门征求意见。综合各地提出的意见，我们对草案作了修改，报经国务院批准，现予颁发，在具备条件的全日制十年制中小学试行。试行中应注意如下几个问题。

一、坚持毛主席的教育路线，深揭狠批"四人帮"

制定和试行统一的全日制十年制中小学教学计划，是贯彻执行党的教育方针，提高教学质量的重要措施，是建立无产阶级教育制度的重要内容，对于打好中小学教育这个基础，加速培养又红又专的建设人才，以适应建设现代化的社会主义强国的需要，有着重要的意义。要认真学习毛主席的教育思想，全面地完整地理解和贯彻毛主席的教育路线，集中批判"四人帮"炮制的"两个估计"，清算他们反对毛主席的教育路线，破坏教育革命的罪行，分清路线是非，肃清其流毒和影响，调动广大教师和干部的积极性，把教育革命搞上去。

二、坚持普及与提高两条腿走路的原则

中小学教育，既要有全日制的学校，又要有半工半读的学校和业余学校。三类学校中，有一部分要担负提高的任务。这部分学校必须有完备的课程，注意提高各门学科的水平，提高教育质量。《全日制十年制中小学教学计划试行草案》适用于担负提高任务的、课程设置完备的中小学。为了加速提高工业和农业的技术水平，提高广大人民的政治觉悟和文化水平，在继续抓好普及小学教育的基础上，除了有计划地发展普通中学和各类中

专、技工学校以外，必须积极发展半工半读的五七学校、农业中学和各种形式的业余学校，以逐步普及中等教育。目前多数农村地区中小学学制为九年制，可以继续实行。其中，应当有计划地使一部分条件具备的学校逐步过渡为全日制十年制学校，有一部分也可办成半工半读的五七学校和农业中学。九年制学校、五七学校、农业中学和业余学校的教学计划由各省、市、自治区自定。

三、积极创造条件，保证教学计划的试行

对于试行全日制十年制教学计划的学校，要加强领导班子的建设，尽快配备好第一、二、三把手；要按照教学计划和新编教材的要求，采取多种形式，大力提高教师的政治思想觉悟和文化业务水平；要建立和健全学校各种必要的规章制度；要提倡自力更生，勤俭办学，勤工俭学，努力建设和充实教学实验设备，充实图书资料，搞好学工学农基地。

四、从实际出发，因地制宜

各地现行学制、课程设置、教学内容和进度不同，城市、农村、边疆少数民族地区的情况也有所不同，各省、市、自治区教育部门对全日制十年制中小学教学计划的试行，要从实际出发，适当安排。要根据学校的条件，确定试行的范围；试行的学校，从小学一年级和初中一年级开始，其余年级要采取适当步骤，逐步过渡；这个教学计划试行草案的一些具体规定，各省、市、自治区教育部门还可以在试行过程中，根据实际情况，适当调整，报教育部备案。

五、加强领导，不断总结试行的经验

建议各地党委加强对试行这个教学计划的领导。在各地党委领导下，教育行政部门在加强政治思想领导的同时，要加强对教学业务工作的领导。要深入重点，认真检查，不断总结经验，发现问题，及时研究解决。试行中的经验和问题，请及时报告教育部。

附：

全日制十年制中小学教学计划试行草案

（此件业经国务院批准）

28年来，教育战线取得了很大成绩。广大教育工作者为社会主义教育事业作出了巨大贡献。在两个阶级、两条路线的激烈斗争中，毛主席的革命路线始终占主导地位。但是，近几年来，由于"四人帮"的干扰破坏，使教育与社会主义事业发展严重不相适应。"四人帮"炮制"两个估计"，全面否定毛主席的革命路线和教育方针，严重破坏党对知识分子的政策，打击迫害广大教师和干部，使许多学校的教育工作，实际上处于无计划、无要求、无制度的混乱状态，教育质

量严重下降。

粉碎了"四人帮",教育有希望。党的十一次代表大会,发出了"为在本世纪内把我国建设成为伟大的社会主义的现代化强国而奋斗"的战斗号召。教育工作者一定要高举毛泽东思想的伟大旗帜,落实华主席抓纲治国的战略决策,为实现这一伟大光荣的任务而努力奋斗。要彻底批判"四人帮"反革命修正主义路线的实质及其在教育战线的表现,批判他们炮制的"两个估计",肃清其流毒和影响。要认真贯彻"教育必须为无产阶级政治服务,必须同生产劳动相结合""使受教育者在德育、智育、体育几方面都得到发展,成为有社会主义觉悟的有文化的劳动者"的教育方针,努力实现党的十一大提出的"要真正搞好无产阶级教育革命""要采取强有力的措施,扩大和加快各级各类教育事业发展的规模和速度,提高教育质量""建立一个充分体现毛主席的无产阶级教育路线,适合我国情况,适应社会主义经济基础的无产阶级教育制度"的光荣任务。制定统一的全日制十年制中小学教学计划,是实现这一任务的一项紧迫的重要措施。

一、中小学的任务

中小学教育是基础教育。中小学时期,是学生长身体、长知识的重要时期,也是学生世界观形成的重要时期。要全面地、正确地贯彻执行毛主席的革命路线和教育方针,继续进行教育革命,根据建设四个现代化的社会主义强国的要求,努力提高教育质量,使学生在德育、智育、体育诸方面切实打好基础,以适应阶级斗争、生产斗争和科学实验三大革命运动的需要,为国家培养合格的劳动后备力量和为高一级学校培养合格的新生。

"没有正确的政治观点,就等于没有灵魂。"要教育学生永远高举和捍卫毛主席的伟大旗帜,逐步具有马列主义、毛泽东思想的基本观点,热爱中国共产党,热爱社会主义祖国,热爱人民,热爱劳动,热爱科学,爱护公共财物,勇于批判修正主义、批判资产阶级,继承和发扬党的革命传统和优良作风,立志走与工农相结合的道路,树立全心全意为中国人民和世界人民服务的思想,树立为共产主义事业而努力奋斗的远大理想。

要大力加强文化课教学,教育学生为革命而勤奋学习,学好先进的文化科学基础知识,理论联系实际,逐步具有自学能力和分析问题、解决问题的能力,具有一定的工农业生产知识和技能。

要重视体育,认真上好体育课,进行军事训练,加强卫生教育,切实开展群众性的课外体育活动和文娱活动,增强学生体质。

二、学制

全日制中小学学制为十年制,小

学五年、中学五年。中学五年按初中三年、高中两年分段。统一为秋季始业。有条件的地区，可以逐步实行六周岁半或六周岁入学。

三、制定教学计划的基本原则

1. 坚持教育要革命的方向，贯彻执行毛主席的教育方针和"五·七指示"以及"学制要缩短。课程设置要精简。教材要彻底改革""要自学，靠自己学""要充分兼顾青年的工作、学习和娱乐、体育、休息两个方面"等一系列指示。

2. 按照在本世纪内把我国建设成为伟大的社会主义的现代化强国的需要，努力提高中小学教育质量，为赶超世界先进水平打好基础。

3. 认真总结28年来教育革命正反两方面的经验，巩固和发展教育革命的成果，肃清林彪特别是"四人帮"在教育战线的流毒和影响，分清路线是非、思想是非和理论是非，正确处理政治与业务、理论与实际、当前与长远、普及与提高、批判与继承、教与学等方面的辩证关系。

4. 从全局出发，对"主学"和"兼学"，各门学科的不同要求和相互联系，小学、中学和大学的衔接，城市、农村、少数民族的共同要求和不同特点，统筹兼顾，合理安排。

四、"主学""兼学"的安排

坚持"五·七指示"的道路，以学为主，兼学别样，把教育同三大革命斗争结合起来。要保证政治课和文化课的教学时间，按照教学大纲和教材要求，完成教学计划，提高教学质量。要组织好学工、学农、学军，批判资产阶级，搞好校办工厂、农场（或农村分校）和厂校、队校挂钩，开展勤工俭学活动，使教学、生产、科研结合，使学生在三大革命实践中接受工农兵的教育，克服非无产阶级思想，提高阶级斗争和路线斗争的觉悟，树立劳动观点，掌握一定的工农业生产知识和技能，初步具有人民战争的军事常识。

小学，全年52周，政治课和文化课的时间（包括复习、考试），一至三年级为42周，四、五年级为38周。一、二、三年级根据学生的年龄特点，适当参加一些"兼学"活动。四、五年级"兼学"时间每学年4周（包括动员、总结）。寒暑假8周。机动时间2周。

中学，全年52周，政治课和文化课的时间（包括复习、考试），初中为36周，高中为34周。"兼学"时间，初中6周、高中8周（包括动员、总结）。寒暑假8周。机动时间2周。

在"兼学"时间内，全年用一周左右时间学军。

学工、学农、学军的时间安排，可以集中，也可以分散。如分散安排在上课时间内，应减少每周上课时数和增加每学年上课周数，以保证规定的各科教学总时数。学工、学农，小学四、五年级学生每天劳动不要超过4小时，中学生每天劳动不要超过6小时。不要组织学生参加有害健康的劳动。

农村中小学的农忙假，可以利用一部分"兼学"时间和一部分假期时间，但要保证师生有一定的假期用以休息和备课、自学。

学校不得随意停课。必要停课时，须经县教育行政部门批准，报上级教育行政部门备案，并在一学期或一学年内调整补上。

五、活动总量

小学，每周上课26课时，自习4课时，文体、科技活动4课时，形势教育和班队活动2课时。每周学校统一安排的在校活动36课时。

中学，初中每周上课28课时，高中每周上课29课时；自习6课时；文体、科技活动5课时；形势教育和班级、团队活动3课时。每周学校统一安排的在校活动42—43课时。

参加社会政治活动，可利用机动时间、课外活动和寒暑假时间进行。

家庭作业不宜过重，社会活动不宜过多，要切实保证中学生每天有9小时、小学生每天有10小时的睡眠时间。

六、课程设置及有关说明

小学设课8门，即政治、语文、数学、外语、自然常识、体育、音乐、美术。并进科目5—8门。

中学设课14门，即政治、语文、数学、物理、化学、外语、历史、地理、生物、农基、体育、生理卫生、音乐、美术。并进科目一般为8—9门。

暂不开设外语的学校，可以适当增加语文、数学的教学时间，农村中学还可以适当增加生物、农基的教学时间，高年级可以开设适合农村需要的专业课。

政治课。要对学生进行马列主义、毛泽东思想基本观点的教育。小学四、五年级主要进行初步的共产主义思想教育和必要的政治常识教育。中学主要进行社会发展简史、无产阶级革命和无产阶级专政理论、政治经济学、辩证唯物主义等基本观点的教育。中学阶段要组织学生通过课内外学习，选读《毛泽东选集》一至五卷的主要篇章。

语文课。包括讲读、写字、作文。小学基本完成识字任务，打好阅读、写作的初步基础。中学扩大讲读范围，适当选读中国古代作品和外国作品，讲点语法、修辞、逻辑，培养准确、鲜明、生动的文风，使学生能够正确地理解和运用祖国的语言文字，具有现代语文的阅读、写作能力和阅读浅近文言文的能力。中小学要学会汉语拼音和普通话。

使用少数民族语文教学的学校，

要使学生学好本民族语文和汉语文，可以适当增加语文课教学时间，减少外语课教学时间。

外语课。中小学要学好外语。根据现有条件，目前可集中师资力量首先在重点中小学和一部分条件具备的中小学开设外语课。从小学三年级起学习外语，在中学毕业时，切实打好一种外国语的基础。语种以英语、俄语为主。各地可根据需要和可能，适当规定开设英语、俄语课的比例。条件具备的地区，也可以开设其他语种的外语课。学生在中小学学习的语种必须衔接。

自然常识课。内容主要包括自然常识、卫生常识等。

数学课。要加强数学基础知识的教学和基本技能的训练。从小学起就要注意反映现代数学的观点。小学和中学都要适当提高程度。

物理课。要加强现代科学技术所需要的物理学基础知识的教学，注意反映现代物理学成就，加强物理实验技能的训练和科学态度、科学方法的培养。讲述基本理论要注意联系工农业生产的实际。高中物理课安排必要的时间讲授农业机械知识。

化学课。要适当加强元素、化合物和基本原理的教学，讲一点现代物质结构理论的初步知识，适当安排工农业生产、国防、科学实验所需要的化学基础知识，加强化学实验技能的训练。

历史课。初中讲授中国历史，高中讲授世界历史。

地理课。在初中开设，讲授中国地理和世界地理。

生物课。初中主要讲授植物、动物和生物进化的基础知识，高中主要讲授遗传变异等基础知识。

农基课。初中主要根据农业八字宪法讲授作物栽培、动物饲养的基础知识，高中主要讲授农业科研的一些初步知识。

体育课。要加强体育基础知识的教育和基本技能的训练，促进身体的正常发育，养成锻炼身体的习惯，培养坚强的意志和良好的道德品质。要参考《国家体育锻炼标准》安排教学内容。

生理卫生课。初中讲授人体构造生理、青春期卫生知识和常见病、多发病的预防。青春期卫生的内容各地可根据学生发育情况提前和移后讲授。高中，利用机动时间，以6课时左右，用讲座形式进行晚婚和计划生育教育。

各科教材和教学，都要用马列主义、毛泽东思想统率起来。既要防止不问政治的倾向，又要反对取消科学基础知识的倾向。（本文略有删节）

附：

全日制十年制中小学教学计划试行草案

科目 \ 周时数 \ 年级	小学 一	小学 二	小学 三	小学 四	小学 五	初中 六	初中 七	初中 八	高中 九	高中 十	上课总时数
政治				2	2	2	2	2	2	2	448
语文	13	13	11	8	8	6	6	5	5/4	4	2749
数学	7	7	6	6	6	6	6	5	6	6	2072
外语			4	4	4	5	4	4	4	4	1080
物理							3	3	5	5	492
化学								3	3	4	306
自然常识			2	2							136
地理						3	2				160
历史							2	2	2/3		203
生物						2				2/	94
农基								1/2		/2	78
生理卫生							1	1/			48
体育	2	2	2	2	2	2	2	2	2	2	676
音乐	2	2	2	1	1	1					328
美术	2	2	1	1	1	1					290
并开科目	5	5	6	8	8	9	9	10/9	8	8	
每周总时数	26	26	26	26	26	28	28	28	29	29	9160
兼学				每年4周			每年6周		每年8周		上课总时数系除复习、考试外的实际上课总时数

19780922

教育部关于试行《全日制中学暂行工作条例》（试行草案）、《全日制小学暂行工作条例》（试行草案）的通知

1978年9月22日

（78）教普字928号

全国教育工作会议以后，我们根据会议对中、小学条例修改稿所提意见又进行了讨论和修改，形成《全日制中学暂行工作条例》（试行草案）、

《全日制小学暂行工作条例》（试行草案），现在发给你们，请讨论、试行。现将有关的几个问题通知如下。

一、讨论和试行中学条例试行草案、小学条例试行草案，是关系到中小学教育战线抓纲治校，彻底批判林彪、"四人帮"反革命修正主义路线，拨乱反正，认真搞好教育革命，提高教育质量的一件大事，希望各级教育行政部门和学校，认真组织中学师生员工和小学教职工分别进行讨论，并开始试行。在讨论和试行中深入基层，加强具体指导。

二、原《全日制中学暂行工作条例》（草案）、《全日制小学暂行工作条例》（草案），总结了1963年以前的教育革命经验，体现了毛主席的革命路线和教育思想，基本上是好的。

因此，我们的修改原则是，根据1963年以后毛主席的重要指示和教育革命发展的实际情况，根据新时期总任务的要求，进行必要的修改和补充，其他基本不动。

三、原中学条例草案、原小学条例草案规定的教学时间和劳动时间等未作修改。因此，修改后的两个试行草案，与我部今年一月所发的全日制十年制中小学教学计划试行草案不相一致。对于这两种不同的规定，各地都可以选择试行，希望各级教育行政部门和学校，在试行中认真总结经验。

四、边疆和少数民族地区试行这两个试行草案时，各有关省、自治区教育局可根据本地实际情况制定试行办法或单行条例，报经省、自治区革委会批准后试行。

五、根据中央领导同志指示，这两个试行草案，经过讨论和一个时期的试行之后，再作修改，提交明年全国教育大会讨论通过，报请中央审批，作为正式文件公布。要求各省、市、自治区教育局于1979年2月底以前，将对两个试行草案的修改意见，专题报告我部。

全日制中学暂行工作条例
（试行草案）

第一章 总则

一、全日制中学应该贯彻执行教育必须为无产阶级政治服务，必须同生产劳动相结合的方针，为提高整个中华民族的科学文化水平，实现新时期的总任务而奋斗。

根据毛主席提出的"我们的教育方针，应该使受教育者在德育、智育、体育几方面都得到发展，成为有社会主义觉悟的有文化的劳动者"，中学教育的任务，是为国家培养劳动后备力量和为高一级学校培养合格的新生。

全日制中学学生的培养目标是：

要教育学生永远高举和捍卫毛主席的伟大旗帜，使学生具有爱国主义和国际主义精神，具有共产主义道德品质，拥护共产党的领导，拥护社会主义，立志为社会主义事业服务，为人民服务；逐步培养学生的工人阶级的阶级观点、劳动观点、群众观点、辩证唯物主义观点。

使学生在小学教育的基础上，进一步掌握语文、数学、外国语等课程的基础知识和基本技能，逐步具有自学能力和分析问题、解决问题的能力，具有一定的生产知识，养成爱科学、学科学、用科学的优良风尚。

使学生的身心得到正常的发展，具有健康的体质，培养良好的生活习惯和劳动习惯。

二、全日制中学必须贯彻毛主席"五·七指示"。学生以学为主，兼学别样。

学校必须根据中华人民共和国教育部（以下简称教育部）统一规定的教学计划、教学大纲和教科书进行教学，以教学为主，努力提高教学质量。

必须组织学生学工、学农、学军，批判资产阶级，走与工农相结合的道路。

必须妥善地安排教学、劳动、放假和社会活动的时间，保持学校正常的教学秩序。

三、教师担负着培养祖国新生一代的光荣任务，必须不断地提高自己的政治、文化、业务水平，向着又红又专的方向努力。

必须正确执行党的知识分子政策。绝大多数教师是无产阶级自己的一部分，是办好学校的依靠力量。要热心帮助教师进行业务进修和思想改造，发挥教师在教学中的主导作用，充分调动教师的积极性，为社会主义教育事业服务。

教师的辛勤劳动，应当受到党和人民的尊重。必须注意提高教师的政治地位和社会地位，逐步改善他们的工作条件和生活待遇。

四、对中学生进行教育应该注意适合少年青年的特点，研究和改进教育方法，注意培养他们学习的自觉性和积极性。

学校要注意同学生家长保持联系，要争取校外文化教育机关、群众团体和学校附近的公社、农场、厂矿、企业、街道、部队以及其他机关团体的配合和协助，共同教育好学生。

五、认真实行勤工俭学、勤俭办学的方针。教育行政部门应该积极地有步骤地改善学校校舍和教学、体育、卫生、生活等方面的设备，切实加强学校的后勤工作，管理好学校。

学校的布局要力求合理。每个学校的规模不宜过大。

六、按照无产阶级革命事业接班人的五项条件，建设好学校领导班子。学校领导干部要认真学习马列主义、毛泽东思想；正确地贯彻党的路线、方针、政策；熟悉业务，成为内行；实事求是，密切联系群众，团结战斗，艰苦奋斗，全心全意为培养革命后代而工作。

七、各级党委要加强对全日制中学的领导。第一书记要管教育。要加强学校领导班子的建设。要动员各行各业高度重视和大力支持教育事业。要认真办好一批重点学校。非重点学校也可以办重点班。

党委的领导，主要是政治上的领导，要注意在师生员工中进行政治工作和思想工作，保证正确的政治方向，保证党的路线、方针、政策的贯彻，调动各个方面的积极性。要重视发展党员和团员，建立和健全党的组织和团的组织。

第二章　教学工作

八、为了贯彻以教学为主的原则，全日制中学必须保证全年有九个月的教学时间，一个月的兼学时间，两个月的寒暑假。必须按期完成教学计划。

农村全日制中学的劳动时间和假期，可以根据当地农事季节放农忙假；寒暑假和农忙假每年不得超过三次。要保证学生每年至少有一个月的休息时间。

全日制中学不得任意停课。如遇特殊情况必须停课，须经县（区）教育行政部门报请上一级教育行政部门批准，并在一学期或一学年内调整补上。

九、全日制中学初中阶段设置语文、数学、外国语、政治、历史、地理、生物、物理、化学、生产知识、生理卫生、体育、音乐、美术、劳动等课程。高中阶段设置语文、数学、外国语、政治、物理、化学、生物、生产知识、历史、体育、劳动等课程。

暂不开设外语的学校，可以适当增加语文、数学、生产知识等课的教学时间。

使用少数民族语文教学的学校，要使学生学好本民族语文和汉语文，可以适当增加语文课教学时间。

为了适应国家建设的需要，发展学生的志趣和才能，高中阶段在保证学好必修课程的基础上，有条件的可以酌设选修课程，也可以进行文理分科试验。石油、冶金、煤炭等部门办的中学，可以侧重学习本行业所需的有关基础知识，从小对口劳动，以利于为这些部门培养人才。

十、在保证教育质量的前提下，提倡教学改革。学校进行重大教学改革的试验，应该经过省、市、自治区教育行政部门批准。

各地教育行政部门、学术研究机关、学校、学者、教师，也可以根据教育部颁布的教学计划、教学大纲，编写教科书，经过教育部审定后，推荐全国选用。

各省、市、自治区除采用全国通用的教科书外，要自编生产知识课教材和语文、历史、地理、生物等课程的乡土教材。教育部和各省、市、自治区以及有关部门应该编写和出版教学参考书和工具书，以利教学。

十一、全日制中学必须切实加强基础知识的教学和基本技能的训练。

语文和数学是学习和从事工作的基本工具，必须用最大的努力，保证提高这两门课程的教学质量。

语文课应该培养学生具有现代语文的阅读、写作能力和阅读浅近文言文的能力。作文要文理通顺，用词确切，正确地使用标点符号，字写得端正，不写错别字。要学会普通话。

数学课应该培养学生逐步具有学习现代科学技术所必需的数学基础知识，正确地理解数学概念，巩固地掌握定理、公式，具有正确迅速的运算能力、一定的逻辑思维能力和一定的空间想象能力。

物理、化学和生物，是向科学技术现代化进军的重要基础知识，必须切实加强这些学科的教学工作。

外国语是学习科学文化知识的重要工具。应该大力加强外国语课的教学，逐步做到高中毕业生具有初步阅读外文书籍的能力。

十二、教学应该遵循理论与实际相结合的原则。必须重视书本知识的教学，也要适当地通过学工、学农、学军，参加社会活动和科学实验，使学生得到一定的直接知识。

教师讲课，必须把教材内容讲解清楚。一般不要把语文、历史、地理等课程讲成政治课，也不要把语文课讲成文学课。

十三、教学必须根据学生的特点和接受能力，严格要求，严格训练，注意启发学生的学习自觉性和积极性。不要把学生的接受能力估计得过低，不适当地放慢教学进度，降低教学要求；也不要把学生的接受能力估计得过高，使学生的学习负担过重。要注意使学生巩固地熟练地掌握所学的知识和技能。

学习知识要靠日积月累，坚持不懈。提倡勤奋学习，刻苦钻研。在学校中不得搞突击教学。

十四、对学生的学习应该有统一的要求，又要承认差别，因材施教。在加强班级教学的同时，要认真加强个别辅导，积极培养有特长的学生的才能，耐心帮助学习较差的学生。可以按学生程度实行分班教学，使他们各自在原有的基础上都得到不同程度的提高。

十五、课堂教学是教学的基本形式。教师必须钻研教材，了解学生的学习情况，改进教学方法，认真备课，提高课堂教学的质量。

教师要注意督促和指导学生复习。各科的作业应该作统一安排。作业的分量应该适当，不使学生的学习负担过重。对作业的要求应该严格，学生应该独立完成，教师应该认真检查和批改。

教师要加强对学生课外阅读和其

他课外学习活动的指导，扩大学生的知识领域。

教师要研究和指导学生的学习方法，教育学生养成良好的学习习惯。

十六、教育行政部门和学校应该加强对教学研究工作的具体领导，认真总结交流教学经验，帮助教师提高业务水平。

要充分发挥教学研究组的作用。教师备课应该以个人钻研为主，同时注意集体研究。有经验的教师要帮助新教师。除教学内容应该按照教科书统一要求外，教学方法不应该强求一律。

十七、考查和考试主要是了解学生学习和运用基础知识的情况，督促学生复习功课，巩固所学的知识；同时便于研究和改进教学工作。必须以平时考查为主。发现教学上有缺陷，要及时弥补。

要研究和改进考试的内容和方法。考试不要出偏题、怪题，不要搞突然袭击。提倡学生独立思考，学有创见。

考试次数不宜过多，不要因为考试使学生过分紧张和劳累。每学期期中、期末进行两次考试。有些学科根据平时学习情况评定成绩，不一定考试。

严格执行升级、留级制度。成绩优秀，经考试能达到上一年级水平的学生，准予跳级。

初中、高中的新生入学要经过考试，学习期满，成绩合格的，发给毕业证书；不合格的，可以发给肄业证书。

十八、教育行政部门和学校应该积极实现教学手段现代化。要努力发展电影、幻灯、电唱、录音和电视，开展电化教学，充实图书、仪器、模型、标本和挂图，加强实验室的建设，认真组织好教师演示实验和学生实验。要办好图书馆和阅览室。对教师教学上必需的工具书和参考书，要设法解决。对现有的教学手段和挂图等设备应该充分利用和妥善保管。

第三章 思想政治教育

十九、学校应该把坚定正确的政治方向放在第一位，必须对学生进行共产主义思想教育，促进整个社会风气的革命化。

中学思想政治教育的根本任务，是培养学生具有爱国主义和国际主义精神，教育学生拥护中国共产党，拥护社会主义，立志为社会主义事业服务，为人民服务；逐步对学生进行工人阶级的阶级观点、劳动观点、群众观点和辩证唯物主义观点的教育，培养学生的共产主义道德品质和革命理想，继承和发扬党的革命传统和优良作风，反对修正主义，反对资产阶级思想和其他反动思想的侵蚀，逐步树立工人阶级的世界观。

要对学生进行党在整个社会主义历史阶段的基本路线的教育和新时期

的总任务的教育。要加强保卫祖国的国防观念的教育。

要教育学生热爱劳动，以正确的态度对待升学和参加劳动，使他们懂得，在毕业以后，升学或者参加劳动同样是国家需要的，同样是光荣的。农业是国民经济的基础，特别要加强为农业服务的教育。要使学生懂得：社会主义制度的建立给我们开辟了一条到达理想境界的道路，而理想境界的实现还要靠我们的辛勤劳动。

二十、中学学生的思想政治教育，在学校党组织领导下，主要通过班主任工作，共产主义青年团、少年先锋队的活动和政治课来进行。

学校行政、共产主义青年团、少年先锋队应该适当地组织学生参加必要的社会活动，使学生受到实际的教育和锻炼。

教师应该注意在日常学习、生活中，培养学生勤奋学习、遵守纪律、热爱劳动、助人为乐、艰苦奋斗、英勇对敌的革命风尚；教育学生尊敬师长，团结同学；防止旧社会遗留下来的习惯势力的影响。

二十一、进行思想政治教育，要注意少年青年的特点，讲求实效，克服主观主义和形式主义。解决学生中的思想问题，要以正面教育为主，坚持说服教育的原则，采取循循善诱，启发自觉，以理服人的方法。要教育学生逐步学会正确地进行批评和自我批评。严格防止和纠正一切简单粗暴的做法。

要善于用革命领袖和英雄模范的事迹鼓舞学生，要深入广泛地开展学雷锋的活动。

要善于发扬学生的优点，鼓励他们不断上进。对品学兼优的学生，应该给予适当的奖励。对德、智、体全面发展的优秀学生，应该授予"三好学生"的称号。

对于犯了过错的学生，教师应该深入了解情况，具体分析原因，耐心说服教育，热情地帮助他们改正；必要时可以进行适当的批评，但是不得采取粗暴压服的办法，不得开展群众性的批判，严禁体罚或者变相体罚。

对于少数犯有严重错误的学生，可以给以必要的处分，作为教育的辅助手段。对于受处分的学生不要歧视，要热情帮助。经过教育，认识错误，有悔改表现者，应该撤销其处分。

对于极少数严重破坏革命秩序和革命纪律，又屡教不改的学生，要采取严格措施加以认真的教养改造。

要协助公安部门严厉打击教唆犯。

二十二、班主任应该在其他教师的协助下，对本班学生进行思想政治教育，组织学生学工、学农、学军，指导学生的课外生活，指导共产主义青年团、少年先锋队和班委员会的活动，进行家长工作，评定学生的操行。学校应该加强对班主任工作的领导，选派政治觉悟较高和较有教学经验的教师担任班主任。教育行政部门和学校应该根据实际情况，适当减少班主任的任课时数。

二十三、学校应该采取家庭访问和家长会等方式，同家长取得联系，共同研究学生的思想行为和教育学生的方法，互相配合，教好学生。

学校应该同有关群众团体和校外科研、文化、教育机构协作，共同指导学生的课余活动和假期生活，适当开展为学生所喜爱的各种科技、文化、体育活动。学生参加这些活动，应该以自愿为原则。

二十四、评定学生的操行，一学期或者一学年进行一次，只写评语，不评等级。评语主要是为了帮助家长了解学生的情况，帮助学生发扬优点，改正缺点，鼓励学生不断上进。评语应该肯定学生的优点和进步，适当地指出他们的缺点，提出改进的意见。班主任写评语时要征求有关教师和团、队、班委会学生干部的意见。应该把评语通知家长和学生。

第四章 学工、学农、学军

二十五、学生学工、学农主要目的是养成劳动习惯，培养劳动观点，向工农群众学习，克服轻视体力劳动和体力劳动者的观点；同时注意把教学与生产、理论与实际结合起来，在劳动过程中学习一定的生产知识和技能，扩大知识领域。要注意引导学生开展科学实验，积极参加技术改革和科学种田活动。

不得把劳动作为惩罚学生的手段。

学生学军的主要目的是学习人民解放军的忠于党、忠于人民的高尚品质，一不怕苦、二不怕死的革命精神，高度的组织性、纪律性；初步懂得人民战争的思想；进行一定的军事训练，使学生掌握一些基本的军事常识和技能。

二十六、组织学生学工、学农，参加生产劳动，可以采取校内劳动，同工厂、农村人民公社挂钩，回到生产队劳动等方式。教育行政部门和学校必须加强对学工、学农的领导，积极采取措施，妥善安排。

学校应该根据当地的可能条件，建立校办工厂（车间）、农场（农业实验园地）。地方计划部门应该把一般有定型产品的校办工厂的供、产、销纳入国家计划。校办工厂、农场应该以师生参加劳动为主，少用或者不用工人。

组织城市学生到校外劳动，应该在劳动地点妥善安排师生的饮食、住宿和医疗，注意师生的健康。对学生的劳动强度不能要求过高。在劳动期间，应该尽可能使学生接近群众，可以请人给学生作一些报告，可以在工厂、人民公社进行参观，同时也可以适当组织学生进行一些宣传工作。

农村全日制中学主要采取放农忙

假的办法，让学生回生产队劳动，或者帮助家庭进行辅助劳动。

要在规定的劳动时间之内，安排一定的公益劳动（包括校内清洁卫生等劳动）。

学校要教育学生参加家务劳动。

二十七、学校应该同有关方面协商，每学期或者每学年订出劳动计划，报请主管教育行政部门批准执行。校外任何机关都不得自行向学校布置劳动任务或者调用劳动力。

在劳动过程中必须加强思想教育和纪律教育，特别要加强操作规程教育和安全教育，建立和健全劳动保护和生产管理的制度。

学校安排生产劳动应该照顾学生的年龄、性别和身体条件等特点。身体弱的和有病的学生不参加劳动或者只参加轻微劳动。女生在月经期间不要分配体力劳动。因病因事少参加了生产劳动的，事后不再补。不得组织学生参加过重的、夜班的、有危险性的和其他有损健康的体力劳动。不要组织劳动竞赛。

二十八、校办工厂、农场的收益和勤工俭学的收益，不缴纳所得税，也不上缴利润，主要用于补贴师生参加劳动的伙食、衣物消耗、交通费用，师生的公共福利事业和改善办学条件。学校要定期公布劳动收益支出账目。校办工厂、农场，不得以追求经济收益为主要目的。

二十九、学生学军，以学校自己训练为主，积极开展群众性的军训活动。

驻学校附近部队可以根据实际情况，积极选派优秀指战员帮助学校培训军训教员，或直接帮助学校实施军训。在条件允许的情况下，可以组织师生到部队参观。

第五章　体育卫生和生活管理

三十、中学阶段是少年青年身心发育成长的重要时期，必须重视和加强体育卫生工作。体育卫生工作的主要目的是：使学生自觉锻炼身体，讲求卫生，促进身体正常发育和机能的发展，增强体质；培养勇敢顽强、团结友爱、遵守革命纪律的道德品质。

要上好体育课，坚持课间操。要使学生掌握体育基本知识和技能，懂得科学锻炼身体的方法。要根据体育教学内容，因人、因时、因地制宜，开展多种多样的体育活动，积极推行《国家体育锻炼标准》，适当组织小型单项竞赛。学生的体育活动（包括体育课、课间操和课外锻炼），每天要有一小时。适当组织各种运动队，培养骨干，推动群众体育活动。

要上好生理卫生课，经常对学生进行卫生常识教育，使他们养成卫生习惯。要努力改善环境卫生，加强疾病防治工作，认真对学生进行青春期卫生知识教育。教育学生在学习期间不谈恋爱。禁止学生抽烟、喝酒。要建立健全卫生保健制度，建立健康卡片；学校应该积极协助地方卫生部门定期对学生进行体格检查。

要特别注意保护学生的视力。要积极改善教室的采光设备；尽可能使课堂桌椅适合学生身体的高低；训练学生端正看书、写字的姿势；坚持眼睛保健操。教育、文化、出版部门要努力改进教科书和少年儿童读物的纸张、印刷条件。

要指定女教师负责管理女生的生活，对女生进行妇女卫生常识教育。

三十一、必须注意劳逸结合。要合理安排作息时间，做到有劳有逸。学校每天统一安排学生的在校活动一般不要超过七课时。教育学生按时作息，养成良好的生活习惯。

应该教育学生参加必要的集体活动，但是不要事事强调集体。中学生的社会活动时间，包括共产主义青年团、少年先锋队的组织生活，在通常情况下，每周不超过两小时；在共产主义青年团、少年先锋队、学生会中担任职务的学生，每周不超过三小时。学生干部一般不要兼职。学生个人的习惯和爱好，凡是不影响学习和健康的，不妨碍集体利益的，不要加以限制和干涉。中学生每天应该睡足九小时。

在通常情况下，晚上和星期日不要安排集体活动。

三十二、合理使用人民助学金。人民助学金应该按规定发给学校，用于补助生活确有困难的学生。学生申请人民助学金，由学校行政审查批准，不要组织学生评议。

三十三、凡有师生入伙的学校必须认真办好食堂。加强伙食管理工作，加强伙食管理人员和炊事人员的思想教育，改进食堂和伙食卫生，健全粮食和财务的管理制度，定期公布账目，杜绝贪污浪费。

三十四、要重视学生的安全，加强安全教育。定期进行安全检查，认真采取措施，预防房屋倒塌、失火、触电、溺水、食物中毒、煤气中毒等和在理化实验、劳动、军训、体育活动中的事故。

要经常教育学生遵守公共秩序和交通规则。

第六章　教师

三十五、教师的根本任务是把学生教好。教师应该热爱教育事业，努力完成教育任务。

对教师的基本要求是：

教好功课。钻研教材，改进教学方法，提高教学质量。

爱护学生。对学生热情关怀，耐心教育，严格要求，指导和帮助他们提高思想觉悟，发展智力和增强体质。

以身作则。在思想、行为方面，力求成为学生的表率。

努力学习。关心政治，学习马克思列宁主义、毛泽东思想，刻苦钻研业务，力求精通所任课程的专业知识。不断提高政治、文化、业务水平。

三十六、加强党与非党教师的团结，加强新老教师的团结。教师之间，要互相尊重，互相帮助，取长补短，共同提高。要充分发挥老教师的业务专长，在工作上予以支持和照顾，鼓励他们做出更多的成绩，热心帮助青年教师提高教学业务水平。青年教师要尊敬老教师，虚心向老教师学习。

必须积极提倡和热心帮助教师进行思想改造。在具体处理教师的思想政治问题的时候，必须严格划分人民内部矛盾和敌我矛盾的界限。在人民内部又必须正确划分政治问题、世界观问题、学术问题和具体工作问题之间的界限。凡属于人民内部的问题，必须采用民主的、耐心说服的方法来解决，不得采用简单粗暴的方法。

对于教师中出身不好、历史上犯过错误或家庭、社会关系有些问题的人，应该着重看他们自己的基本政治态度，看他们自己的现实表现，看他们对社会主义革命和社会主义建设的贡献。鼓励他们大胆工作，热情积极地帮助他们进步。

三十七、教育行政部门和学校要采取切实有效的措施，大力培训师资，提高教师队伍的质量。应该有计划地组织教师进修，制订规划，建立和健全制度，保证时间，定期检查。

教师政治学习的内容和时间，应该根据学校工作的特点来安排，不要和机关同样要求。

教师的文化、业务学习，应该根据不同的对象来具体安排。对于文化、业务水平较低的教师，首先要求他们认真钻研所任课程的教材和教学方法，使他们能胜任教学工作。

建立教师的定期考核制度。凡是通过进修达到师范学院或师专毕业程度的教师，经考试合格，应该发给毕业证书，承认其学历，在使用上同等对待。

三十八、中学教师的管理、调配工作，应该在党委统一领导下，由县以上教育行政部门负责。师范院校毕业生应该全部分到教育战线工作。教师的工作应该力求稳定，不要轻易调换他们所在的学校和所任的课程，以便他们积累教学经验，提高教学质量。未经主管教育行政部门批准，不得抽调教师参加校外工作。已调离教育战线而又适宜于作教师的应该归队。品德败坏不宜担任教师的，应该坚决调离学校。

教师兼任教学以外的工作不要过多。教师的业务工作时间至少必须有六分之五的工作日。政治学习和党、团、工会的会议以及社会活动，在通常情况下，应该控制在六分之一的工作日以内。除学校统一规定的重大活动外，业余时间和假日由教师自己支配。

三十九、教育行政部门应该注意鼓励教师树立长期为教育事业服务的思想，表扬和奖励优秀教师。成绩特别优异的教师，可授予"模范教师""模范班主任"的称号。对教师的奖励，以精神鼓励为主，以物质鼓励为辅。

必须做好教师的工资级别的评定和调整工作。少数优秀教师可以越级提升，不受学历、教龄的限制；长期从事教育工作而又成绩优异的教师，是教育工作的专家，应该评为特级教师，工资待遇应该较高。具体办法由教育部另行规定。

要关心民办教师的生活，妥善解决民办教师的经济报酬。民办教育事业要做到民办公助，以公助为主。

必须妥善安排教师的宿舍、伙食和孩子入托、入园。教师的副食品和日用品供应，应该与当地脱产干部同等待遇；专职体育教师因工作所需的粮食补助和服装补助，也应该妥善安排，这个规定，由省、市、自治区革命委员会负责解决。

对年老体弱的教师，应该适当减轻他们的工作负担。对女教师的特殊困难，应该予以照顾。对年老退休的教师的生活，应该妥善安排。教师队伍的自然减员，应该按照国务院的规定及时补充。

地方行政部门应该将教工福利费按上级规定，拨给学校，教工福利费不得挪用，不得克扣，不得积压。学校和教育工会应该根据上级规定，合理使用教工福利费和工会会费，切实搞好教师的集体福利事业和生活补助工作。

四十、教师参加生产劳动，主要是和学生一起参加学工、学农劳动，不要抽调他们离开教学参加劳动。老弱病残的教师和怀孕、喂奶的女教师不参加体力劳动。

第七章　学校体制和行政工作

四十一、全日制中学实行党支部领导下的校长分工负责制。学校的一切重大问题必须经过党支部讨论决定。

校长是学校行政负责人，要贯彻执行党的教育方针，执行上级党委、教育行政部门和党支部的决议；负责领导和组织学校的教学工作和进行思想政治教育工作；领导、组织教职工的政治、文化、业务学习和师生学工、学农、学军；办好校办工厂、农场；管理教师、学生、职工的生活，注意保护他们的健康；管理学校的校舍、设备和经费，努力改善教学条件。

副校长协助校长分管上述工作。

四十二、全日制中学建立校长领导下的由各有关方面负责人和教师代表参加的校务会议，讨论贯彻上级党委和教育行政部门的指示、学校党支部的决议，讨论学校行政工作的重大问题。规模小的学校可以用全体教职员会议代替校务会议。

四十三、全日制中学一般设教导、总务两处。规模小的中学，可以设教导主任和事务员。

职工要树立为教学服务，为师生生活服务的思想，努力完成工作任务。学校要教育师生尊重职工的劳动。

力求精简组织机构和会议，提高学校行政工作效率，压缩非教学人员，充实教学第一线。学校党政干部要深入教学第一线，并尽可能兼课。

四十四、建立和健全学校的各项规章制度。教职工工作条例、学生守则、学生成绩考核办法、学生奖惩办法、学籍管理办法等，在各地自行制定和试行的基础上，由教育部逐步统一制定。

城市中学毕业生的分配，由劳动部门和上山下乡知识青年办公室主持，学校积极协助。各部门招工用人要实行德智体全面考核的办法，择优尽先录用。学校应该根据学生在校成绩和表现，提出分配意见。

四十五、全日制中学原则上由县以上教育行政部门领导和管理。社队办的中学，可以在县的统一领导下由社队管理。具体办法，由各省、市、自治区制定。

第八章 党的工作和其他组织工作

四十六、共产党的领导是办好学校的根本保证。各级党委必须加强对学校教育的领导。

中学党支部统一领导学校各方面的工作，主要任务是：贯彻执行党的路线、方针、政策，执行上级党委的决议和上级教育行政部门的指示；加强教育革命的领导，保证教学任务的完成，不断提高教育质量；领导学校政治思想工作，做好党的建设工作，教育党员团结群众，在学校工作中起模范作用；领导学校共产主义青年团、学生会、教育工会和其他群众组织的工作；关心群众生活；做好后勤保障工作。

学校党支部要善于贯彻执行集体领导与分工负责相结合的原则，充分发挥行政领导干部的作用，不要包办代替。

四十七、各级党委要有计划地调派适宜做学校工作的党员干部，充实和加强学校的领导力量。

根据党章规定，在教职工中积极发展党员，特别注意在没有党员或者党组织力量薄弱的学校，发展党员，建立支部。

四十八、共产主义青年团应该在党的领导下，积极发挥党的助手作用，协助学校行政做好工作。共产主义青年团的主要任务是：教育团员起模范作用，带动青年教职工和学生努力完成工作任务和学习任务，遵守学校纪律和规章制度；协助党组织和学校行政进行思想政治工作；进行团的组织建设和思想建设工作；领导少年先锋队的工作。

少年先锋队应该在共产主义青年团的领导下，适当地开展活动，教育队员并且团结同学好好学习，天天向上。

学生会应该团结全体同学，使他们努力做到身体好，学习好，工作好。

教育工会应该在党组织的领导下，协助党和行政，搞好教职工的政治、文化、业务学习，切实做好团结工作和生活福利工作。

应该教育在共产主义青年团、少年先锋队、学生会担任职务的学生，要有民主的作风，以平等的态度对待同学，团结同学搞好学习。学校应该关心这些学生的学习和健康，不要使他们兼职过多，任期过长，负担过重。

四十九、各级党委和教育行政部门，要保证学校领导干部有足够的时间做好学校工作，不要随便抽调他们从事学校以外的工作，不要让他们参加与学校工作关系不大的会议。要积极帮助学校领导干部提高政治、业务水平，关心他们的生活，并且注意在学校中培养新的领导骨干。

五十、学校的领导干部必须坚持"要搞马克思主义，不要搞修正主义；要团结，不要分裂；要光明正大，不要搞阴谋诡计"三项基本原则，认真执行"党政干部三大纪律、八项注意"。

三大纪律是：1. 认真执行党中央的政策和国家的法令，积极参加社会主义建设；2. 实行民主集中制；3. 如实反映情况。

八项注意是：1. 关心群众生活；2. 参加集体劳动；3. 以平等的态度对人；4. 工作要同群众商量，办事要公道；5. 同群众打成一片，不特殊化；6. 没有调查，没有发言权；7. 按照实际情况办事；8. 提高无产阶级的阶级觉悟，提高政治水平。

学校领导干部要鼓足干劲，认真办好学校，为实现党在社会主义革命和社会主义建设新的历史时期的总任务，在本世纪内把我国建设成为伟大的社会主义的现代化强国，更好地为祖国培养新生一代。

全日制小学暂行工作条例
（试行草案）

第一章 总则

一、全日制小学应该贯彻执行教育必须为无产阶级政治服务，必须同生产劳动相结合的方针，为提高整个中华民族的科学文化水平，为实现新时期的总任务而奋斗。

根据毛主席提出的"我们的教育方针，应该使受教育者在德育、智育、体育几方面都得到发展，成为有社会主义觉悟的有文化的劳动者"，小学教育的任务，是为社会主义祖国培养新生一代，使他们接受中等教育有一个良好的基础。

全日制小学学生的培养目标是：

要教育学生继承伟大领袖和导师毛主席的遗志，好好学习，天天向上，使学生具有爱祖国、爱人民、爱劳动、爱科学、爱护公共财物等品德，拥护社会主义，拥护共产党。

使学生具有初步的阅读、写作和计算的能力，具有初步的自然常识和社会常识，培养良好的学习习惯。

使学生的身心得到正常的发展，具有健康的体质，培养良好的生活习惯和劳动习惯。

二、全日制小学必须以教学为主，必须根据中华人民共和国教育部（以下简称教育部）统一规定的教学计划、教学大纲和教科书进行教学，不断总结经验，努力提高教学质量。

必须妥善地安排教学、劳动、放假和社会活动的时间，保持学校正常的教学秩序。

三、必须正确执行党的知识分子政策。绝大多数教师是无产阶级自己的一部分，是办好学校的依靠力量。要热心帮助教师进行业务进修和思想改造，发挥教师在教学中的主导作用，充分调动教师的积极性，为社会主义教育事业服务。

小学教师担负着培养祖国新生一代的光荣任务，必须不断地提高自己的政治、文化、业务水平。

教师的辛勤劳动，应当受到党和人民的尊重。必须注意提高小学教师的政治地位和社会地位，逐步改善他们的工作条件和生活待遇。

四、对小学生进行教育应该注意适合儿童少年的年龄特点，研究和改进教育方法。

学校要注意同学生家长保持联系，争取校外文化教育机关、群众团体和学校附近的公社、农场、厂矿、企业、街道、部队以及其他机关团体的配合和协助，共同教育学生。

五、认真贯彻执行勤工俭学、勤俭办学的方针，努力做好后勤工作。要加强对校舍的维修和管理，逐步改善教学、体育、卫生、生活等方面的设备。

学校的布局要力求合理，便于学生就近入学。

六、按照无产阶级革命事业接班人的五项条件，建设好学校领导班子。学校领导干部要认真学习马列主义、毛泽东思想；正确地贯彻党的路线、方针、政策；熟悉业务，成为内行；实事求是，密切联系群众，团结战斗，艰苦奋斗，全心全意为培养革命后代而努力工作。

七、各级党委必须加强对小学教育的领导。第一书记要管教育。要加强学校领导班子的建设。要认真办好一批重点学校。要动员各行各业高度重视和大力支持教育事业。

党委的领导，主要是政治上的领导，要注意在小学教师和职工中进行政治工作和思想工作，保证正确的政治方向，保证党的路线、方针、政策的贯彻，调动各个方面的积极性。要重视发展党员和团员，建立和健全党的组织和团的组织。

第二章 教学工作

八、为了贯彻以教学为主的原则，全日制小学必须保证全年有九个半月的教学时间（包括四、五年级学生全年劳动时间半个月），两个半月的寒暑假。必须保证按期完成教学计划。

在农村全日制小学中，全年两个半月的假期和四、五年级全年半个月的劳动时间，可以根据当地农事季节，将部分时间改放农忙假；寒暑假和农忙假每年不得超过三次。

全日制小学不得任意停课。如果遇到特殊情况必须停课，要经县（市属区）教育行政部门批准，报上一级教育行政部门备案，并在一学期或一学年内调整补上。

九、全日制小学设置语文、数学、政治、常识、体育、音乐、美术、劳动等课程。应该特别注意语文和数学的教学。使用少数民族语文教学的学校，要使学生学习本民族语文和汉语文，可以适当增加语文课的教学时间。

小学语文课应该基本完成识字任务，打好阅读、写作的初步基础。要学会汉语拼音（作为识字的辅助工具），学会普通话，掌握常用的词汇；流利地诵读课文，并且能够背诵教师指定的一部分课文；字写得端正；会写一般的记叙文和应用文，语句通顺，注意不写错别字，会用标点符号。一般不要把语文课讲成文学课或者政治课。

小学数学课应该加强数学基础知识的教学和基本技能的训练。要使学生做到公式熟，运算正确和迅速。要培养学生的计算、逻辑思维能力和解答应用问题的能力。书写格式要符合规定。

师资条件具备的全日制小学应该从三年级起开设外国语课。应该积极培养外国语课的师资。

在保证教育质量的前提下，提倡教学改革。学校进行重大的教学改革试验，应该经过省、市、自治区教育行政部门批准。

各地教育行政部门、学术研究机关、学校、学者、教师，也可以根据教育部颁布的教学计划、教学大纲，编写教科书，经过教育部审定后，推荐全国选用。

乡土教材由各地自编。

十、课堂教学是教学的基本形式。教师必须钻研教材，了解学生的学习情况，改进教学方法，认真备课，提高课堂教学质量。

教师讲课要力求用明白、准确、生动的语言，适当运用直观教具，把教材内容讲清楚。要注意指导学生课堂练习和自习。

教师应该指导学生的课外阅读和

科技等活动，扩大学生的知识领域。

十一、教学必须根据儿童少年的年龄特点和接受能力，严格要求，严格训练。注意启发学生的学习自觉性和积极性，不要不适当地放慢教学进度，降低教学要求；也不要使学生的学习负担过重。

各科的作业要统一安排。课内外作业的分量要适当，不要偏多或者偏少。对作业要认真检查和批改。

在学校中不得搞突击教学。

课外活动必须适量，不宜过多，以免影响学生的正课学习和身心健康。

十二、要养成勤奋学习的习惯。要教育学生专心听讲，认真复习，按时独立完成作业，并且能够自己仔细检查。要教育学生爱惜学习用品，保持图书的整洁。

十三、对学生的学习应该有统一的要求，又要承认差别，对成绩优秀的学生要加强培养，对成绩较差的学生要耐心辅导。

十四、教育行政部门和学校应该加强对教学工作的领导，组织教师研究教材和教学方法，注意组织有经验的教师，帮助水平较低、经验较少的教师提高教学质量。交流教学经验。

教师备课应该以个人钻研为主，同时注意集体研究。

提倡启发式。教学方法不应该强求一律。

要充实图书、仪器、标本、挂图等设备，积极发展电影、幻灯、广播、电视等现代化教学手段。

十五、考查和考试主要是了解学生的学习情况，督促学生复习功课，巩固所学的知识，同时便于研究和改进教学工作。必须以平时课堂提问和作业的考查为主，发现学生学习上有缺陷，要及时弥补。

要研究和改进考试的内容和方法。考试不要出偏题、怪题，不要搞突然袭击。

考试次数不要过多，语文、数学每学期期中、期末各进行一次考试。其他课程只进行期末考试。不要因为考试而造成学生过分紧张和劳累。

学校应该严格执行升级、留级制度。语文、数学的学年成绩，经过补考仍有一科不及格的，不得升级或者毕业。成绩优秀，经考试能达到高一年级水平的学生，准予跳级。

第三章　思想品德教育

十六、必须对学生进行共产主义思想品德教育。

要教育学生热爱祖国，热爱社会主义，热爱共产党，学习和继承革命传统，好好学习，天天向上，为准备建设社会主义祖国而努力。

要教育学生尊敬劳动人民，使他们懂得社会财富，包括自己的衣食住行，都是来自劳动人民的劳动成果；要教育学生学习劳动人民的勤劳、勇敢、诚实、俭朴等优良品质。要教育学生尊重兄弟民族的风俗习惯，加强民族团结。

要教育学生热爱劳动。

要教育学生热爱科学。

要教育学生爱护公共财物，遵守公共秩序。要教育学生爱护集体，遵守纪律，对别人的错误敢于提出意见，对自己的错误勇于承认和改正。

要对学生进行学习人民解放军的教育，适当组织高年级学生开展学军活动。

要教育学生尊敬教师和长辈，对同学、兄弟姊妹要互助友爱，提倡助人为乐，对人有礼貌。要教育学生不懒惰，不说谎，不打架，不骂人，不自私自利，不奢侈浪费。要经常注意防止剥削阶级思想意识和旧社会遗留下来的习惯势力对学生的影响，严格防止流氓意识和流氓行为对学生的影响。

要积极协助公安部门严厉打击教唆犯。

十七、对小学生进行思想品德教育要着重正面启发，积极诱导，讲求实效，克服形式主义。

要善于用革命领袖和英雄模范的事迹鼓舞学生，为他们树立榜样。要恰当地选择富有教育意义的生动事例，对学生进行教育。要深入广泛地开展学雷锋的活动。

要注意学生年龄、性格的差别，针对不同的对象，提出适当的教育要求，采取不同的教育方法。要采取耐心的、细致的、反复的教育方法，不要用对待成人的办法来对待儿童少年。

好动、好问是儿童少年的特点之一，要引导他们向正确的方向发展。学生个人的正当爱好，凡是不影响自己的学习和健康的，不妨碍别人的学习、工作和休息的，不要加以限制和干涉。

十八、学生做了好事，应该肯定和表扬，鼓励他们不断上进。

对学生的缺点和错误，教师应该深入了解情况，具体分析原因，耐心说服教育；必要时可以进行适当的批评，但是不要急躁，不得采用粗暴、压服的办法，不得开展群众性的批判，严禁体罚或者变相体罚。

十九、班主任应该在少年先锋队辅导员和其他任课教师的协助下，经常了解本班学生的学习、思想品德、健康等各方面的情况，及时进行教育和帮助；组织和指导学生的劳动和课外活动；指导本班的少年先锋队工作；进行家长工作。

二十、应该通过周会和少年先锋队的活动，来对学生进行思想品德教育。

学校和教师应该采取家庭访问或者举行家长会等方式，同家长取得联系，研究学生的思想行为和教育学生的方法，互相配合，教好学生。

共产主义青年团、妇女联合会、居民组织等应该根据可能条件建立儿童少年的校外教育组织。公共文化、娱乐、体育场所应该尽可能给儿童少年以照顾和方便，使他们能够参加有益的校外活动。

学校行政、共产主义青年团、少年先锋队和校外教育机构可以适当地组织一些有益的社会活动和假期活动，吸引学生自愿参加。吸收学生参加这类活动，应该事先征得家长同意。

二十一、学生的操行每学期评定一次，只写评语，不评等级。评语主要是为了帮助家长了解学生的情况，帮助学生发扬优点，改正缺点，鼓励学生不断上进。评语应该肯定学生的优点和进步，适当地指出他们的缺点，提出改进的意见。班主任应该根据平时考查所得的情况，征求有关教师的意见，写出简明、具体、能够为学生所理解的评语，并且把内容告诉学生和家长。

校长、教导主任对操行评定工作，应该加强领导，进行必要的检查和帮助。

对品学兼优的学生，应该给以奖励。对德、智、体全面发展的优秀学生，应该授予"三好学生"的称号。对极少数确实犯有严重错误，或者犯有较大错误而又屡教不改的学生，可以给予适当的处分，作为教育的辅助手段。对受处分的学生不要歧视，要热情帮助。经过教育，认识错误，有悔改表现的，应该撤销其处分。

第四章　生产劳动

二十二、小学生参加适当的生产劳动，主要目的是从小养成劳动习惯，培养爱劳动、爱劳动人民、爱护劳动成果的思想感情。

要教育学生在力所能及的范围内，照料自己的生活，保持环境的整洁，帮助家庭劳动，积极参加学校所组织的种植、手工、饲养等劳动和绿化等社会公益劳动。

有条件的小学，可以建立小工厂、小农场等简易的劳动场所。

在劳动中，要注意教育学生爱护工具，节约材料，保护庄稼，遵守劳动纪律；要使学生学到一些简易的生产常识和技能。

不得把劳动作为惩罚学生的手段。

二十三、小学一、二、三年级不设劳动课程，可以适当组织学生参观。四、五年级学生全年参加劳动的时间为半个月。小学生每次劳动的时间不能过长，体弱、有病的学生和在月经期间的女生都不要参加劳动。因病因事少参加了劳动的，事后不再补。

组织小学生参加劳动，必须由教师带领和指导，防止事故，保护健康。不得组织学生参加有害健康的劳动。

学校组织学生参加劳动的收益，不缴纳所得税，也不上缴利润，主要用于师生的福利事业和改善办学条件。学校要定期公布劳动收益支出账目。

第五章　体育、卫生、保健

二十四、小学阶段是儿童少年长身体的重要时期，必须教育学生养成良好的生活习惯和锻炼身体的习惯，增强体质。

要上好体育课，坚持课间操。要使学生懂得一些锻炼身体的知识和方法。要根据体育教学内容，因人、因时、因地制宜，开展多种多样的群众性的体育活动，适当组织小型单项竞赛。学生的体育活动（包括体育课、课间操和课外锻炼），每天要有一小时。适当组织各种小运动队，培养骨干，推动群众体育活动。还要适当组织和指导学生参加课外的文化娱乐活动，以增进学生身心的健康发展。

二十五、必须注意劳逸结合，合理安排作息时间，使学生养成按时作息的习惯。小学生每天在校的上课、自习、劳动和课外集体活动时间，不要超过六小时。学生干部不要兼职。小学生每天应该睡足十小时。

在通常情况下，晚上和星期日不要安排集体活动。

二十六、教育学生养成讲究卫生的习惯。学校应该经常对学生进行卫生常识教育，对高年级女生还应该指定女教师进行必要的妇女卫生常识教育。要设立兼职或专职的保健教师。

努力改善环境卫生，教育学生经常保持校园的整洁。要保证学生喝到开水；设置简单的卫生设备。卫生部门应该协助学校防治疾病。有条件的地区，卫生部门每年对学生进行一次体格检查，并协助学校建立健康卡片。

必须采取积极措施保护学生的视力。改善教室的采光，尽可能使课堂桌椅适合学生身体的高低，训练学生端正看书、写字的姿势，坚持眼睛保健操。教育、文化、出版部门要努力改进教科书和儿童少年读物的纸张、印刷条件。

二十七、必须重视学生的安全，加强安全教育。学校要定期进行安全检查，采取必要的措施，预防房屋倒塌、失火、触电、溺水、食物中毒、煤气中毒等和在劳动、体育活动中的事故。教育学生注意往返途中的安全，遵守交通规则，组织年龄大的学生照顾年龄小的学生。

第六章　教师

二十八、教师的根本任务是把学生教好。教师应该热爱教育事业，努力完成教育任务。

对教师的基本要求是：

教好功课。钻研教材，改进教学方法，提高教学质量。

爱护学生。对学生热情关怀，耐心教育，严格要求。

以身作则。在思想、行为方面，力求成为学生的表率。

努力学习。关心政治，学习马克思列宁主义、毛泽东思想，学习时事政策，刻苦钻研业务。不断提高政治、文化、业务水平。

二十九、全体教师应该紧密团结，互相尊重，互相帮助，取长补短，共同提高。要充分发挥老教师的业务专长，在工作上予以支持和照顾，鼓励他们做出更多的成绩。要提倡老教师帮助青年教师提高业务能力，青年教师虚心向老教师学习。

必须积极提倡和热心帮助教师的思想改造。在具体处理教师的思想政治问题的时候，必须严格划分人民内部矛盾和敌我矛盾的界限。在人民内部又必须正确划分政治问题、世界观问题、学术问题和具体工作问题之间的界限。凡属人民内部的问题，必须采用民主的、耐心说服的方法来解决，不得采用简单粗暴的方法。

对于教师中出身不好、历史上犯过错误或家庭、社会关系有些问题的人，应该着重看他们自己的基本政治态度，看他们自己的现实表现，看他们对社会主义革命和社会主义建设的贡献。鼓励他们大胆工作，热情、积极地帮助他们进步。

三十、教育行政部门和学校要采取切实有效的措施，大力培训师资，提高师资队伍的质量。

教师政治学习的内容和时间，应该根据学校工作的特点来安排，不要同机关同样要求。

教师的文化业务进修，应该根据不同的对象，具体安排。对教课有困难的教师，要求他们钻研所任学科的教材和教学方法，努力教好功课。对能够胜任教学工作的教师，要帮助他们总结经验，进一步扩展知识领域，提高业务水平。

教师应该重视说话、写字、使用教具等教学基本技能的训练。应该用普通话教学。

建立教师的定期考核制度。通过进修达到中师或高师毕业程度的教师，经考试合格，发给证书，承认其学历，在使用上同等对待。

三十一、小学教师由县（市属区）教育局在党委领导下统一管理。对教师的工作必须妥善安排，力求稳定。不要轻易调换他们所在的学校和所任的课程，以便他们积累教学经验，提高教学质量。未经县（市属区）以上教育行政部门批准，不得抽调教师参加校外工作。已调离教育战线而又适宜作教师的应该归队。品德败坏不宜担任教师的应该坚决调离学校。

教育部应该会同有关部门适当规定小学教师的编制。对女教师的特殊困难应该予以照顾，并且要妥善解决教师在产假、病假期间的代课问题。

教育行政部门和教育工会应该在一定时期召开教师代表会议，表扬和奖励优秀教师，总结他们的经验，听取他们的意见和要求。

三十二、严格保证教师的业务工作时间和休息时间。必须切实保证至少有六分之五的工作日用在业务工作上。政治学习和党、团、工会的会议以及社会活动，在通常情况下，每周应该控制在 6 小时以内。除学校统一规定的重大活动外，业余时间和假期由教师自己支配。

教师除带领学生集体劳动，参加校内的清洁卫生等劳动外，不再规定其他劳动任务。老弱病残的教师和怀孕的女教师不参加体力劳动。

三十三、教育行政部门应该注意鼓励教师树立长期为教育事业服务的思想，表扬和奖励优秀教师。成绩特别优秀的，可授予"模范教师""模范班主任"的称号。对教师的奖励，以精神鼓励为主，以物质鼓励为辅。

必须做好教师的工资级别的评定和调整工作。少数优秀教师可以越级提升，不受学历、教龄的限制；长期从事教育工作而又成绩优异的教师，是教育工作的专家，应该评为特级教师，工资待遇应该较高。具体办法由教育部另行规定。

必须关心民办教师的生活，妥善解决民办教师的经济报酬。民办教育事业要做到民办公助，以公助为主。

必须妥善安排教师的宿舍、伙食和孩子入托、入园。教师的副食品和日用品供应，应该与当地脱产干部同等待遇，专职体育教师因工作所需的粮食补助和服装补助，也应该妥善安排，这个规定，由省、市、自治区革命委员会负责解决。

地方行政部门应该将教工福利费按上级规定，拨给学校，教工福利费不得挪用，不得克扣，不得积压。学校和教育工会应该根据上级规定，合理使用教工福利费和工会会费，切实搞好教师的集体福利事业和生活补助工作。

对年老退休的教师的生活，应该妥善安排。教师队伍的自然减员应该按照国务院的规定及时补充。

第七章　学校体制和行政工作

三十四、全日制小学实行党支部领导下的校长分工负责制。学校的一切重大问题必须经过党支部讨论决定。

校长是学校行政负责人，要贯彻执行党的教育方针，执行上级党委、教育行政部门和党支部的决议；负责领导和组织学校的教学工作和进行思想政治教育工作；领导、组织教职工的政治、文化、业务学习和师生学工、学农、学军；办好校办小工厂、小农场；管理教师、学生、职工的生活，注意保护他们的健康；管理学校的校舍、设备和经费，努力改善教学条件。

校长应该定期召开学校各部门负责人和教师代表组成的校务会议或者全体教师会议，发扬民主，集思广益，研究讨论学校工作。

学校领导干部都要深入教学第一线，尽可能兼课。

三十五、全日制小学应该设教导主任，并且根据规模大小，酌设总务主任或者事务员，协助校长管理教学工作和行政事务工作。

教育行政部门要培养和充实学校

的领导骨干；对现有干部要力求稳定，以便积累经验，办好学校。

三十六、全日制小学由县（市属区）教育行政部门统一领导和管理。社队办的小学，可以在县的统一领导下，由社队管理。除县（市属区）以上教育行政部门外，其他部门不得直接向学校布置任务或者抽调干部和教师。任何部门都不得占用学校的校舍和设备。

教育行政部门要积极帮助学校领导干部提高政治、业务水平，关心他们的生活。

第八章 党的工作和其他组织工作

三十七、共产党的领导是办好学校的根本保证。各级党委必须加强对学校教育的领导。

小学党支部统一领导学校各方面的工作。主要任务是：贯彻执行党的路线、方针、政策，执行上级党委的决议和上级教育行政部门的指示，加强教育革命的领导，保证教学任务的完成，不断提高教育质量；领导学校政治思想工作，做好党的建设工作，教育党员团结群众，在学校工作中起模范作用；领导学校共产主义青年团、教育工会和其他群众组织的工作；关心群众生活；做好后勤保障工作。

党支部要善于贯彻执行集体领导与分工负责相结合的原则，充分发挥行政干部的作用。

三十八、各级党委要有计划地调派适宜做学校工作的党员干部，充实和加强学校的领导力量。

根据党章规定，在教职工中积极发展党员，特别注意在没有党员或者党组织力量薄弱的学校，发展党员，建立支部。

三十九、共产主义青年团应该在党组织的领导下，在学校中做好团的建设工作，教育团员起模范作用，团结青年教职工努力完成教育、教学任务和多项工作任务。领导少年先锋队，加强对儿童少年的思想品德教育。

教育工会应该在党组织的领导下，协助党和行政，组织教职工的政治、文化、业务学习，切实做好团结工作和生活福利工作。

四十、学校领导干部必须坚持"要搞马克思主义，不要搞修正主义；要团结，不要分裂；要光明正大，不要搞阴谋诡计"三项基本原则，认真执行"党政干部三大纪律、八项注意"。

三大纪律是：1. 认真执行党中央的政策和国家的法令，积极参加社会主义建设；2. 实行民主集中制；3. 如实反映情况。

八项注意是：1. 关心群众生活；2. 参加集体劳动；3. 以平等的态度对人；4. 工作要同群众商量，办事要公道；5. 同群众打成一片，不特殊化；6. 没有调查，没有发言权；7. 按照实际情况办事；8. 提高无产阶级的阶级觉悟，提高政治水平。

学校领导干部，要鼓足干劲，认真办好学校，为实现党在社会主义革命和社会主义建设新的历史时期的总任务，在本世纪内把我国建设成为伟大的社会主义的现代化强国，更好地为祖国培养新生一代。

19790329

教育部关于印发《加强外语教育的几点意见》的通知

1979年3月29日

（79）教高一字027号

经国务院批准，我们于1978年8月28日—9月10日在北京召开了全国外语教育座谈会。会议总结了新中国成立以来外语教育的经验教训，讨论了加强外语教育，提高外语教育水平，为实现四个现代化培养外语人才的办法和措施。同时，还就外语师资队伍建设、教材编写、电化教学、科学研究等方面的规划进行了讨论。会议提出的《加强外语教育的几点意见》，业经国务院批准，现发给你们，请按各地、各校实际情况，研究执行。

附件：

加强外语教育的几点意见

为了实现四个现代化，加强我国与世界各国人民的友好往来，建立国际反霸统一战线，迫切需要加强外语教育，培养大批又红又专的外语人才。高水平的外语教育同时也是提高整个中华民族科学文化水平的重要组成部分，是一个先进国家、先进民族所必须具备的条件之一。因此，各级教育行政部门和学校领导，必须充分认识外语教育的重要作用，彻底批判"四人帮"鼓吹的"不学ABC，照样干革命"的反动谬论，采取有力措施，加强对外语教育的领导。要解放思想，冲破林彪、"四人帮"设下的禁区，努力创造外语学习的条件，让师生接触现代外语，迅速改变外语教育的封闭状态。战斗在外语教学工作岗位上的教师和干部要充分看到当前的紧迫形势，努力在三五年内改变外语教育的落后面貌，为把我国建设成为社会主义现代化强国作出贡献。

新中国成立以来，在毛主席、周总理的直接关怀下，由于广大外语教育工作者的辛勤劳动，在外语人才的培养上取得了很大的成绩，为国家输送了大批翻译和师资，一定程度上满足了社会主义建设和外事工作的需要。但是，我们的工作中也有一些缺点和错误。比较突出的问题，一个是在新中国成立初期大力发展了俄语教育，忽视了英语和其他语种，导致外语教育片面发展；另一个是注意了专业外语教育，对高校公共外语教育和中小学外语教育注意不够。1954—1959年一度取消了初中外语，使整个外语水平大幅度下降。特别是近十一二年来，由于林彪、"四人帮"的破坏，我国外语教育与整个国民经济发展的需要更是严重不相适应，与我国的国际地位极不相称。根据实现新时期总任务的需要，总结28年来发展外语教育的正反两方面经验，今后一个时期外语教育的总要求应该是：千方百计地提高外语教育质量，切实抓好中小学外语教育这个基础，在办好高等学校专业外语教育和公共外语教育的同时，大力开展各种形式的业余外语教育，努力使越来越多的科技工作者和其他专业人员掌握外语工具，为加速实现四个现代化多作贡献。

为了贯彻这个总要求，必须做好以下几个方面的工作。

一、必须加强中小学外语教育。中学外语课和语文、数学等课程一样，是一门重要的基础课，应当受到充分重视。目前首先在重点中学和有条件的城市中学开设，三五年内城市中学要普遍开设，并要不断提高教育质量。城镇中学和农村中学的外语课可在条件具备后逐步开设。小学外语课要在保证质量的前提下，在重点小学和有条件的大中城市小学逐步开设。为了早出和快出人才，除继续办好和发展一批外国语学校，为高等学校输送高水平的外语学生之外，应办好一批文理分科、加强外语教育的重点中学，为培养有较好外语基础的科技人才创造条件。

二、要大力办好高等学校公共外语教育和各种形式的业余外语教育，培养既懂专业又掌握外语的科技人才。高校公共外语课应增加学时，提高教学要求，高年级可指定一两门课程用外语讲授。公共外语除英语外，有条件的院校还要开日、德、法、俄等语种的课。要充分挖掘学校的潜力，开办各种形式的科技人员、高校理工科教师以及出国留学生的外语培训班。有条件的院校要开展科技外语教学研究，通过试点，开办科技外语专业，培养从事科技外语教学的教师和其他有关人员。要开展多种形式的业余外语教育，办好广播电视外语讲座。

三、集中精力办好一批重点外语院系，使之成为培养水平较高的外事翻译、高校专业外语师资和外国语言文学研究人才的基地。这些学校主要从外国语学校的毕业生以及有较好外语基础的中学毕业生中招生，按照周总理关于打好政治、外语和文化知识三个基本功的指示，严格进行训练。要求学生毕业时至少掌握两门外语。为了培养高级翻译、研究人才以及高等学校专业外语的骨干教师，这些学校应逐步扩大研究生的招生规模，积极开展科学研究，努力把学校办成既是教学中心，又是科研中心。

四、语种布局要有战略眼光和长远规划。当前主要的任务还是大力发展英语教育，但也要适当注意日、法、德、俄等其他通用语种的教育。非通用语种应有计划地开设，布点不宜过于分散。一些缺门的稀有语种要创造条件逐步开设，以适应研究工作的需要。中小学语种的设置，一律由省、市、自治区教育行政部门作出规划，统一掌握。要注意外语学习的连续性，小学升初中，初中升高中，高中升大学，都要做好语种衔接工作。

俄语在外语教育中应保持必要的比例。研究苏联，这是国际斗争的需要，也是学习外国的需要。因此，俄语人才的培养不能断线，要采取少而精的原则。从目前这几年的情况看，高校俄语专业的培养规模每年可保持在二百至三百人。中小学可在少数学校开设俄语课，与苏联接壤的各省、自治区开设的面可适当大一些。有条件的外国语学校要开设俄语专业，为高等学校输送水平较高的俄语人才。

有关高等学校可设置各种研究苏联和翻译苏联自然科学、社会科学情报资料的机构，使现有的俄语教师既能发挥作用，又能巩固和提高其专业水平，储备一批俄语骨干。

五、大力抓好外语师资队伍的培养和提高。目前高等学校外语教师队伍青黄不接，高水平的骨干教师后继乏人。中学外语教师质量很低，数量奇缺。要改变这种状况，必须开展多种形式的在职和脱产进修活动。初步设想，在提倡在职进修为主的同时，每年要抽出十分之一的教师进行半年左右的脱产培训。教育部拟采取出国进修，邀请外国语言专家来华讲学或举办外语教师训练班，选择国内有条件的学校开办师资进修班等措施，争取在三年内培养一批质量较高的高等学校和外国语学校骨干外语教师，争取把重点中小学和有条件的中小学外语教师的外语水平，分别提高到高师、师专毕业的程度。为了解决英语师资缺乏和水平不高的问题，拟从1979年起三年内，每年聘请一百名左右外籍英语教师和国外侨胞培训高等学校理工科公共英语教师和中学英语教师。建议中央和地方的广播、电视台为中小学英语教师开设专门的英语教学辅导讲座。

从1979年开始，师范院校外语系、面向地方的外语院校和综合大学外语系都应扩大招生规模，积极开办两年制的英语专修科,加速培养合格的中学外语教师;中师应附设英语师资班,培训小学外语教师。另外,各地可从社会上公开招聘一批外语教师。外语院校毕业生分配不当、用非所学的,可实行归队,以解决师资奇缺的困难。

六、编选出版一批相对稳定的大中小学外语教材。各类通用语种的外语教材均应组织统编或委托有关院校主编,由教育部组织的外语教材编审小组审查通过。有条件的语种尚可根据不同要求和不同编写体系,编写几套教材,便于选择。每套教材力争配以唱片、录音、幻灯、电影等各种视听教材,以提高教学效果。一些过去出版的较好的外语教材,可以重印发行,以应急需。此外,可以在教学中同时选用国外教材。教育部还拟委托有关院校选定一批原版外文课外读物和教学参考书,请有关出版部门影印或经删改后排印出版,内部发行。要采取积极的措施,解决外语教材印刷出版方面的困难和问题。

七、加强外语教学法和语言科学的研究。开设外语课的学校都应开展外语教学法的研究,注意引进国外语言教学的先进理论和方法,搞好总结交流,不断提高外语教学质量。当前,如何使广大科技人员和其他专业人员尽速掌握外语工具,为早日实现四个现代化服务,是外语教学法研究的一项重要课题,要努力开展这方面的研究和试验,争取早出成果。

必须大力开展外语语言方面的基础理论和应用科学的研究。除词典编纂以外,还必须根据中国人学习外语的需要和特点,开展多方面的语言研究工作。有条件的外语院系要出版外语教学和研究的学术刊物,以活跃学术空气,推动科学研究工作。为了早出研究成果,开展对外交流活动,教育部决定在一些学校分别设立现代英语和其他外语的研究机构,以及各种外语资料中心。

八、尽快把外语电化教学搞上去。当前亟须要做的工作如下。第一,改善和充实外语教育的电化设备。1980年前先把一百三十六个高校外语院系、十五所外国语学校及三百所重点中小学武装起来;有条件的学校可进行外语广播教学试点。第二,组织一支专门从事外语电化教学的研究队伍(包括各种技术手段应用的研究、教学法研究、视听资料的编写和灌制的研究等);并使越来越多的教师熟悉、掌握现代化外语教学手段。第三,迅速建立起生产"软件"(即电影、幻灯、唱片、录音带等各种视听资料)的基地,配备电影洗印、唱片灌制、录音复制以及文字复印等设备,使之形成生产能力,为全国外语教育服务。

19790927

教育部印发《关于办好外国语学校的几点意见》

1979年9月27日

（79）教普字050号

《关于办好外国语学校的几点意见》，经去年九月全国外语教育座谈会讨论后，又征求了国家计委，国家劳动总局，部分省、市教育部门和外语院校的意见，进行了修改，现发给你们，望参照执行。已经办起外国语学校的省、市，要认真抓一下学校的领导班子、师资、经费、基建、设备等问题，坚持外国语学校的性质和办学方向，加强思想政治工作，不断提高教学质量，注意总结经验，使这类学校越办越好。

附件：

关于办好外国语学校的几点意见

1963年，教育部根据中央指示，发出了《关于开办外国语学校的通知》，规定此类学校招收小学二年级肄业期满的学生，学制为十年（当时中小学为十二年制），毕业后升入被指定为他们专门开班的高等外语院系继续学习，培养水平较高的外语人才。1964年，外国语学校发展到十四所。当年，中央批转了国务院外事办公室、文教办公室、国家计委和教育部《关于外语教育七年规划问题的请示报告》和《外语教育七年规划纲要》（中发〔64〕722号文件）。文件提出，举办外国语学校，对提高我国外语教育的水平，具有决定意义。还提出，到1970年，外国语学校计划发展到四十所左右，分布十七个省、市，在校学生计划达三万多人。在中央的关怀和地方教育部门的领导下，外国语学校办得很有生气。实践证明，开办外国语学校是完全必要的。

1966年以后，由于林彪、"四人帮"的干扰破坏，上述发展计划未能实现，已经办起来的外国语学校也遭到严重破坏，有的停办，有的改变了性质，绝大部分学生毕业后长期留在农村，或分配做与外语无关的工作，用非所学，造成严重的人力和物力浪费。

当前，我国工作重点已转移到社会主义现代化建设上来，各条战线都迫切需要外语人才，尤其是外语水平较高的翻译、研究人员、教师和工程技术人员。因此培养高级外国语人才，以适应实现四个现代化和开展国际交往活动的需要，是一项刻不容缓的战略任务。为此，有必要整顿、恢复和办好现有的外国语学校，并逐步发展一批。具体意见如下。

一、外国语学校的性质和任务

外国语学校是具有专业性教育的学校，主要任务是为高等院校培养外语水平较高、一般文化知识较好的学生。此类学校可与高等外语院系衔接起来，办成从小学到大学"一条龙"，高中阶段可以试行文理分科。学生毕业后，经过考试合格，主要升入高等外语院系学习，也可以报考科技类大学和文科院校，或根据本人条件尽可能安排从事与专业有关的工作。

二、学制、课程和教学要求

外国语学校招收小学毕业生，学制暂定为五年。有条件的学校也可以招收小学二年级肄业期满的学生，从小学三年级起学习外语，学制暂定为八年。

外国语学校的课程设置与普通中小学大体相同。外国语的授课总时数小学阶段应不少于六百学时，中学阶段应不少于一千四百学时。学生毕业时，应该比较熟练地掌握一门外语，做到语音语调正确，掌握四千到五千个单词，学好语法知识，能读懂简易的原版读物，能进行一般社会生活会话。外语课应该逐步做到完全用外语进行教学。中学的数理化课程和高中的所学语言国家的史、地课程，在保证完成教育部规定的统一的教学要求的前提下，应该尽可能采用外文版本的教科书，用外语教学。为了保证教学质量，各年级的外语课都实行小班教学。学校要从多方面为学生学好外语创造条件，如配备必要的录音机、唱机、外文打字机和其他现代化教学手段，订购外文书报杂志和课外读物，积极开展多种形式的外语课外活动，创造有利于学生学习外语的环境等。

语文课中应包括一些逻辑学和修辞学的知识。历史和地理课中应适当增加所学语种国家的历史和地理知识。

外国语学校的兼学时间可参照全日制中小学暂行工作条例（试行草案）进行安排。

三、语种设置和学校规模

就全国范围讲，可开设英、俄、日、法、德、西六个语种。每个学校开设语种不宜过多。东北和西北地区的学校，应有计划地多安排开设俄语和日语。

考虑到寄宿制学校教育管理的需要，外国语学校的规模不宜过大，学生总数一般不超过一千人。

四、招生、升学、转学和分配

招收新生要经过考试和严格选择，应该在全市范围内挑选一批思想好、学习成绩优良、身体健康、口齿清楚、模仿能力强、反应快的学生入学。

学生入学后，学校要对他们进行复查，如果发现少数不合格者，应该及时转校。在小学毕业升初中和初中毕业升高中的时候，尤其应该经过严格的挑选。对于不适宜作为外语人才继续培养的学生，应予转入普通中小学学习，外国语学校、有关教育行政部门和转入的学校都应对他们做好思想教育工作，妥善加以安排。从小学到高中，转学的比例一般应控制在百分之二十以内。重点应把住小学到初中这一关。应该尽量做到升入高中以后，不再有学生中途退学或转学。有条件的外国语学校也可以在高一从普通中学招收一些插班生。

外国语学校的毕业生考入高等院校以后，有关高等院校应根据他们的实际水平单独编班，编写相应的大纲、教材，以避免教学内容与中学阶段重复或脱节，保证培养人才的连续性。

未考入高等院校的外国语学校的毕业生，由省、市教育部门会同当地劳动部门根据国家政策和本人条件，尽可能照顾到他们的专业，安排工作。

五、教材

外国语学校的外语教材，要选用一定数量的外文原著，其比例应逐年增加，到高年级应以原文为主。

外国语教材（包括课本、教师参考书、挂图）的编写工作，由教育部统一组织，采取推荐或分语种委托有关高等院校和外国语学校协作编写的办法，也可以有选择地引进外国教材。

六、教师

外国语学校的教职工编制标准，应视实际需要（包括外语分小班教学和实行寄宿制等）高于重点中小学。

外语教师的配备，考虑到分小班上课、开展外语课外活动和布置外语环境的需要等，高年级还要实行外语分科教学，暂定为小学每一个大班配备两名，中学每一个大班配备三名。各地应调配一定数量业务水平高、教学经验丰富的老教师到外国语学校任教，还应从高等学校外语专业的毕业生中择优分配一些到外国语学校工作。分配到外国语学校的外语教师一定要保证质量，特别是发音要好，口语能力要强，适合做中小学教学工作。其他文化课的教师，亦由各地教育行政部门按重点中小学要求自行调配。

有条件的地区，可以聘请华侨和外籍教师担任教学工作。

不断提高外语教师的水平是办好外国语学校的一个重要方面。要认真抓好外语教师的进修工作，并为他们的进修提高创造条件，提供机会，如订阅原版书籍、报刊，收听外台，观看原版电影等。选派参加国内短期离职进修或出国留学，外国语学校要有单独的名额。在教学和进修方面，外国语学校的外语教师应与大学外语教师享受同等待遇。

高等学校派往外国语学校任教的教师，原待遇不变。外国语学校其他教师的待遇在工资制度改革中另行研究。

七、经费

外国语学校的经费标准要高于当地的重点中小学。外国语学校的经费一般由省、市、自治区教育部门直接批拨。凡经批准附属于中央部、委主管的高等学校的外国语学校，其经费由高等学校统一向主管部委领报。

八、领导

外国语学校一般由省、市、自治区教育局领导，与当地高等外语院系挂钩，在外语教学和外语教师进修方面由挂钩院校给予指导和帮助。

外国语学校也可作为高等外语院校的附属学校，由省、市、自治区教育部门和所属高等院校双重领导，以院校领导为主，省、市、自治区教育行政部门负责外国语学校的公共课教学、学生的思想政治教育、招生和毕业生的分配。

外国语学校的方针任务、教学计划、教材由教育部统一领导和规划。

外国语学校均应列为省、市重点学校。各省、市教育行政部门对重点学校的安排（包括人员、经费和装备的分配）应包括外国语学校，要充分考虑外国语学校的特点。

要为外国语学校配备强有力的领导班子，第一、二把手中要有熟悉外语教学的同志。

当前，首先应整顿、恢复现有十一所外国语学校（名单见附表），凡已办成外语师范性质的，一律恢复为外国语学校。从1979年起，不再招收师范班，培养一般外语师资的任务移交当地师范院校（初中外语师资由师专培养，小学外语师资可通过中等师范学校设外语班培养）。现有师范班级，还应认真办好。另外，今后随着整个教育事业的发展，还可根据具体情况，发展一批新的外国语学校，但发展计划必须报经省、市、自治区教育部门和教育部审批。

附：现有十一所外国语学校名单
北京外国语学院附属外国语学校
上海外国语学院附属外国语学校
四川外国语学院附属外国语学校
天津外国语学院附属外国语学校
南京外国语学校
广州市外国语学校
长春外国语学校
西安市外国语学校
北京市外国语学校
武汉外国语学校
杭州外国语学校

19810313

教育部关于在城市试行六年制小学问题的意见

1981年3月13日

（81）教普二字004号

中共中央中发〔1980〕84号文件下达以后，有些省、市、自治区陆续来电话询问在城市试行六年制小学的一些问题。经研究，现提出以下意见，供各地参考。

一、中央1980年84号文件决定："今后一段时期，小学学制可以五年制与六年制并存，城市小学可以先试行六年制，农村小学学制暂不动。"并指示教育部研究提出学制改革方案。鉴于教育事业受到林彪、江青反革命集团的严重破坏，普通教育存在着相当严重的虚肿现象，小学教育质量不高、师资水平差距较大，教育经费、办学条件还有较多的实际困难，而且重点高中正在逐步进行由两年延长为三年的学制改革，因此，在城市试行六年制小学的工作，必须量力而行。为有利于稳定大局，贯彻中发〔1980〕84号文件中关于学制问题的决定，要有计划有步骤地进行，防止继续扩大虚肿现象。1985年前应集中力量搞好调整工作，打好基础，稳步提高。除北京、上海、天津可先行试点外，其他省、区的大城市是否试行六年制，请根据上述精神，慎重研究。北京、上海、天津试行六年制，也要在调整、整顿好现有五年制小学基础上，有计划有准备有步骤地先在城区试行。

二、鉴于现行全日制五年制小学各科教学大纲和教材的程度已经不低，有相当一部分教师还不适应，因此，试行的全日制六年制小学的教学程度原则上和现行五年制小学一样，不再提高。试行的六年制小学的教学计划、教学大纲和教材，由有关市教育部门参照全日制五年制小学的教学计划、教学大纲和教材，自行拟定和编写。这样做，可以避免中小学衔接方面的困难，也有利于城乡工农团结。

少数民族学校的学制，按全国民族教育工作会议精神办理。

19810313

教育部关于颁发《全日制五年制小学教学计划(修订草案)》的通知

1981年3月13日

(81) 教普二字006号

现将《全日制五年制小学教学计划（修订草案）》发给你们，请结合本地实际情况参照试行。

本教学计划为指导性教学计划，各省、市、自治区可以根据当地情况和需要作必要的调整。调整后的教学计划报我部备案，并发所属五年制小学、中等师范学校、教师进修机构及有关单位。非经上级批准，学校不得随意改变教学计划。

本教学计划于1981年秋季开学到1982年秋季开学分步试行。思想品德课于今年秋季开始，基本教材于1982年秋季发行；今年请各省、市、自治区自编临时讲授提纲或教材。地理、历史课试用教材及新编美术教材，今年秋季发行。新编的三、四、五年级自然课试用教材，将于1982年秋季发行。其他各科教材修订后的正式版本，也于1982年秋季发行，今年仍用原试用教材。

请各地及早做好师资培训和调配等工作，为分步试行作好准备。试行中的情况和问题，望及时报部。

附件一：

全日制五年制小学教学计划（修订草案）

科目 周课时 年级		一	二	三	四	五	上课总时数	百分比
思想品德		1	1	1	1	1	180	3.9
语文	小计	11	12	11	9	9	1872	40.3
	讲读	10	11	8	6	6		
	作文			2	2	2		
	写字	1	1	1	1	1		
数学		6	6	6	7	7	1152	24.8

续表

科目 \ 周课时 \ 年级	一	二	三	四	五	上课总时数	百分比
外语				(3)	(3)	(216)	
自然			2	2	2	216	4.7
地理				2		72	1.6
历史					2	72	1.6
体育	2	2	2	2	2	360	7.8
音乐	2	2	2	2	2	360	7.8
美术	2	2	2	1	1	288	6.2
劳动				1	1	72	1.6
并开科目	6	6	7	9	9		
每周总课时	24	25	26	27	27	4644	
课外活动 自习	2	2	2	2	2		
课外活动 科技文娱活动	2	2	2	2	2		
课外活动 体育活动	2	2	2	2	2		
课外活动 周会班队活动	1	1	1	1	1		
每周在校活动总量	31	32	33	34	34		

附件二：

关于修订全日制五年制小学教学计划的说明

根据党的十一届三中全会的政治路线和思想路线精神，总结制定小学教学计划的历史经验，经过调查研究，并征求有关方面及各地意见，对1978年《全日制十年制中小学教学计划（试行草案）》中的小学部分作了修订。

一、指导思想

这次修订教学计划的指导思想是：

（一）贯彻三中全会以来的政治路线和思想路线，肃清林彪、"四人帮"的流毒及纠正"左"的错误指导方针在教育工作方面的影响，针对少年儿童的特点，进行坚持四项基本原则和社会主义精神文明的教育。

（二）全面贯彻党的教育方针，使学生在德育、智育、体育几方面都得到发展，成为有社会主义觉悟的有文化的劳动者，成为有理想、有道德、有知识、有体力，立志为人民、为祖国、为人类作贡献的一代新人。

（三）积极适应社会主义现代化建设的需要，努力提高小学教育质量，为培养四化建设人才打好基础。

（四）总结新中国成立以来历次制定小学教学计划的历史经验，注意小学生的年龄特征，按教育规律办事，保证小学生能主动地、生动活泼地学习，健康地成长。

二、修订意见

（一）教学和假期时间安排

为利于师生的休整，更科学地安排教学时间，将现行小学教学计划规定的全年放寒暑假 8 周延长为 10 周。全年教学时间改为上课 36 周，复习考试 4 周，机动 2 周（除国家规定的节假日外，由学校自行掌握）。

农村小学可以用一部分假期时间和劳动时间放农忙假，如果不放农忙假，也可以根据当地情况在农忙期间适当调整作息时间，安排适量的农忙劳动。

（二）课程设置

1. 思想品德课。目前四、五年级的政治课脱离学生思想实际，效果不好。根据坚持四项基本原则，加强青少年思想教育的精神，将现行政治课改为思想品德课，一至五年级每周各 1 课时，紧密结合学生的思想实际，进行生动活泼的初步的共产主义思想品德教育和形势教育。调整以后，思想品德课总课时比原政治课增加 44 课时，加之又恢复了地理、历史课，小学的思想品德教育、爱国主义教育将得到加强。

2. 语文课。小学一年级语文课由原定每周 13 课时改为 11 课时，二年级语文课由每周 13 课时改为 12 课时，四、五年级由每周各 8 课时增为各 9 课时。为了加强小学生的写字教学，在一至五年级的语文课时内，各安排 1 课时写字。

3. 数学课。一、二年级由每周各 7 课时改为 6 课时，四、五年级由每周各 6 课时增为各 7 课时。

4. 外国语课。由于师资准备不够，中小学衔接问题没有解决好，已经开设的学校大部分教学质量不合格。学生进入初中后仍然要从头学起，而且往往还要正音，造成许多困难。根据这种情况，目前一般学校，凡不具备合格师资条件的，不要勉强开设外语。具备合格师资条件的，经主管部门批准，在四、五年级开设，每周各 3 课时，由各省、市、自治区酌情安排，同时要解决好中小学衔接问题。

5. 自然课。根据四化需要，必须加强小学自然科学常识教育，培养少年儿童从小爱科学、学科学、用科学的志趣。将现行教学计划四、五年级每周各 2 课时，改为从三年级起开设，三、四、五年级每周各 2 课时（实验学校可以自订）。这样，自然课增加了 80 课时，小学的自然科学常识教育将有所加强。

6. 恢复地理课，向学生进行地理常识和爱国主义教育。在四年级开设，每周2课时。

7. 恢复历史课，向学生进行历史常识和爱国主义教育。在五年级开设，每周2课时。

8. 体育课。上好体育课，各年级每周各2课时不变。逐步加强浅易的体育知识和技能的教学，教育学生积极、正确地锻炼身体，养成锻炼习惯；积极开展课外体育活动，坚持每日的课间操和眼保健操，加强讲卫生的教育，促进学生身体的正常发育和健康成长。

9. 音乐课。在加强美育的思想指导下，加强和改进音乐、美术教学。音乐课一、二、三年级每周各2课时，四、五年级由每周各1课时增为各2课时。

10. 美术课。一、二年级每周各2课时，三年级增为2课时，四、五年级每周各1课时。

11. 劳动课。为了从小培养学生的劳动观点和劳动习惯，培养热爱劳动和劳动人民的思想感情，一、二、三年级学生可在课外时间，适当安排一些力所能及的自我服务性劳动；四、五年级每周安排劳动1课时，组织学生参加公益劳动或简易生产劳动。可以分散安排，也可以集中使用，农村学校还可以结合农忙假统一安排。

（三）每周活动总量

一年级每周上课24课时，二年级每周上课25课时，三年级每周上课26课时，四、五年级每周上课27课时。在课外活动时间，各年级每周安排自习2课时，科技文娱活动2课时，体育活动2课时，周会（包括班会、校会）和少先队活动1课时（周会和少先队活动间周1次）。学校每周统一安排的在校活动，一年级为31课时，二年级为32课时，三年级为33课时，四、五年级为34课时。

教师要讲究教学方法，注意课堂教学的效果和教学内容的巩固，指导学生做好作业，并严格控制作业量。一年级，学校不留家庭书面作业；二、三年级，一般每天家庭作业量不要超过30分钟；四、五年级，每天家庭作业量一般不要超过1小时。要切实保证小学生每天有10小时的睡眠时间。

（四）每节课的时间

小学每课时的时间，一、二年级可定为35分钟，三、四、五年级定为40分钟。每节课后休息10分钟，每天第二节课后的休息时间延长为20—30分钟。如果校舍条件有困难，为了避免打铃互相干扰和照顾低年级儿童的特点，一、二年级仍可安排为40分钟，但须在每节课中间安排5分钟的室内休息或活动。

19810417

教育部颁发《全日制六年制重点中学教学计划试行草案》《全日制五年制中学教学计划试行草案的修订意见》的通知

1981年4月17日

（81）教普一字010号

一、现将《全日制六年制重点中学教学计划试行草案》和《全日制五年制中学教学计划试行草案的修订意见》发给你们，望结合各省、市、自治区的实际情况，研究执行。

二、这两个教学计划是指导性的教学计划，各省、市、自治区教育厅（局）可结合本地区实际情况（包括民族地区的特殊情况）适当加以调整。调整后的教学计划报我部备案。各省、市、自治区颁布的教学计划，学校必须严格执行。条件好的重点中学进行教学改革试验，经省、市、自治区教育厅（局）批准，可以变更教学计划。

三、五年制中学各年级教材修订本1982年秋季开始陆续供应。六年制重点中学全国统编教材1983年开始陆续供应。1983年以前已改为六年制的学校，教材可以各地自编，也可以按人民教育出版社提出的过渡办法，使用五年制教材。

四、中学学制定为六年。由五年制向六年制过渡，各省、市、自治区教育厅（局）应从各地实际条件出发，结合中等教育的调整和结构改革，作出具体规划，有计划、有准备、有步骤地进行。多数地区可争取在1985年前，把中学学制改为六年。

附件一：

关于制定全日制六年制重点中学教学计划试行草案的几点说明

一、本教学计划适用于重点中学，也可适用于条件（包括师资、设备和学生的学习基础等）比较好的中学。一般中学的教学计划，各省、市、自治区教育厅（局）可另行制定。

二、本教学计划的制定，既根据当前的实际条件，又考虑到今后一定时期内可能发生的变化和经过努力可能达到的程度，力求使教学计划有相对的稳定性。

三、全面贯彻党的教育方针。既要重视抓智育，又要注意加强学生的思想品德教育、体育和卫生保健工作，使学生德、智、体几方面都得到全面而和谐的发展。

四、扎扎实实打好基础。特别要打好语文、数学和外语的基础。在此前提下，既要注意自然科学的教育，也要注意人文科学的教育。要使学生掌握基础知识和基本技能，同时培养他们的学习能力，发展他们的智力。

五、为了适应学生的爱好和需要，发展他们的特长，更好地打好基础，高中二、三年级设选修课。如何开设选修课，有两种安排。

一为单课性的选修，即对某些课程的选修。周课时除高中二、三年级各为26节必修课外，各安排4节选修课。开设什么选修课，根据学生的要求、社会的需要和学校的条件而定，可以另设新课程（包括职业技术课），也可以就必修课的某一门或几门开设加深加宽的选修课，供学生选修，使学校办出特色。学生可以选一门或两门，也可以不选。具体安排见教学计划试行草案附件二（1）。

一为分科性的选修，即在文科或理科方面有所侧重的选修。侧重文科的学生，应是文科基础较好而且对文科有兴趣的学生；语文、历史、地理等学科适当提高程度，数学、物理、化学等学科在程度上要求浅一些，计算和实验等方面要求低一些。侧重理科的学生，应是理科基础较好而且对理科有兴趣的学生；数学适当加强基本技能的训练和能力的培养，物理、化学适当加强实验；语文、历史、地理的基础知识，与教学计划试行草案附件二（1）的要求一样，不削弱。分科性选修的具体安排见教学计划试行草案附件二（2）。

以上选修课的两种安排，由各地选择。这两种选修安排都有一个准备过程。分科性的选修，各省、市、自治区可先在部分重点中学进行试验。

六、中学阶段开设劳动技术课，进行劳动技术教育，使学生既能动脑，又能动手，手脑并用，全面发展。这样，有利于青少年的健康发展，有利于培养劳动观点，形成劳动习惯，不仅为培养人才打下良好的基础，而且为就业准备一定的条件。

劳动技术课的内容、师资和设备，应根据情况，逐步配备充实。各省、市、自治区教育厅（局）应指定几所学校，认真总结过去进行生产劳动教育的经验，积极进行劳动技术教育的试验。

附件二：

全日制六年制重点中学
教学计划试行草案

一、任务与要求

中学教育是基础教育。重点中学应模范地贯彻德、智、体全面发展的方针，培养有社会主义觉悟的有文化的劳动者，为高一级学校输送合格新生，为社会培养优良的劳动后备力量。

要使学生具有爱国主义精神，培养共产主义道德品质，逐步树立无产阶级世界观和人生观，立志为人民服务，为实现祖国的社会主义现代化服务。要使学生学好文化科学基础知识和基本技能，培养能力，发展智力。要使学生的身心得到正常的发展，具有健康的体质。同时，要使学生具有一定的审美能力和初步掌握一些劳动技能。

二、学习年限

学习年限六年：初中三年，高中三年。

三、指导思想

1. 扎扎实实提高教育质量，注意防止和克服负担过重的现象。

2. 努力实现双重任务，逐步开设劳动技术教育课程。

3. 妥善安排各门课程，适当加强语文、数学、外语。

4. 教学既要有统一要求，又要因材施教，适应和发展学生的志趣、特长。

5. 要重视课堂教学，改进教学方法，加强实验，也要积极开展课外学科活动和其他活动。

四、时间安排

全年52周，其中教学时间，初中40周（包括上课34周，复习考试4周，劳动技术教育2周），高中40周（包括上课32周，复习考试4周，劳动技术教育4周）；假期（包括寒暑假、节日假和农忙假）10—11周；机动时间1—2周。

初、高中三年级第二学期由于举行毕业考试，复习考试时间可适当增加，初中增加2周，高中增加4周，上课周数相应减少。

每周上课时数，初中30—31课时，高中26—29课时。

课外作业量，初中每天不超过1.5小时，高中不超过2小时。使学生有较多的时间自学或参加团队活动和科技、文娱、体育等课外活动。

每学期只举行期中、期末两次考试，每次考试课程不宜过多。

切实保证初中学生每天有9小时的睡眠，高中学生每天有8小时的睡眠。切实保证学生每天有1小时的体育活动。

五、劳动技术教育

劳动技术教育课主要是培养学生的劳动观点、劳动习惯，使学生初步学会一些劳动技能。

劳动技术教育，包括工农业生产、服务性劳动的一些基本技术和职业技术教育以及公益劳动等。

职业技术教育的内容，一般应为适应面广一些的共同基础技术。具体内容根据当地需要、学校条件和学生志愿确定。

劳动技术教育的时间，可以分散使用，也可以集中安排。

六、课程设置说明

课程设政治、语文、数学、外语、物理、化学、生物、历史、地理、生理卫生、体育、音乐、美术等。

为了适应和发展学生的志趣和特长，把基础打得更好，高中二、三年级设选修课，包括单课性的即对某些课程的选修〔见附件二（1）〕和分科性的即侧重文科或理科的选修〔见附件二（2）〕。

人口教育在高中三年级上学期开设讲座，并在生理卫生、生物、地理等课内结合进行。

政治课 对学生进行马列主义、毛泽东思想基础知识教育和共产主义道德品质教育。初一开设《青少年修养》，初二开设《法律常识》，初三开设《社会发展简史》，高中开设《政治经济学常识》《辩证唯物主义常识》。注意对学生进行时事政策教育和国防教育。

语文课 分阅读课和写作课。初中的阅读课，指导学生阅读各种形式的好文章；写作课讲授语法、修辞、逻辑知识，并有计划地进行写作指导。高中的阅读课，侧重指导学生阅读文学作品，古典文学要占一定的比重，并讲授常见的古汉语知识；写作课在初中的基础上有计划地进行写作指导。使学生能够正确地理解和运用祖国的语言文字，具有现代语文的阅读能力和写作能力，具有初步阅读文言文的能力。侧重文科的，适当提高程度。

数学课 使学生掌握代数、几何的基础知识和微积分、概率统计的初步知识，加强基本技能的训练和能力的培养。侧重理科的，可以适当充实选学内容；侧重文科的，适当精简内容、降低要求。

外语课 中学外语课分别开设英语或俄语、日语等，一般以英语为主。要对学生进行听、说、读、写的基本训练，侧重培养阅读能力和自学能力，切实打好一种外语基础。有条件的学校可适当提高要求，努力做到一种外语基本过关。

物理课 使学生掌握物理基础知识和基本技能，初步了解这些知识的应用，注意能力的培养。侧重理科的，要加强实验；侧重文科的，可适当降低要求，但应给予学生必要的知识。

化学课 使学生掌握化学基础知识和基本技能，初步了解它们在工农业生产中的应用，注意能力的培养。侧重理科的，要加强实验；侧重文科的，进行定性介绍，给予学生必要的知识。

生物课和生理卫生课 讲授生物体（植物、动物、人体）生长发育的规律和生物界发生发展规律的基础知识；培养学生掌握生物实验实习的基本技能。

历史课 初中讲授中国历史，高中讲授世界历史。主要使学生掌握基础的历史知识，了解中国历史和世界历史的重大事件和主要人物，逐步培养学生历史唯物主义的基本观点和运用这些基本观点观察、分析问题的能力。侧重文科的，适当提高要求。

地理课 初中讲授地理基础知识、中国地理和世界地理，高中讲授人和地理环境。侧重文科的，适当提高人文地理的要求。

体育课 要加强体育基础知识的教学和基本技能的训练。促进学生身体的正常发育，增强体质；教育学生积极锻炼身体，养成锻炼身体的习惯，培养坚强的意志和良好的道德品质。

音乐课 使学生热爱祖国的音乐艺术，接触外国的优秀作品，掌握基本的音乐知识和技能，初步具有唱歌的能力和对音乐的感受能力、审美能力。

美术课 使学生初步掌握美术的基本知识和技能，培养学生对自然美、社会生活美和艺术美的感受、爱好和初步的审美能力。

附件二（1）：

全日制六年制重点中学教学计划（试行草案）

学科 \ 年级	初一	初二	初三	高一	高二	高三	上课总时数
政治	2	2	2	2	2	2	384
语文	6	6	6	5	4	4	1000
数学	5	6	6	5	5	5	1026
外语	5	5	5	5	5	5	932
物理		2	3	4	3	4	500
化学			3	3	3	3	372
历史	3	2		3			266
地理	3	2			2		234
生物	2	2				2	192
生理卫生			2				64
体育	2	2	2	2	2	2	384
音乐	1	1	1				100
美术	1	1	1				100
每周必修课上课时数	30	31	31	29	26	26	5554
选修课					4	4	240
劳动技术	2周（注）			4周（注）			576

（注）劳动技术课，初中每天按4节、高中每天按6节计算。

附件二（2）：

全日制六年制重点中学教学计划（试行草案）

学科 \ 年级	初一	初二	初三	高一	高二（一）	高二（二）	高三（一）	高三（二）	上课总时数（一）	上课总时数（二）
政治	2	2	2	2	2	2	2	2	384	384
语文	6	6	6	5	7	4	8	4	1208	1000
数学	5	6	6	5	3	6	3	6	906	1086
外语	5	5	5	5	5	5	5	4	960	932
物理		2	3	4		4		5	292	560
化学			3	3		4		4	288	432
历史	3	2		3	3				350	266
地理	3	2			2				318	234
生物	2	2			2			2	200	192
生理卫生			2						64	64
体育	2	2	2	2	2	2	2	2	384	384
音乐	1	1	1						100	100
美术	1	1	1						100	100
每周上课时数	30	31	31	29	26	29	26	29	5554	5734
劳动技术	2周			4周					576	

注：（一）为侧重文科的选修；（二）为侧重理科的选修。

附件三：

全日制五年制中学教学计划试行草案的修订意见

我部1978年1月颁发的《全日制十年制中小学教学计划试行草案》，经过三年试行，其中有关中学部分存在一些问题，现修改如下。

一、《全日制六年制重点中学教学计划试行草案》的基本精神，适用于全日制五年制中学教学计划。

全年教学、劳动、假期时间的安排和初中教学计划，与全日制六年制重点中学教学计划一致（具体时间安排附后）。

二、高中，由于学习年限只有两年，数学、物理、化学、生物等课按1978年部颁教学大纲和统编教材适当降低要求。地理课适当增加。

外语课 在师资条件具备的中学，分别开设英语或俄语、日语，一般以英语为主。要对学生进行听、说、读、写各方面的训练，侧重培养阅读能力和自学能力。为学生进一步学习和运用一种外语打好基础。

数学课 使学生掌握代数、几何的基础知识和微积分、概率统计简易知识，加强基本技能的训练和能力的培养。

物理课 在1978年部颁现行物理教学大纲和统编教材基础上，某些理论要求适当降低。

化学课 在1978年部颁化学教学大纲和统编教材的基础上，某些内容适当精简调整，要求适当降低。

生物课 按1978年部颁生物教学大纲和统编教材的要求，对分子生物学部分适当降低要求。

地理课 高中增加地理，讲授人和地理环境。

三、本教学计划适用于尚未过渡为六年制的重点中学和条件比较好的中学。一般中学的教学计划，可由各省、市、自治区教育厅（局）另行制定。

全日制五年制中学教学计划试行草案的修订意见

学科 \ 时数 \ 年级	初中 一	初中 二	初中 三	高中 一	高中 二	上课总时数
政治	2	2	2	2	2	320
语文	6	6	6	5	4	872
数学	5	6	6	6	6	926
外语	5	5	5	4	5	768
物理		2	3	4	5	432
化学			3	3	4	304
历史	3	2		3		266
地理	3		2	2		234
生物	2	2			2	192
生理卫生			2			64
体育	2	2	2	2	2	320
音乐	1	1	1			100
美术	1	1	1			100
每周上课时数	30	31	31	31	30	4898
劳动技术	2周			4周		432

19820719

教育部关于开好高中地理课的通知

1982年7月19日

（82）教普一字012号

按照我部1981年4月17日颁发的《全日制六年制重点中学教学计划试行草案》《全日制五年制中学教学计划试行草案的修订意见》的通知要求，从今年秋季开学起，各地将在高中（五年制中学为高一、六年制中学为高二）开设地理课，讲授有关人和地理环境的基础知识，由人民教育出版社供应教材。为了开好这门新课，希各级教育行政部门和学校做好开课前的准备工作。

一、各级教育行政部门和学校要提高认识，重视地理课的教学。五届人大第四次会议政府工作报告中指出："各级学校都要加强中国历史和地理的教学，这是向学生进行爱国主义教育的一个重要内容。"教育行政部门和学校必须深刻领会这一指示精神。地理课讲述的内容还同生产建设和人民生活有着密切的关系。因此，要努力搞好中学的地理课教学。

二、培养、培训地理教师是搞好高中地理课教学的关键。许多地区反映，现在能胜任高中地理课教学的教师很少，要求所有高中在今年都按教学计划开设地理课有困难。为了逐步做到在所有高中都开设地理课，各地应采取有效措施，大力搞好地理教师的培养、培训工作，努力提高教学质量。目前高中地理教师不足的地区，可分期分批地在高中开设地理课，不要轻易把初中教师调到高中，以免削弱初中的地理教学。

高等院校招生文史类的地理考试，从1984年起将增加高中地理课的内容。

19820730

教育部印发《关于加强中学外语教育的意见》的通知

1982 年 7 月 30 日

（82）教普一字 013 号

今年 5 月 27 日至 6 月 3 日，我部召开了全国中学外语教育工作会议。会上经过充分讨论，制定了《关于加强中学外语教育的意见》。现发给你们，请结合实际情况，认真贯彻执行。

关于加强中学外语教育的意见

党的十一届三中全会以来，各级教育行政部门和学校加强了对中学外语教育的领导，认真贯彻 1978 年全国外语教育工作座谈会的精神，在恢复、发展中学外语教育方面做了大量工作。进一步落实了党的知识分子政策，调动了广大外语教师的积极性；通过多种途径努力培训提高中学外语教师的素质；制定了中学英语、俄语教学大纲，编写了通用的试用教材；开始改善外语教学的条件；有些学校还进行了外语教学改革实验。由于多方面的努力，特别是战斗在第一线的广大中学外语教师的辛勤劳动，教学质量逐年有所提高。总的来说，形势是好的。但是，中学外语教学水平低、质量差，还是当前普遍存在的问题。能够达到 1978 年颁布的全日制中学英语教学大纲要求的，还只是少数学校和班级。最近几年高校招生考试，外语成绩虽有提高，总的看来，水平还是较低的，影响大学外语教学质量和高级建设人才的培养。许多中学毕业生参加工作后需要使用外语，往往还得从头学起。这种状况与社会主义现代化建设的需要很不适应，必须努力加以改变。

造成中学外语教学质量差的原因是多方面的，主要是：

第一，对中学外语长期重视不够。

由于对外语教育在培养人才方面的重要性认识不足，有一段时间曾取消了初中外语，高等院校招生也不考外语。到 60 年代初，情况有所变化。1963 年制定的全日制中学教学计划，外语课学时有了明显增加；从 1962 年起，把外语列为高考正式科目，成绩计入总分。但是，十年动乱又使中学外语教学受到全面破坏。近几年来，由于种种原因，外语课在有条件开设的很多学校里仍被挤占。

第二，语种设置缺乏长远的考虑。

由于往往把政治斗争、外交政策与外语教育混同起来，语种设置很不稳定。50 年代初，片面发展俄语，忽视英语，原有的英语教师纷纷改行。近几年，中学又纷纷停开俄语，俄语教育已濒临"断种"的边缘。这种情况严重影响了师资队伍的建设和教学质量的提高。

第三，师资水平低，数量奇缺。

现在全国中学外语师资有 26 万多人（其中英语 25 万多人）。大部分英语教师是中学毕业经过短期培训和从俄语或其他学科改教英语的，近几年师范院校英语专业毕业生分配到中学任教的数量很少。现有中学英语教师不少人语言水平低，教学不得法，不能胜任工作。有的首批办好的重点中学，连一个英语骨干教师都没有。数量也很缺乏。现有中学如按 1981 年教学计划规定的外语课时开足，至少要补充 15 万名外语教师，需要相当长的时间才能配齐。

加强外语教育是发展我国同世界各国交往的迫切需要，是培养社会主义现代化建设人才和提高我国文化科学技术水平的迫切需要，具有重要的战略意义。中学外语是一门重要的工具课，也是整个外语教育的基础，中学又是学习外语的重要阶段。要提高外语教育质量，必须从中学抓起。各级教育行政部门应提高对中学外语教育重要性的认识，加强领导，认真总结新中国成立 30 多年来的经验，进一步明确中学外语教育的要求，采取切实有效措施，扎扎实实地提高质量。

第一，明确中学外语教育的要求。

我国是个大国，各地区之间、城乡之间经济文化水平和外语教学基础差别较大，外语教学又有它本身的特点，因此，中学外语教育应从实际出发，区别要求，讲求实效，积极创造条件，努力提高质量，有计划地逐步发展。中学外语教学可以有三种不同情况。

1. 重点中学和外语师资条件较好的中学，争取在三五年内达到全日制六年制重点中学外语教学大纲的要求。

2. 具备一定条件，但目前完成现行英语教材试用本有困难的中学和班级，教学要求可降低一些，进度可放慢一些。

3. 不具备或不完全具备外语师资条件的中学，报经主管教育部门批准，外语课可暂不开设或只在部分班级开设。

有条件的中学一般应从初中一年级开设外语课。由于缺乏师资，部分学校和班级也可以从高中一年级开设，课时适当增加。小学开设外语的，要注意保证质量，解决好中学与小学的衔接问题。凡学过外语的初中学生，报考高中应考外语，考试成绩从 1983 年起 100% 计入总分。对升入高等院校的学生，公共外语课应按程度分班进行教学，允许跳级和免修。

各省、市、自治区教育行政部门应根据上述精神，结合本地实际情况，对城市和农村中学的外语教育提出不同要求，全面规划，统筹安排，适当调整。

第二，语种设置要有战略眼光和

长远打算。

中学语种设置，从全国范围来说，以英语为主，俄语应占一定比例，有合格师资条件的学校，可根据需要适当开设日语。各地语种设置应由省、市、自治区教育厅（局）统一安排，一经确定，应保持稳定，不要轻易变更。

鉴于研究苏联的需要，应采取必要的措施，使开设俄语的中学和班级保持一定的数量。开设的比例由各省、市、自治区根据本地情况确定。基础较好、已经开设俄语的地区和学校，应继续开设。一些省、市、自治区，如黑龙江、吉林、辽宁、内蒙古、新疆以及北京、天津、上海等，开设俄语的中学应适当多一些，起始年级学俄语的学生可占学外语学生的10%—20%或更多一些。要保证有一部分重点中学和师资条件较好的完全中学开设俄语。对于日语的开设也要有规划，确定开设日语的学校和班级要稳定下来。

凡是开设俄语和日语的学校和班级，应配备较强的师资，搞好初、高中的衔接，按照教学大纲要求，切实保证质量。初中学俄语或日语的学生，各科毕业考试合格，应允许升入本校高中，学校应坚持为他们开设俄语或日语。高等院校招生，对学习其他非英语语种的学生必须一视同仁，无特殊需要不应限语种。外语专业应首先招收学过本语种的高中毕业生，不足时再招收学过其他语种的高中毕业生。其他专业招生，不同语种的高中毕业生在同等分数和条件下应具有同等录取的资格。高等院校没有开设公共俄语课的，应根据需要尽可能恢复。

第三，建设一支合格的师资队伍。

加强师资队伍建设，是提高中学外语教育质量的关键，也是当务之急，一定要采取强有力措施切实抓好。各地对于现有的中学外语教师，要制定规划，大力培训提高，并进行必要的调整。对外语教师的培训，要坚持为中学教育服务的方向，从中学外语教学的实际需要出发，兼顾语言水平和教学能力两个方面，同时注意加强思想政治工作，帮助外语教师树立忠诚党的教育事业的思想。对于目前还不能胜任工作的教师，应首先帮助他们过好教材关，提高语言能力，改进教学方法。

中学外语教师培训提高要调动各方面的力量。承担培训中学在职教师任务的各级教育学院、教师进修学院（校）应分工协作。高等师范院校和外语院系也应把培训高中（特别是重点中学）外语教师，作为一项经常任务列入工作计划。各地还可与广播电视局配合，为中学外语教师开办广播、电视讲座。

进修提高以不脱产为主，形式应因地制宜，因人而异，可以举办长期、短期等多种培训班或夜大学。各地还应下决心抽调一批目前不能胜任教学工作，但有培养前途的年轻教师脱产培训。考虑到外语教学的特点和目前中学外语教师亟须进修的情况，外语教师的工作量应适当减少一点。俄语、日语教师因开班不足而达不到工作量的，各方面的待遇不应受到影响。

经过调整，教师队伍要保持稳定。各级教育行政部门要切实贯彻1978年《国务院批转教育部关于加强中小学教师队伍管理工作的意见》和1979年教育部《关于制止高等院校和其他部门到中学、师范和教师进修院校乱拉教师的通知》的精神，认真管好中学外语教师队伍，坚决制止外语骨干教师外流。

扩大合格新教师的来源。师范院校外语系应从培养目标、课程设置、专业思想等方面切实解决面向中学的问题，尽可能增加招生名额，多为中学培养师资，毕业生原则上都应分配到中学去。其他高等院校外语专业，也应尽可能多为中学培养师资。

第四，加强教材建设，改进教学方法。

好的教材和教学参考书是提高教学质量的重要保证，必须认真抓好这项基本建设。要总结新中国成立以来编写外语教材的经验，制定中学外语教学大纲（包括基本词汇要求），并根据中学不同的需要，动员和组织各方面力量，编写出几套符合外语教学规律、受师生欢迎的好教材。提倡和鼓励大中学教师和社会上热心中学教育的外语专家编写外语教材、工具书、参考书和课外读物。对高质量的教材和有关读物应给予荣誉和奖励。

积极开展教学研究，改进教学方法。既要提高教学质量，又要注意减轻学生的负担。要特别注意培养学生的兴趣，调动他们学习的积极性。必须注意听、说、读、写等方面的基本训练，着重培养学生的阅读和自学能力。要抽调必要的骨干教师加强初中，特别是初一、初二的外语教学，切实打好基础，尽可能缩小差距，减少分化。要积极进行外语教学改革的实验。对试点的学校，教育行政部门、高等师范院校和教育研究机构应加强指导，积极给予支持和帮助。

第五，积极改善外语课教学条件。

外语课本和教学参考书应保证在假期开始前到教师手里，使教师有充分的时间备课。与课本配套的录音（唱片或磁带）、幻灯片、挂图等也应尽快制作。中央和各省、市、自治区的电教馆应组织拍摄、制作和提供中学外语教学录像片、影片、幻灯片和唱片。

录音机是外语课必需的教学设备，不应受集团购买力限制，应逐步做到使中学外语教师人手一台。其他教学设备，如幻灯机和打字机等也应逐步装备。

第六，切实办好外国语学校。

办外国语学校是为培养高水平的外语人才以及通晓外语的专门人才打好基础的一个有效措施。有关省、市教育厅（局）和外语学院应认真贯彻教育部（79）教普字050号《关于办好外国语学校的几点意见》和教育部（82）教普一字014号《关于办好外国语学校若干问题的通知》，坚持外国语学校的性质和办学方向，把外国语学校列为首批办好的重点中学，加强领导，切实办好。

19820730

教育部关于办好外国语学校若干问题的通知

1982 年 7 月 30 日

（82）教普一字 014 号

北京、天津、上海、江苏、浙江、四川省（市）教育厅（局）、高教局，湖北、吉林省教育厅（局），北京、天津、上海、四川外国语学院：

我部（79）教普字 050 号《关于办好外国语学校的几点意见》下发以后，有关省、市教育厅（局）和外国语学院一般都加强了对外国语学校的领导，工作是有成绩的。各外国语学校恢复和建立了正常的教学秩序，教育质量逐步有所提高，有的学校还进行了教学实验，取得了良好效果。但是，工作是不平衡的，有些问题尚待解决。为了进一步办好外国语学校，提高教育质量，最近在我部召开的全国中学外语教育工作会议上，就外国语学校一些亟待解决的问题进行了讨论研究。现将有关办好外国语学校的几个问题的意见通知如下，请结合实际情况，参照执行。

一、加强领导，坚持办学方向。我部（79）教普字 050 号文件规定，附属于外国语学院的外国语学校，由省、市教育厅（局）和外国语学院双重领导，以学院领导为主。各外国语学院和教育厅（局）应按照规定，切实加强对所属外国语学校的领导。外国语学院应指定一位副院长，分工领导外国语学校的日常工作；省、市教育厅（局）除按文件规定，负责管好外国语学校的招生、毕业生分配、公共课教学以及学生的思想政治教育外，还应协助解决外国语学校的公共课师资的配备和调整、仪器设备的添置和更新等。其他外国语学校，建议按文件规定，由省教育厅（局）领导，并与当地外语院系挂钩，在培训师资、指导教学、提供外语教学资料等方面，由挂钩院系给予帮助。尚未列为重点的外国语学校，希望尽快正式列为省、市首批办好的重点中学。省、市重点中学的会议和活动，应吸收外国语学校参加。

外国语学校的主要任务是为高等院校输送外语水平较高、一般文化知识较好的学生。学校领导和教师应集中主要精力完成这项任务，为国家培养高水平的外语人才以及通晓外语的专门人才打好基础。

二、延长修业年限，试行新的教学计划。外国语学校高中阶段的修业年限由两年改为三年，从1982年秋季高中一年级开始执行。我部拟定的《外国语学校教学计划试行草案》（见附件），从1982年秋季初一年级开始试行。其他年级教学计划，各校可根据具体情况自行调整。

三、改进学籍管理和毕业生的升学、就业工作。外国语学校招收小学毕业生。招生时应经过严格的选择（包括面向全市、单独考试、加口试等）。学习过程中，如出现少数不适宜作为外语人才培养的学生，有关省、市教育厅（局）应协助外国语学校妥善安排他们到普通中学去学习。为了保持学习的连续性，外国语学校毕业生参加全国高校统考前，各外国语学校可择优向指定的几所外语院系推荐，供有关院校安排招生计划时参考，录取时，对专业相关科目成绩突出，总分略低的学生，予以适当照顾。录取外国语学校学生比较集中的院系，应根据这些学生的特点和培养高级外语人才的要求，制订大纲，安排教学。对于没有考上大学的毕业生，省、市教育厅（局）应会同当地劳动、人事部门，根据国家政策和本人条件，尽可能按照他们的专业安排工作；也可配合有关部门办职业班进行训练，毕业后择优录用，担任初中外语教师或其他外语工作。

四、加强师资队伍建设，充实教学设备。当前要抓紧充实加强公共课教师队伍。选派外语教师参加国内短期离职进修或出国留学，省、市教育行政部门和外国语学院应给外国语学校分配适当的名额。各外国语学校要抓紧物理、化学、生物实验室的建设，建立语言实验室，添置录音、录像等电教设备。

附件：

关于外国语学校教学计划试行草案的几点说明

一、外国语学校的主要任务是为高等院校培养外语水平较高、一般文化知识较好的学生。学习期限六年，初中三年，高中三年。

二、全日制六年制重点中学教学计划试行草案的精神和要求，除外语课外，适用于外国语学校。外国语学校要认真贯彻党的教育方针，促进学生德、智、体全面发展，扎扎实实打好中学各门课程的基础，适当提高对外语的要求。有条件的学校可从高中二年级起开设理科。

三、外国语学校的外语课，侧重文科的，授课总时数应达到1400学时左右；侧重理科的，应不少于1200学时。学生毕业时，应比较熟练地掌一门外语，做到语音、语调正确，掌握4000—5000个单词和基础语法，能读懂简易的原版读物，能进行一般社会生活会话，比较准确地表达思想，有一定的写作基础。侧重理科的，外语课要求可稍低一点。

外国语学校教学计划试行草案

时数\学科 年级	初中			高中					上课总时数	
	一	二	三	一	二 文	二 理	三 文	三 理	文	理
政治	2	2	2	2	2	2	2	2	384	384
语文	6	6	6	5	7	4	7	4	1180	1000
数学	5	6	6	5	3	6	3	6	906	1086
外语	7	6	6	7	9	6	9	6	1398	1218
物理		2	3	4		4		5	292	560
化学			3	3	3	4		4	288	432
历史	3	2		3			3		350	266
地理	3	2			2		2		318	226
生物	2	2			2	2			200	200
生理卫生			2						64	64
体育	2	2	2	2	2	2	2	2	384	384
音乐	1	1	1						100	100
美术	1	1	1						100	100
每周上课时数	32	32	32	31	30	30	29	31	5904	6020
劳动技术	2周			4周					576	576

（注）劳动技术课，初中每天按4节、高中每天按6节计算。

19821019

教育部颁发《关于普通中学开设劳动技术教育课的试行意见》的通知

1982年10月19日

（82）教普一字022号

普通中学开设劳动技术教育课是全国贯彻党的教育方针，提高教育质量，使教育更好地适应社会主义现代化建设需要的一项重要措施，为了开好这门课，经过征求各地教育部门和一些学校的意见，我部拟定了《关于普通中学开设劳动技术教育课的试行意见》，现发给你们，望结合各地、各校实际的情况，认真研究试行。

教育部关于普通中学开设劳动技术教育课的试行意见

1981年教育部颁发的《全日制六年制重点中学教学计划试行草案》和《全日制五年制中学教学计划试行草案的修订意见》，提出了开设劳动技术教育课的要求。为了把这门课认真开好，特提出如下意见。

一、开设劳动技术教育课的目的、意义

劳动技术教育是中学教育不可缺少的组成部分。开设劳动技术教育课的目的，在于培养德、智、体全面发展的一代新人。通过劳动技术教育课，培养学生的劳动观点，形成劳动习惯，同时，使学生初步学会一些基本生产技术知识和劳动技能，既能动脑，又能动手，为毕业后升学和就业打下一些基础。因此，开设劳动技术教育课是全面贯彻党的教育方针、完成中学双重任务的需要，是社会主义现代化建设的需要，对于提高教育质量、建设社会主义物质文明和精神文明，逐步缩小以至将来消灭脑力劳动和体力劳动的差别，具有十分重要的、深远的意义。过去受"左"的错误思想影响，特别是林彪、江青反革命集团的干扰破坏，学生参加劳动过多，影响基础知识的学习，是不对的；现在学生不参加或很少参加劳动，不利于学生的健康成长，也是不对的。各级教育行政部门和学校一定要提高认识，进一步端正办学思想，不断克服和抵制单纯追求升学率的倾向，采取积极措施，从现在起按照教学计划的规定，对中学生进行劳动技术教育。重点中学应在这方面起模范带头作用。

二、开设劳动技术教育课应遵循的原则

1. 要重视和加强思想教育，选择对学生有教育意义的、对四化建设和人民生活有益的集体劳动，培养学生共产主义道德品质。

2. 要注意理论与实际结合，在条件许可时，优先选择与教学联系密切的劳动项目，提高学生分析问题和解决问题的能力。

3. 要考虑中学教育的性质、任务，选择适应面较广、符合四化建设和日常生活需要的基本劳动技术项目。

4. 要适应学生的年龄、性别特点和知识水平，选择学生力所能及的、无毒害、无危险的劳动项目。劳动量要适当。

5. 要从实际出发，根据各地学校实际情况，因地制宜，因校制宜。

三、内容和要求

中学劳动技术教育课的内容，包

括工农业生产、服务性劳动及公益劳动等。有些内容可以与职业技术教育结合进行。

劳动技术教育课，要对学生进行劳动观点的教育，使他们认识到劳动是人类生存的第一个基本条件，劳动人民是物质文明和精神文明的创造者，从而把劳动看成是光荣的事，养成劳动习惯，热爱劳动，热爱劳动人民。同时还要教育学生增强集体观念，培养他们自觉地遵守纪律、爱护公共财物、珍惜劳动成果、勤劳俭朴、艰苦奋斗等优良品质。要教育学生严格遵守操作规程，确保劳动安全。农村中学，还要进行热爱农村、建设家乡和农村政策的教育。

劳动技术教育课，还要对学生进行一定的基本生产技术知识和劳动技能的教育。各地学校从实际出发，可以有不同的要求，并应积极创造条件，逐步发展和提高。

1. 城市中学条件比较好的，应逐步做到按不同年级有计划地进行劳动技术教育。如各年级可结合有关课程的教学，开设植物栽培（花草、果树、蔬菜、菌藻、药用植物的栽培管理）、动物饲养（家禽家畜、实验动物、观赏动物等的饲养管理）、木工（锯、刨、凿等基本技术）、金工（车、钳等）、电工（简单照明线路安装）、无线电技术、烹饪、缝纫、编织等劳动技术项目，使学生了解基本生产原理和工艺过程，初步学会使用一定的劳动工具。

目前没有条件有计划地进行劳动技术教育的学校，可以根据实际情况，或者利用校办工厂、农场（实验园地）进行一两项劳动技术教育。

2. 农村中学一般以农业生产技术教育为主，如土壤、肥料、育种、作物及果树栽培，家禽家畜饲养等。有条件的，也可以进行一些为农村生产、生活服务的工业或服务性劳动技术教育，如农用机械维修、电机维修、电工、木工、泥瓦工、手工艺劳动、缝纫等。

3. 公益劳动（整修校园、植树造林和为社会服务的劳动等）对于培养学生工作不讲条件，劳动不计报酬，为集体服务的共产主义思想和风格有很好的作用，所有学校都要组织学生参加。当前不具备条件进行技术性劳动的学校，可以多安排一些公益劳动。

4. 为了使学生广泛接触社会，开阔眼界，学校应有计划、有目的地组织学生到工厂、农村参观或劳动，争取初、高中阶段每个学生各参加一次。使他们了解现代工业生产和农业生产发展状况，受到生动、实际的教育。农村中学要按规定放农忙假，让学生回队参加劳动。还应要求学生参加一定的家务劳动。

四、时间和组织安排

中学劳动技术教育课，初中每学

年 2 周，每天按 4 课时安排，三年共计 144 课时；高中每学年 4 周，每天按 6 课时安排，三年制的共计 432 课时，二年制的共计 288 课时。劳动技术教育时间可以集中安排，也可以分散使用。

劳动技术教育课应以劳动实践为主，也应适当安排一定的时间讲授生产、劳动技术原理。讲授时间根据实际需要确定。

学生参加劳动时要做好组织工作，要有指导教师带领，注意劳逸结合和师生健康、安全。到校外劳动时，应妥善安排学生的食宿和医疗。

五、成绩考核

要建立劳动技术教育课的考勤、考核制度。在劳动技术教育过程中，对学生应严格要求，经常检查劳动态度和效果。每学期或每阶段劳动结束时，要认真进行总结，注意表彰先进。每个学生都要写劳动小结，学校应建立劳动档案。学年末要根据学生的劳动态度、劳动纪律及掌握知识和技能的情况评定成绩。成绩可分为优、良、及格、不及格四等，计入学生成绩册。劳动态度和表现应作为学生操行评语的重要内容之一。劳动态度和表现不好的学生不能评选为三好学生。

六、培训提高师资

搞好中学劳动技术教育课的关键之一，是建立一支能够全面贯彻党的教育方针、具有一定生产理论知识水平和实践能力的师资队伍。师范院校有关系科应加强生产技术教育。目前学校所需师资可通过以下途径解决。

1. 从现有教师中，选派一部分具有一定实践能力和专长的充任或兼任。

2. 从教师和校办工厂、农场（实验园地）的人员中，选拔具有一定劳动技能和文化水平的，进行短期培训。

3. 从当地工厂、农场、机关、科研部门聘请技术人员或具有某方面专长的担任兼职教师。

在确定教师编制时，应考虑劳动技术教育课所需师资。各地教育行政部门对劳动技术教育课师资的培训提高应作出规划。

七、大纲和教材

由于中学劳动技术教育课的项目繁多，而且需要结合当地的生产实际，目前大纲和教材应由各地解决。各地可以组织力量编写，也可以选用中专或技工学校教材的部分内容。经过一段时间的试验，在总结经验的基础上，教育部拟制定普通中学劳动技术教育课大纲。

八、劳动场地

各地教育行政部门和学校应积极创造条件，采取多种途径，解决劳动技术教育的场地和设备。学校要坚持自力更生的精神，积极开展勤工俭学活动，努力办好校办工厂（车间、劳动教室)、农场(实验园地),作为学生劳动的基地。高等院校应将更新下来的机器设备无偿或廉价支援中学。有条件的学校也可以同工厂、农场、生产队挂钩或让学生回生产队参加劳动。省(市、自治区)教育行政部门还可集中一定的人力、物力、财力,在中学比较集中的地区,试办劳动技术教育中心、教学联合工厂和植物园地。

九、加强领导

组织学生参加生产劳动,进行劳动技术教育,需要有关部门的支持和配合。希望当地党委、政府加强领导,组织、动员工厂、社队和社会有关方面的力量帮助学校解决场地、设备、资金周转和产、供、销等问题。各地教育行政部门和学校应有专门机构或专人负责这项工作,定期检查,抓好典型,总结交流经验。劳动技术教育进行得如何,应当作为衡量一所中学办得好坏的标准之一。学校在制订每学期、学年工作计划时,要把劳动技术教育与学校整个教育、教学工作结合起来,统一安排。要加强这方面的教学研究和实验,不断提高教育效果。要做好教师和家长的宣传教育工作,提高他们的认识,动员他们积极配合学校对学生进行劳动技术教育。

19840815

教育部关于全日制六年制小学教学计划的安排意见

1984年8月15日

(84)教初字008号

遵照邓小平同志"教育要面向现代化,面向世界,面向未来"的指示精神,以现行全日制五年制小学教学计划为基础,并吸收部分小学教学改革的经验,现对全日制六年制小学教学计划提出如下安排意见,供各地拟定全日制六年制小学教学计划时研究参考。

一、目前,我国小学学制为五年、六年并存。实行哪种学制,由各地按照各自的具体情况确定,防止"一刀切"。凡用五年时间能够完成小学教学任务的,就不要改为六年。各地接本通知后,不要不考虑具体情况、具体条件,盲目地向六年制过渡。

二、为了适应新时期总任务的需

要，迎接新的技术革命的挑战，我国初等教育必须以"三个面向"为指导思想，积极进行改革。

各省、自治区、直辖市在安排全日制六年制小学教学计划时，应在与现行全日制五年制小学教学程度基本相同的前提下，注意研究解决如下问题。

1. 全面贯彻党的教育方针，促进少年儿童在德、智、体、美诸方面，更加生动活泼地主动地发展。

2. 加强基础知识教学和基本技能训练，开展丰富多彩的活动，发展学生的智力，培养他们的能力。

3. 教育、教学工作安排要留有余地，减轻学生过重的课业负担，减小小学和幼儿园衔接的坡度。

4. 适应城乡的不同需要，照顾农村小学的特点，在教学要求基本相同的前提下，城乡实行两种教学计划。

三、当前初等学校教学改革的重点，应当首先研究如何减轻学生过重的课业负担，提高教学质量，使少年儿童能够生动活泼地主动地发展。各省、自治区、直辖市教育厅（局）要注意围绕这个重要课题，安排六年制小学的教学工作，并有计划地组织各项教学改革试验。

为了把学生从过重的课业负担和频繁的考试中解脱出来，教师布置作业务必要符合教学大纲和教材的要求。作业的难易要适度、分量要适当，不要搞"题海战术"。各地和学校都要严格掌握，务求做到：一年级一般不留家庭书面作业，二、三年级每天的课外作业量一般不超过30分钟，四年级不超过45分钟，五、六年级不超过1小时。要切实保证小学生每天能有10小时睡眠时间。

对教学效果的检查应以平时课堂提问和作业考查为主，发现学生学习上的缺陷，及时弥补。条件较好的地方和学校，可试行不再举行期中考试，期末考试也只限语文、数学两科。小学的毕业考试制度亦应进行改革。农村小学毕业考试在县级教育部门的指导下，由中心小学根据教学大纲的基本要求命题，并对不同形式、不同要求的学校有所区别。城镇小学的毕业考试办法，暂由各省、自治区、直辖市教育部门自行决定，今后应逐步改由学校命题。在已经普及初中的城市，小学升初中不应再搞统一考试，实行就近入学。对于少数重点中学，可划定较大服务区，向小学分配名额，由小学推荐，中学择优录取。

在此重申：县级以上教育行政部门一律不得再组织小学的统一考试或变相的统一考试；不得再排学校升学率的名次；也不要把升学率的高低作为评价或奖惩学校、教师工作的唯一标准。

四、农村小学的办学形式要因地制宜，灵活多样。在认真办好一批全日制小学，特别是区、乡中心小学的同时，还要开办主要学习语文、数学、常识、思想品德四门课程的小学和主要学习语文、数学两门课程的各种形式的简易小学或教学班、组。这两类学校也应注意加强思想品德教育，因地制宜地开展体育、文化、娱乐活动。其教学计划均由各省、自治区、直辖市教育厅（局）自行制定，其中语文、数学的授课时数可多于农村全日制小学的课时；常识课，包括自然、农业、史地常识，所需教材由省、自治区、直辖市编写。

五、我国各地经济、教育的发展很不平衡，各地安排教学计划要从当地实际情况出发，充分结合当地的特点。我部初步拟定的《全日制六年制城市小学教学计划（草案）》和《全日制六年制农村小学教学计划（草案）》，请各地确定一些学校进行试点。各省、自治区、直辖市制定的全日制城乡小学教学计划和其他类型小学的教学计划，请及时报部备案。各种教学计划的试行情况亦望告诉我们。

附件一：

全日制六年制城市小学教学计划（草案）

年级 \ 科目（周时数）	思想品德	语文 小计	语文 讲读	语文 说话	语文 作文	语文 写字	数学	外语	自然常识	地理常识	历史常识	体育	唱游	音乐	美术	劳动	并开课程	每周总课时	自习	科技、阅读、文娱活动	体育活动	校会、班队活动	每周在校活动总量	集体教育活动	动机动时间	备注
一	1	10	8	1		1	5—6					2	1	2	2		7	23—24	2	2	3	1	31—32			表列的百分比系按六年总课时4964计算的
二	1	10	8	1		1	5—6					2	1	2	2		7	23—24	2	2	3	1	31—32			
三	1	10	7		2	1	6		2			2—3		2	2		7	25—26	2	2	3	2—1	34			
四	1	9	6		2	1	6		2			2—3		2	2	1	8	25—26	2	2	3	2—1	34			
五	1	9	6		2	1	6	(3)	1	2		2—3		2	1	1	9	25—26	2	2	3	2—1	34		全年两周	
六	1	9	6		2	1	6	(3)	1		2	2—3		2	1	1	9	25—26	2	2	3	2—1	34			
上课总时数	204	1938					1156—1224		204	68	68	408—544	68	408	340	102		4964—5168								
百分比	4.1	39					23.3		4.1	1.4	1.4	8.2	1.4	8.2	6.8	2.1										
六年制比五年制上课总时数		+24					+66		+4—72			−12	−4	−4			+48—184		−4	+48	+52	+30				

附件二：

全日制六年制农村小学教学计划（草案）

周时数＼科目 年级	思想品德	语文 小计	讲读	作文	写字	数学	自然常识	农业常识	地理常识	历史常识	体育	音乐	美术	劳动	并开课程	每周总课时	各项活动	集体教育活动机动时间
一	1	11	10		1	6					2	2	1		6	23	根据农村实际情况酌情安排	全年两周
二	1	11	10		1	6					2	2	1		6	23		
三	1	11	8	2	1	6	2				2	2	1		7	25		
四	1	10	7	2	1	6	2				2	2	1		7	25		
五	1	9	6	2	1	6	2		2		2	1	1	1	9	25		
六	1	9	6	2	1	6		2		2	2	1	1	1	9	25		
上课总时数	204	2074				1224	204	68	68	68	408	340	204	68		4930		
百分比	4.1	42.1				24.8	4.1	1.4	1.4	1.4	8.3	6.9	4.1	1.4				

附件三：

关于拟定全日制六年制小学教学计划（草案）的说明

一、全日制六年制小学全年上课34周，复习考试3周，集体教育活动机动时间2周，寒暑假12周，国家规定的节日假1周。

农村小学还应根据当地农事季节，用一部分假期和劳动课时间放农忙假。

二、全日制六年制小学各年级均设思想品德课，紧密结合小学生的思想实际，进行以"五爱"为基本内容的共产主义思想品德教育。

为在语文课教学中进一步加强听、说、读、写训练，培养学生的阅读能力和表达能力，除低年级安排说话训练课外，有条件的学校还可在中、高年级各安排1节课外阅读指导课，所需时间由讲读课时中调剂安排。农村小学还应该加强农村常用杂字和应用文的教学，所需补充教材由各省、自治区、直辖市编写。

城市小学一、二年级每周安排数学课5或6课时，条件较好的学校以安排5课时为宜。农村小学四、五年级可单独开设珠算课，人民教育出版社已出版珠算教材供选用。单独开设珠算课的学校，通用教材中的珠算内容不学。在农村小学高年级数学教学中，还应适当补充计量、统计、记账方面的知识。采取上述措施的农村小学，四、五、六年级数学每周授课可增至7课时。

凡具备师资条件并能解决中小学外语教学衔接的地方，可在五、六年级开设外语课，每周各3课时。经济特区和开放城市的小学，应积极创造条件，逐步开设外语课。开设外语课的小学，五、六年级音乐、自习各减1课时，各科每周上课总时数可增加1课时。凡不具备条件的地区和学校，不要勉强开设。

自然常识课，一般从三年级开设。条件较好的学校也可以在一、二年级试设，每周各1课时。农村小学六年级开设农业常识（或林、牧业常识等），教材由各省、自治区、直辖市编写。

有条件的地方或学校，可以把地理常识、历史常识合并为社会常识课，所需教材暂由实验学校或当地教育部门编写。

要认真上好体育课，做好课间操（或早操）、眼保健操，积极开展各项体育活动，保证学生每天参加1小时的体育锻炼。有条件的学校，三、四、五、六年级每周可安排3节体育课。为了照顾低年级儿童的特点，一、二年级的体育课也可与唱游结合进行。

要加强和改进音乐、美术教学。在美术教学中，各地应结合实际安排一些手工劳作，教学生动手做些纸工、泥工及木工作品。

劳动课从四年级起开设，每周各1课时，可以分散安排，也可以适当集中使用。其他年级也应安排适当时间，组织学生参加一些力所能及的自我服务性劳动。农村小学的劳动时间还可以结合农忙假或农业常识课教学，统一安排。

三、积极开展各项活动对于学生学习知识，开阔眼界，增长智慧，培养创造能力，发展他们的兴趣、爱好和特长，具有重要的作用。它是教学计划的有机组成部分，是实现教育目的的重要途径之一。各地学校要因地制宜地作好组织安排，积极提高活动质量，使各项活动和课堂教学互相促进，相辅相成。

自习时间应由学生自己支配，用于预习、复习、做作业或阅读课外读物，以培养他们的自学能力。教师不得用自习时间授课或给全班学生补课。

两周的集体教育活动机动时间由学校安排，用于组织运动会、远足、参观、访问、社会调查、清明扫墓以及其他传统教育活动，不得用于上课、补课或复习功课。

农村小学因情况差异较大，有一部分学生需要参加辅助性劳动，各项活动时间不作统一规定，各地可以根据农村实际酌情安排。

四、全日制六年制小学每节课一般为40分钟。为了照顾低年级儿童的特点，每节课的时间可以定为35分钟；如因校舍安排困难，为避免打铃互相干扰，也可按40分钟安排，但须在每节课中间安排5分钟的室内休息或活动。

有条件的小学还可根据各科教学的特点和不同需要，试行每节课40分钟和30分钟并行的课时制度。

五、少数民族小学的教学计划，由有关省、自治区根据民族学校的特点和民族地区的实际，作出具体安排。

19860829

国家教委办公厅关于印发《全国中学劳动技术教育工作座谈会纪要》的通知

1986年8月29日

（86）教中厅字014号

现将《全国中学劳动技术教育工作座谈会纪要》印发给你们，请转发给有关单位，结合当地情况贯彻执行。

附件：
全国中学劳动技术教育工作座谈会纪要

1986年6月11日至15日，国家教育委员会中学司在江苏省苏州市召开了全国中学劳动技术教育工作座谈会。参加会议的有各省、自治区、直辖市教育委员会、教育厅（局）的有关同志和部分开设劳动技术课较好的基层单位的代表，国家教育委员会生产供应局和部分省、市主管勤工俭学的同志，共60余人。会议期间，代表们怀着极大的兴趣，实地参观了苏州市中学劳动技术课的现场教学活动和成果展览，交流了各地开设劳动技术课的经验；对《全日制普通中学劳动技术课教学大纲》（讨论稿）进行了讨论，提出了修改意见；研究了今后加强劳动技术教育的若干意见。召开中学劳动技术教育方面的全国性的工作会议，这是多年来第一次，需要研究的问题很多，现就会议研究的主要问题纪要如下。

一

会议认为，几年来，各地根据原教育部1981年颁布的教学计划和1982年颁发的《关于普通中学开设劳动技术课的试行意见》，在当地政府的领导下，采取了一系列的措施，克服了不少困难，在培训、聘请教师、拟定大纲、编写教材，成立领导机构、筹措经费、创建场地等方面做了不少工作，并积极开展劳动技术教育的试验。经过教育行政部门和学校领导、教师和校办厂（场）的努力，取得了一定的成绩，涌现了一批先进典型，积累了不少好的经验，为今后开好劳动技术课打下了初步基础。许多学校面对社会上片面追求升学率的压力，努力做好教师、家长和学生的思想工作，坚持进行劳动技术教育，全面提高了教育质量。

但从全国范围看，开设这门课的情况还很不平衡。目前，约有半数，甚至更多的学校没有开设劳动技术课。一些教育行政部门还没有把这门课列入议事日程，重视不够，领导不力。学校、社会对开设这门课的认识还有一定的差距。教学设备、场地、经费、师资严重不足。全国没有统一的教学大纲也影响这门课的正常开设。一些校办工厂指导思想不够端正，不同程度地存在着重经济效益，对培养人才考虑不够的问题。因此，劳动技术教育仍然是普通中学教育中的薄弱环节。

二

会议认为，对青少年进行劳动技术教育，是无产阶级革命导师一贯倡导的，是马克思主义教育思想的基本内容之一。早在一百多年前，马克思就指出：教育与生产劳动相结合，不仅是提高社会生产的一种方法，而且是造就全面发展的人才的唯一方法。

通过劳动技术教育，培养学生的劳动观念、劳动习惯、劳动人民的思想感情和主人翁的劳动态度，珍惜劳动成果的品质，这是德育的重要内容，也是知识分子与工农相结合的基本要求。通过劳动技术教育，使学生在生产劳动的实践中，做到手脑并用，把理论和实践、感性认识和理性认识、直接经验和间接经验结合起来，使学生学到比较完全的知识，并培养了学生运用学过的知识和动手操作的本领，这些都有利于学生智育的发展和能力的提高，通过劳动技术教育，在实践中，在生产劳动中，可以锻炼学生的体力，培养毅力，增强体质，这有利于提高学生的体质。因此，劳动技术教育是全面贯彻国家的教育方针，全面提高教育质量，培养全面发展的一代新人所不可缺少的重要措施，也是提高民族素质的重要措施之一。

从我国的实际情况看，初、高中的毕业生中的多数都要或将要参加工农业生产或到其他工作岗位，即使升入高一级学校的学生，几年后还是要参加工作。所以，在普通中学，对青少年一代进行劳动技术教育，使他们在学习书本知识的同时，尽可能有计划地、较早地接触一些生产技术，参加一定的生产实践，掌握初步的生产知识、生产技能和管理知识。这对于他们将来参加四化建设是十分必要的。随着现代化建设事业的发展，在文化基础知识和劳动技术方面，对劳动者素质的要求将不断提高，劳动技术教育的重要地位将会愈来愈明显。

在普通教育中，加强劳动技术教育和职业技术教育，已成为当今世界各国教育改革的一大趋势。由于现代科学技术的迅猛发展，并在社会生产和社会生活中被广泛应用，客观需要要求把现代科学、生产技术引进学校，把学和用更好地结合起来。越来越多的国家把劳动技术教育作为一门独立课程纳入教学计划，使之成为整个教育体系的重要环节。

新中国成立以后，我国政府坚持教育必须与生产劳动相结合的方针，并明确规定，把生产劳动列入正式课程。但在执行中曾出现过忽左忽右、大起大落的现象。在强调劳动教育时，往往忽视了文化知识学习，影响了学校正常的教学秩序；在强调文化知识学习时，又忽视了德育、体育、美育和劳动教育。要正确地总结历史的经验教训，坚持教育与生产劳动相结合的方针，继续在学校中实施劳动技术教育，开设劳动技术课，不仅具有深远的战略意义，而且具有重要的现实意义。

三

会议认为，在普通中学开好劳动技术课，除了要广泛宣传，提高全社会的认识外，必须具备一定的办学条件。当前应首先解决好师资、场地、经费、教材等问题。

1. 师资

劳动技术课是中学的一门必修课，在确定教师编制时，应配备一定数量的劳动技术课教师。各地在制定师资的培养和培训规划时，应包括劳动技术课的师资。高等师范学校的有关系科应增加劳动技术的内容，对学生进行有关知识、技能的教育和训练。还可以开办培训班，为中学培训劳动技术课师资。目前，应通过多种渠道解决师资问题。

从现有教师中选派一些具有一定实践能力和专长的充任或兼任。从教职工、校办工厂和农场的人员中，选拔具有一定劳动技能和文化水平的，经过必要的培训考核后充任。从当地工厂、农场、大专院校、职业高中、机关、科研部门中聘请技术人员或具有某些专长的担任兼职教师。从学生家长中聘请具备条件，能胜任工作的做兼职教师。

凡能胜任劳动技术课教学，又能胜任其他某一学科教学的教师，按《中学教师职务试行条例》第十四条的规定进行聘任。劳动技术课属于实践性、技术性较强的学科，目前教材尚不完备，教学尚处于实验阶段，教师尚需进修提高，在制定任课教师工作量时，应充分考虑这些因素。

各级领导要关心劳动技术课教师的学习、工作进修、劳动保护和待遇。总之，要制定适当的政策，以利于这支队伍的建立和提高。

2. 劳动场地和必要的设备

教育行政部门和学校，应在各地人民政府的领导和支持下，积极创造条件，采取多种渠道，本着自力更生、勤俭节约的原则，建立劳动场地和添置必要设备。要充分利用现有的教学仪器、设备、校园的房前屋后、走道两侧、围墙周围和校办工厂、农场,作为学生劳动技术课的实习场地。校办工厂、农场要为教学服务,为育人服务。学校可以与工厂、农场、乡镇企业挂钩,让学生参观、实习和参加劳动。要充分挖掘职业中学基地的效益,为普通中学的劳动技术课服务。各地还可建立劳动技术教育中心、教学联合工厂或农业生产园地,集中师资和设备,统筹安排附近学校的劳动技术教育。各地可与高校、机关、科研部门联系,请他们在场地、设备等方面给予支持,也可将其更换下来的仪器、设备无偿或廉价调拨给中学。

3. 经费

由于劳动技术课是一门以实践为主的课程,需要场地、仪器、设备,需要聘请兼课教师和培训师资,各地在经费上应给予支持,以保证教学工作的正常进行。

4. 教材

劳动技术课的教学内容主要包括工业生产劳动、农业生产劳动、服务性劳动及公益劳动等方面的知识和技能。各地、各校要从实际出发,根据地区、城乡、学生的年龄和性别特点选择教学内容,做到统一性和灵活性相结合。农村中学劳动技术教育与职业技术教育紧密结合,要努力为当地的生产和经济发展服务。

由于劳动技术课的内容广泛,各地情况千差万别,所以编写全国通用教材难以适应各地实际情况,除少数共性的教材将请有关单位和人员编写外,各地可根据教学大纲的要求,结合当地的具体情况,组织人力编写地区性的教材。目前,可选用适合当地情况的有关的已有教材,或者选用中专、中技、职业中学教材中的适用部分。

四

会议指出,当前,我国基础教育在办学指导思想上,存在着较为突出的问题。无论在教育界,还是在社会上,片面追求升学率的现象,严重地冲击了基础教育,使劳动技术课不能正常开设。由于劳动技术教育是一门新学科,又是一门综合性很强的学科,对场地、设备、师资的条件提出了不同于其他学科的新的要求,社会、家长、教师和学生对其重要性的认识还有待进一步提高。要开好这门课,面临的困难较多。因此,必须加强领导,统筹规划,这是开好劳动技术课的重要前提和保证。各省、自治区、直辖市教育委员会、教育厅(局)中,要有人负责此项工作。地、县和学校也要有人负责此项工作。要否成立领导小组或设立教研组由各地各校自定。

要把勤工俭学和劳动技术教育工作纳入各级教育行政部门和学校工作的议事日程。学校的勤工俭学工作,要为开设劳动技术课提供必要的条件。

要调查研究，总结经验，制订规划，定期研究解决劳动技术课中的实际问题。制定必要的规章制度，加强管理，要有必要的考试考核办法，劳动技术课的成绩要记入学生成绩册。各级教育行政部门要定期检查各地各校贯彻落实的情况，并把劳动技术课开设的情况列为检查工作、评比表扬的内容之一。

要加强劳动技术课的教学研究和科学研究。

各地教育行政部门和学校要争取当地党政领导的支持和关心，要动员社会各方面的力量，帮助解决经费、师资、场地和设备问题，为开好这门课创造一定的条件。

19880920

国家教委关于印发《义务教育全日制小学、初级中学教学计划（试行草案）》和二十四个学科教学大纲（初审稿）的通知

1988 年 9 月 20 日

（88）教中字 015 号

现将《义务教育全日制小学、初级中学教学计划（试行草案）》［以下简称《教学计划（试行草案）》］和义务教育全日制小学语文、数学、自然、社会、音乐、美术、体育、劳动等八科；初中语文、数学、英语、俄语、日语、物理、化学、生物、历史、地理、音乐、美术、体育和劳动技术等十四科教学大纲（初审稿）发给你们。义务教育全日制小学思想品德课教学大纲和中学思想政治课教学大纲（初审稿）另发。

一、《教学计划（试行草案）》将于 1991 年或 1992 年秋季开学分别从小学一年级和初中一年级起开始执行。

二、各科教学大纲已于今年 1 月经全国中小学教材审定委员会各学科教材审查委员会审查通过，供有关单位编写义务教育全日制小学、初级中学各科教材使用。根据编写教材和试教反馈回来的意见，再对各科教学大纲（初审稿）作进一步修改，送全国中小学教材审定委员会最后审定，于 1991 年或 1992 年颁布实施。

三、各地教育部门可组织力量对《教学计划（试行草案）》和各科教学大纲（初审稿）进行研究分析，了解制定教学计划、教学大纲的指导思想

和原则，用以指导当前的教学工作。

各地对于《教学计划（试行草案）》及各科教学大纲（初审稿）的意见，请告我委初教司和中学司，以便进行修改。

四、各科教学大纲（初审稿）即将由人民教育出版社印刷出版，内部发行。发行范围：各省、自治区、直辖市、计划单列市教育部门、教研室、教育科研部门、师范院校、教师进修院校、教材编写单位和人员，大纲教材试教学校，中央各部委教育司（局）以及其他有关单位及人员。各地所需大纲（初审稿），请直接向人民教育出版社订购。

附件：

一、义务教育全日制小学、初级中学教学计划（试行草案）

二、义务教育全日制小学、初级中学二十四个学科教学大纲（初审稿）（略）

义务教育全日制小学、初级中学教学计划（试行草案）

本计划是根据《中华人民共和国义务教育法》制定的。

遵循教育必须为社会主义建设服务，社会主义建设必须依靠教育的指导思想，按照国家对九年制义务教育的要求，在全日制小学和初中教育中，必须贯彻德、智、体、美全面发展的方针，实行教育与生产劳动相结合，使儿童、少年受到比较全面的基础教育，提高全民族的素质，为培养有理想、有道德、有文化、有纪律的社会主义公民，培养各级各类的社会主义建设人才奠定初步基础。

小学和初中的培养目标是：

小学阶段，要培养学生爱祖国、爱人民、爱劳动、爱科学、爱社会主义等思想品德，良好的行为习惯和初步分辨是非的能力。要使学生具有阅读、表达、计算的基本能力，学到一些自然常识和社会常识，培养学生的学习兴趣，养成良好的学习习惯，培养观察、思考和动手操作的能力。要培养学生的坚强意志和活泼开朗的性格。要使学生具有健康的身体，爱美的情趣，良好的卫生习惯、劳动习惯和初步的生活自理能力。

初中阶段，要使学生热爱社会主义祖国，热爱社会主义事业，热爱中国共产党，初步树立为人民服务的思想，培养为社会主义现代化建设献身的责任感，培养学生具有社会主义的思想品德和讲文明礼貌的良好习惯，使学生具有一定的分辨是非和抵制不良影响的能力。要使学生掌握必需的文化科学基础知识，具有必需的基本能力，培养实事求是的科学态度和不断探求新知的精神，初步掌握正确的学习方法，发展独立思考和动手操作的能力。要使学生具有健康的体魄，奋发向上的精神和一定的审美能力。

要使学生具有劳动观点、劳动习惯和生活自理能力，初步掌握一些生产劳动的基础知识和基本技能。

一、制定教学计划的原则

1. 教育要面向现代化、面向世界、面向未来，扎扎实实地提高教育质量，为社会主义物质文明和精神文明建设服务。

2. 从我国幅员广大，经济文化发展很不平衡的实际情况出发，面向大多数地区和大多数学校，实行统一性和灵活性相结合的原则。

3. 遵循儿童、少年身心发展规律，在使学生全面发展的同时，注意因材施教，培养学生的志趣、特长。

4. 坚持教育与生产劳动相结合，切实加强劳动教育，适当进行职业技术教育。

5. 合理安排各门学科。加强思想品德、思想政治课，打好语文、数学的基础。在具备师资条件的学校，也要打好外语基础。学好自然科学和社会科学的其他学科。必须重视音乐、体育、美术等学科。注意各门学科的联系和各阶段的衔接。搞好课内外结合，以课堂教学为主，重视并开展各种有益的课外活动。

6. 调整各科教学内容，力求教学内容难易适度，合理安排学生课业负担。注意发展智力，培养能力。

二、适用范围

本教学计划适用于小学六年、初中三年的"六三"制，小学五年、初中四年的"五四"制，"九年一贯"制，也适用于小学五年、初中三年的过渡学制。凡用五年时间能够完成小学教学任务的，就不要改为六年。要积极进行"五四"制的试验工作。

三、时间安排

小学全年教学时间37周（包括上课、复习、考试，其中上课时间不得少于34周），集体教育活动时间2周。假期13周（包括寒暑假、节日假和农忙假）。

初中全年教学时间37周（包括上课34周，期末复习、考试3周），社会活动和机动时间3周，假期12周（包括寒暑假、节日假和农忙假）。最后一学年第二学期增加毕业复习考试2周，上课周数相应减少。

小学的集体教育活动时间、初中的社会活动和机动时间用来组织有教育意义的活动。学校可安排固定的活动日，如植树日、扫墓日、参观日、文娱活动日以及运动会、远足、社会调查和实践等活动，初中还可集中劳动。假期要确保师生休息，可以组织有益的活动，但不得用于上课。

每节课时间，小学一般为40分钟，初中一般为45分钟。

小学一、二年级一般不留书面家庭作业，三、四年级每天课外作业量不超过30分钟，五、六年级不超过45分钟，初中每天不超过1.5小时。

切实保证小学生每天睡眠 10 小时，初中学生每天睡眠 9 小时。切实保证学生每天体育活动 1 小时。

四、课程设置说明

1. 在小学阶段开设思想品德、语文、数学、自然、社会、体育、音乐、美术和劳动等课程。

思想品德课　进行以爱祖国、爱人民、爱劳动、爱科学、爱社会主义为中心的社会公德教育，理想、纪律教育和浅显的政治常识教育，从小培育良好的思想品德和行为习惯。

语文课　使学生学会汉语拼音，掌握常用汉字，会说普通话，打好听、说、读、写的基础，初步培养观察、思维能力，并进行思想品德教育和审美教育。

数学课　使学生能够掌握整数、小数、分数的最基础知识，正确地、迅速地进行整数、小数和分数的四则运算，学习简单的几何图形和珠算知识，初步培养逻辑思维能力和空间观念，并能够运用所学的知识解决一些简单的实际问题。

自然课　使学生初步认识周围自然界常见的事物和现象，获得基本的自然常识以及生理卫生常识，培养学生爱科学、学科学的志趣和初步的观察、动手能力。

社会课　使学生初步认识常见的社会事物和现象，初步了解一些家乡的、祖国的、世界的社会常识，从小培养他们正确观察周围社会，适应社会生活的能力。受到爱国主义教育和法制观念的启蒙教育。

体育课　学习简单的体育知识和体育卫生保健知识，掌握简单的体育运动的基本技能。培养良好的卫生习惯和锻炼身体的习惯，以及朝气蓬勃、勇敢顽强的精神。

音乐课　学习浅显的音乐知识和基本技能，培养初步的音乐兴趣、感受能力、欣赏能力和表现能力。

美术课　学习浅显的美术知识，培养对绘画与手工制作的兴趣和简单技能，培养观察、想象、欣赏能力。

劳动课　通过自我服务劳动、一般家务劳动、公益劳动和简单的生产劳动，促进学生手脑并用，培养学生的劳动观点和劳动习惯。

2. 在初中阶段开设思想政治、语文、数学、外语、历史、地理、物理、化学、生物、体育、音乐、美术和劳动技术等课程。

思想政治课　进行理想、道德、民主和法制、纪律教育，进行社会生活和社会发展规律以及社会主义建设常识的教育，培养爱国主义思想和社会主义的道德品质，以及高尚的审美情趣。初步树立为社会主义现代化而奋斗的理想、社会主义民主、社会主义法制和纪律的观念，使学生对我国社会主义社会的实际情况和发展方向有一个初步的认识，培养对社会的责任感。

语文课 学习现代语文的基础知识，继续扩大识字量，掌握常用的语汇，加强读、写、听、说的基本训练，提高理解和运用祖国语言文字的能力，养成说普通话的习惯，发展学生的智力，学一点文言文。注意培养社会主义思想品质和爱国主义精神。

数学课 学习和掌握代数、平面几何的基础知识，学一点统计初步知识和直观空间图形知识，进一步培养学生的运算能力，发展逻辑思维能力和空间观念，培养学生运用所学知识解决实际问题的能力。

外语课 开设英语或俄语、日语等通用语种。学习适量的基础知识，通过严格训练使学生在听、说、读、写方面具有初步使用外语的能力，掌握正确的学习方法，培养良好的学习习惯，为继续学习外语打好初步基础。

历史课 学习中国历史的基础知识，使学生了解中国历史的重要事件、主要人物和历史发展基本线索，学习一些世界历史的基础知识。民族地区可以学习一点本民族的历史知识，各地还可以学习一些乡土历史知识，对学生进行初步的历史唯物主义和爱国主义、国际主义教育。

地理课 学习中国地理（包括乡土地理）和世界地理的基础知识以及地球、地图的初步知识，了解一些人与地理环境的关系，初步具有阅读并运用地图和地理图表的能力，进行爱国主义和国际主义、辩证唯物主义教育。

物理课 在观察和实验的基础上学习力学、热学、光学、声学、电学等方面的基础知识，了解它们在实际中的应用，培养学生初步的观察和实验能力。

化学课 学习化学基本概念和一些基本原理，学习几种最常见的重要元素及其化合物的基础知识，初步了解它们在实际中的应用，培养学生初步的观察和实验能力。

生物课 学习植物、细菌、真菌、病毒和动物的形态结构、生理和分类方面的基础知识，初步了解一些生物的遗传、进化和生态的基础知识，以及这些知识在实际中的应用，初步懂得人体的解剖、生理和卫生保健的基础知识，培养学生初步的观察和实验能力。

体育课 学习体育基础知识和体育卫生保健知识，使学生初步掌握体育运动的基本技能，养成锻炼身体的习惯，促进身体正常发育，提高身体基本活动能力，增强体质，培养学生坚强的意志和良好的道德品质。

音乐课 学习音乐的基本知识和技能，学习我国民族音乐，了解一些国内外优秀的音乐作品，提高对音乐的感受能力和鉴赏能力。

美术课 学习美术的基础知识和基本技能。通过美术实践和欣赏活动，培养学生的观察能力、形象思维能力和审美能力。

劳动技术课 学习一些有关的劳动基础知识和基本技能（包括学习一点初步的职业技术知识和技能）。根据实际情况安排学生参加一些工农业生产劳动、公益劳动和服务性劳动，培养学生的劳动观点、劳动习惯和基本的生产劳动技能。

选修课根据条件和需要，开设职业选修课或文化选修课，发展学生的兴趣和特长。

人口教育在思想政治课、地理课、生物课中进行。

义务教育全日制小学、初级中学"六·三"制初级中学教学计划（试行草案）

科目 \ 周学时 \ 年级	一	二	三	上课总时数	与现在教学计划总时数比较	占上课总时数百分比
思想政治	2	2	2	200	＝	6.48
语文	6	5	6	566	－34	18.35
数学	5	5	5	500	－66	16.21
外语	4	4	4	400	－100	12.97
历史	2	2	2	200	＋30	6.48
地理	3/2	2		153	－17	4.96
物理		2	2	132	－32	4.28
化学			3	96	＝	3.11
生物	3	2		170	－30	5.51
体育	3	3	2	268	＋68	8.69
音乐	1	1	1	100	＝	3.24
美术	1	1	1	100	＝	3.24
劳动技术	2	2	2	200	＋200	6.48
并开科目	11	12	11			
选修课						
周总课时	32/31	31	30	3085	＋19	
活动 时事政策 班团队活动	1	1	1	100		
活动 课外活动	3	2	2	234		
周活动总量	36/35	34	33	3419		

义务教育全日制小学、初级中学"六·三"制小学教学计划（试行草案）

科目 \ 周课时 \ 年级	一	二	三	四	五	六	上课总时数	与现行六年制计划比较	占上课总时数百分比
思想品德	1	1	1	1	1	1	204	=	4.1
语文	9/10	10	9	8	7	7	1717/1734	−221/−204	34.9
数学	4	5	5	5	5	5	986	−170	19.9
社会			2	2	2	2	204	+68	4.1
自然	1	1	1	1	2	2	272	+68	5.4
体育	2	2	3	3	3	3	544	=	11.1
音乐	3	3	2	2	2	2	476	=	9.6
美术	2	2	2	2	2	2	408	+68	8.2
劳动			1	1	1	1	136	+34	2.7
并开科目	7	7	8	9	9	9			
周总课时	22/23	24	24	25	25	25	4964		
活动 自习	1	1	2	2	2	2			
活动 班队会	1	1	1	1	1	1			
活动 体育活动	3	3	3	3	3	3			
活动 兴趣活动	2	2	2	2	2	2			
周活动总量	29/30	31	32	33	33	33			
集体教育活动时间	全年两周								

义务教育全日制小学、初级中学"五·四"制初级中学教学计划（试行草案）

科目 \ 周学时 \ 年级	一	二	三	四	上课总时数	与现行教学计划总课时数比较	占上课总时数百分比
思想政治	1	1	2	2	200	=	5.1
语文	5	5	5	5	670	+70	16.9
数学	5	5	4	4	604	+38	15.3
外语	4	4	4	4	536	+36	13.6
历史	2	3		2	234	+64	5.9

续表

周学时\年级\科目	一	二	三	四	上课总时数	与现行教学计划总课时数比较	占上课总时数百分比
地理	3	2			170	＝	4.3
物理			3	2	166	＋2	4.2
化学			2	2	132	＋36	3.3
生物	2	2	2		204	＋4	5.2
体育	3	3	2	2	336	＋136	8.5
音乐	1	1	1	1	134	＋34	3.4
美术	1	1	1	1	134	＋34	3.4
劳动技术	2	2	2	2	268	＋266	6.8
并开科目	11	11	11	11			
选修课			2	3	164	＋164	4.1
周总课时	29	29	30	30	3952		
活动 时事政策	1	1	1	1	134		
活动 班团队活动							
课外活动	4	4	4	4	536		
周活动总量	34	34	35	35	4622		

义务教育全日制小学、初级中学"五·四"制小学教学计划（试行草案）

周课时\年级\科目	一	二	三	四	五	上课总时数	与现行五年制计划比较	占上课总时数百分比
思想品德	1	1	1	1	1	170	－10	3.7
语文	10/11	11	9	9	9	1649/1666	－223/－206	36.3
数学	5	6	6	6	6	986	－166	21.5
社会			2	2	2	204	＋60	4.4
自然	1	1	2	2	2	272	＋56	5.9
体育	2	2	3	3	3	442	＋82	9.6
音乐	3	3	2	2	2	408	＋48	8.9
美术	2	2	2	2	2	340	＋52	7.4
劳动			1	1	1	102	＋30	2.2
并开科目	7	7	9	9	9			

续表

周课时＼年级＼科目	一	二	三	四	五	上课总时数	与现行五年制计划比较	占上课总时数百分比
周总课时	24/25	26	28	28	28	4590		
活动 自习	1	1	1	1	1			
活动 班队会	1	1	1	1	1			
活动 体育活动	2	2	2	2	2			
活动 兴趣活动	2	2	2	2	2			
周活动总量	30/31	32	34	34	34			
集体教育活动时间	全年两周							

关于义务教育全日制小学、初级中学教学计划（试行草案）的说明

一、本计划适用于九年制义务教育阶段的全日制小学和初级中学。初级中等职业技术学校的教学计划由各省、自治区、直辖市教育委员会、教育厅（局）根据不同职业技术的需要另行制定。

二、本计划体现了国家对九年制义务教育的基本教学要求。各省、自治区、直辖市教育委员会、教育厅（局），可结合本地区实际情况进行调整。调整后的全日制小学教学计划报我委备案；调整后的初级中学教学计划经我委批准后，在当地颁行。各地学校都要严格执行教学计划，不经批准［批准权限由省、自治区、直辖市教育委员会、教育厅（局）确定］，不得随意改动。

民族小学、初级中学的教学计划，由有关省、自治区、直辖市教育委员会、教育厅（局）参照本教学计划的精神，结合民族地区的实际，自行制定，按上述要求报我委备案或审批。

三、农村主要学习语文、数学、常识、思想品德四门课程的小学和主要学习语文、数学两门课程的各种简易小学的教学计划由省、自治区、直辖市教育部门自行制定。这两类学校都应注意加强思想品德教育，向学生进行一些自然常识和社会常识的教育，因地制宜地开展体育、文化、娱乐活动。

四、九年一贯制的教学计划可参照"五·四"制教学计划，"五·三"过渡制的教学计划，可参照"五·四"制教学计划的小学部分和"六·三"制教学计划的初中部分。

五、关于课程和课时

所有学科都要结合教学内容对学生进行思想教育。

在农村要进行热爱农村、立志建设家乡的教育。各地都要注意进行民

族和睦的教育。

音乐、美术和体育课要学习一些有关民族文化艺术和体育的初步知识并掌握基本技能，增强学生的爱国主义思想和民族自豪感。

能源、环保、三防、生态、交通、人防等教育渗透在相关学科和课外活动中进行。

（一）小学

1. 小学的语文包括讲读、作文、写字、听说训练和课外阅读指导。小学一年级第一学期比第二学期少上一节语文课，课时用于组织学生参加户外活动。

城乡小学都应加强应用文教学，农村小学还应教给学生一些常用杂字。

2. 农村小学根据实际需要在四、五年级可单设珠算课，课时在数学总课时中调整。还应适当补充计量、统计、记账方面的知识。

3. 凡具备师资条件，并能够解决中小学外语教学衔接的地方，可以在小学四、五或五、六年级开设外语课，每周各三课时。经济特区和开放城市的小学，应积极创造条件，逐步开设外语课。小学开设外语课的年级，体育、自习各减一课时，每周上课总时数再增加一课时。小学外语教学着重模仿，多听多说，养成学生大胆开口的习惯，打好语音语调的基础，培养学生学习外语的兴趣，为进入初中系统学习作好准备。

4. 农村小学毕业年级的自然课可根据实际需要，或改为农业常识（或林、牧业常识）课，或增加一些农业常识（或林、牧业常识）内容。

5. 小学低年级的音乐课包括唱游课，把律动、舞蹈和音乐游戏结合起来。一年级第一学期唱游教学的时间可安排多一些。

6. 小学劳动课从三年级起开设，每周一课时，可以分散安排，也可以适当集中安排。小学低年级通过各科教学、常规训练、班队活动、课外活动和家庭教育等多种途径渗透进行。有条件的学校，一、二年级也可开设劳动课，每周一课时，三年级仍为每周一课时，四年级以上各年级每周也可增为两课时。农村小学劳动课和农忙假时间可以统一安排。在贫困地区，还可根据当地经济发展的需要，在高年级教给学生一些当地实用的生产技能。

7. 自习时间应由学生自己支配，用于预习、复习、做作业或阅读课外读物。不能用于上课或全班性的补课。

8. 考虑到幼儿园与小学的衔接，小学一年级上学期每周安排户外活动一课时；在开学后的前两个月，每天上午也可安排上课三课时，户外活动一课时；这一段时间的自习课可以不安排。小学低年级在每节课（40分钟）中间安排5分钟的休息或活动时间，也可提前5分钟下课，增加课间休息时间，在教师指导下开展一些户外活动。

9. 每周开设三节体育课有困难的学校，可减为两节。课外活动列入教学计划，各地应努力创造条件，有计划、有组织地开展科技活动和文娱、体育以及参观访问等活动。

（二）中学

1. 初中最后一年，在思想政治课中安排必要的时间进行理想、升学和就业方面的教育。

2. 各地可根据实际情况，通过生物课教学或讲座，在初一年级进行青春期卫生教育。

3. 初中阶段应开设外语课，并努力打好基础。在没有或缺少合格的或基本合格的外语教师的初级中学，外语课可适当降低要求。或改为选修，或暂不开设。但要积极创造条件争取尽快开设。多余下来的外语课时，可分配给其他课。

4. 初中的劳动技术课，可以和勤工俭学、职业技术教育结合起来，根据城乡不同情况，结合工农业生产劳动、公益劳动或服务性劳动，学习一些有关的基础知识和基本技能。课时要保证。

5. 每周开设三节体育课有困难的学校，可减为两节。

"五·四"制和"六·三"制的初一、初二年级的体育课每学期应安排若干课时，用来学习卫生保健知识。

6. 课外活动列入教学计划。各地应努力创造条件，有计划、有组织地开展科技性活动、学科性活动和文娱体育活动，以及组织参观访问、社会调查等社会实践活动。初中也可适当用于自习，但不能用来上课。

19900308

国家教委
印发《现行普通高中教学计划的调整意见》的通知

1990年3月8日

教基〔1990〕004号

一、现将《现行普通高中教学计划的调整意见》发给你们，望结合实际情况，研究执行。

二、《现行普通高中教学计划的调整意见》是指导性计划。各省、自治区、直辖市教育委员会、教育厅

（局）可结合本地区实际情况（包括民族地区的特殊情况）适当调整。调整后的教学计划方案请报我委备案。各省、自治区、直辖市调整后的教学计划方案，学校必须严格执行。进行高中综合改革试验的学校，以及经地方教育行政部门评估考察后授予高校招生保送权的学校，经省、自治区、直辖市教育委员会、教育厅（局）审查批准，可以调整教学计划方案。

三、《现行普通高中教学计划的调整意见》的实施可分两步进行。第一步先在部分有条件的省、自治区、直辖市或在省、自治区、直辖市内选择一些地方，从1990年秋季入学的高中一年级新生开始实行。这些地方仍然使用现行教材，但在使用时应根据重新修订的教学大纲对教材进行调整。第二步在其他各省、自治区、直辖市从1991年秋季入学的高中一年级新生起实施调整措施。此时全国各地均开始使用修订的教材或新编的教材（包括必修课与选修课的教材）。实施调整意见要与试行普通高中毕业会考制度同步。各省、自治区、直辖市可根据上述精神，结合本地区的具体情况确定实施时间。

四、各省、自治区、直辖市执行《现行普通高中教学计划的调整意见》的情况、经验和问题，请及时告我委基础教育司。

附件一：

现行普通高中教学计划的调整意见

为了解决当前普通高中存在文理偏科，学生知识结构比例不尽合理，学生课业负担过重，不利于全面提高学生素质的问题；为了更好地贯彻教育方针，在使学生全面打好基础的前提下，注意发展他们的兴趣和特长，增强他们适应社会生活和生产的能力，决定在新的高中教学计划尚未制定前，对现行高中教学计划进行适当调整，现提出以下几点意见。

一、调整后的时间安排

全年52周，其中教学时间40周（高一、高二年级每学年上课34周，复习考试2周，劳动技术教育4周；高三年级上课24周，复习考试12周，劳动技术教育4周），假期（包括寒暑假、节假日和农忙假）10—11周，机动时间1—2周。

每周活动总量为36—38课时。

高三年级结束新课时间不得早于3月底。

二、调整后的课程设置

1. 调整后的课程结构由学科课程和活动两部分组成。学科课程采取必修课和选修课两种形式。活动包括课外活动和社会实践活动。

2. 必修课程开设政治、语文、数学、外语、物理、化学、生物、历史、地理、体育和劳动技术共11科。选修课分两类：一种是单课性选修，在高

一、高二年级开设；另一种是分科性选修，分文科、理科、外语、艺术、体育、职业技术六类课程，在高三年级开设。

3. 政治、语文、数学、体育、劳动技术五科在高中三个年级均为必修课。外语、物理、化学、生物、历史、地理等科在高一、高二年级为必修课。与现行教学计划相比较，数学、外语、物理、化学等科必修课的课时有所减少；历史、地理和生物的必修课时略有增加。历史课的教学大纲要增加中国近现代史的内容。其他必修课的教学大纲，要依据适当调整教学内容、适当降低教学要求、适当控制深度的原则作必要的调整。调整后的教学大纲是必修课教学的依据、会考的依据、教学评估的依据和高考的依据，有些学科还要根据调整后的教学大纲重编教材。

4. 时事教育是高中思想教育的重要组成部分，必须放到重要位置。时事教育每周1课时，可利用选修课或课外活动时间，分散使用或集中进行。时事教育的内容要在各地党委领导下，由地方教育行政部门根据当时形势和各地实际情况进行安排。可以举办时事讲座，也可以开办时事广播。

5. 劳动技术课应该按照现行教学大纲的规定和要求开设。每学年安排4周，每天按6课时计算，可根据学校的具体条件，分散使用或集中使用。各校必须努力创造条件，落实此项教学要求。

6. 人口教育是必修的内容，进行人口教育试点的学校，要把人口教育课作为必修课，总课时不得少于16课时。教学时间可在选修课的时间内安排。其他学校要利用选修课或课外活动时间，开设人口教育讲座，还要在政治、生物、地理等课内结合进行。

7. 单课性的选修课在高一年级每周3课时；高二年级每周4课时。分科性选修课在高三年级开设。各类选修课的课时数可控制在以下范围内：物理4—6；化学3—5；生物2—4；历史4—6；地理4—6；外语3—5；体育2—3；职业技术4—6；艺术2—3。学校可根据情况自行安排。

除职业技术选修课的教学大纲和教材暂由各地根据本地具体情况自行制定和编写外，国家教委将制定其他各类选修课的教学大纲并编写教材。其中物理、化学、生物、历史、地理、外语等学科选修课的教学大纲都要根据这次调整的原则降低过高的要求。这些选修课的教学大纲是选修课教学的依据，也是高考命题的依据。

8. 课外活动包括体育锻炼、知识讲座、科技活动、各类兴趣小组活动、校班会、时事教育等。课外活动时间不得进行补课和辅导。社会实践活动按我委（87）教中字011号文件规定进行，每学年安排 2 周。可以分散使用，也可以集中使用。

9. 国防教育、环保教育等不单独设课，一律安排在选修课和课外活动中进行，或渗透到有关学科中结合进行。

10. 计算机课的开设，要根据各地的条件决定。必须在解决物理、化学、生物等学科的实验设备并上好实验课的基础上，创造条件，开设计算机课。可以作为课外活动或者是选修课，也可以在劳动技术课中安排，有条件的地方和学校还可列入必选课或必修课。

三、调整后的普通高中教学计划

学科\时数\年级	高一	高二	高三	授课总时数
政治	2	2	2	184
语文	4	4	5	392
数学	5	4	5	426
外语	5	4		306
物理	3	3		204
化学	3	3		204
生物		3		102
历史	2	2		136
地理	3			102
体育	2	2	2	184
劳动技术	每学年4周	每学年4周	每学年4周	432
社会实践活动	每学年安排2周。在劳动技术课、课外活动或学科教学活动的时间内进行。			
每周必修课总课时数	29	27	14	2240
选修课	3	4	16	

续表

学科\时数\年级	高一	高二	高三	授课总时数
课外活动	6（体育锻炼：3；其他：3）	6（体育锻炼：3；其他：3）	6（体育锻炼：3；其他：3）	
每周活动总量	38	37	36	

注：学校可根据场地、器材和师资等条件安排体育课和体育锻炼活动，但二者总量不应少于5课。

附件二：
关于《现行普通高中教学计划的调整意见》的几点说明

一、现行普通高中教学计划需要进行调整

现行普通高中教学计划是1981年颁发的。这个教学计划强调扎实打基础，特别要打好语文、数学、外语的基础，注意适应和发展学生的志趣、特长。在必修课的基础上安排了选修课，重视对学生进行劳动技术教育，开设了劳动技术课。几年来，这个教学计划在整顿、建立正常教学秩序，提高教学质量等方面起了较好的作用。但是在贯彻执行过程中也反映出教学计划存在一些问题。

1. 现行三年制普通高中教学计划原是为重点中学制定的，因为没有制定适用一般高级中学的计划，全国只好统一使用此计划。由于我国各地师资水平和办学条件相差悬殊，学生的基础也有很大差异，因此，多数学校和学生都不能适应这个教学计划，严

重影响了师生教与学的积极性。

2. 课程结构比例不尽合理。从单课性选修的教学计划来看,文科和生物的课时偏少,文科内容也不够充实、完整。选修课范围较窄,在培养学生对现代社会生活和生产等方面的适应能力上重视不够。

另外,与现行教学计划相配套的措施一直不完备,没有编写与分科选修教学计划相配套的有关学科的教学大纲和教材,再加上高校招生分科考试的影响,在执行教学计划过程中缺乏督导检查,管理不够严格,因此许多学校侧重文科的班级少开或不开理科课程,侧重理科的班级少开或不开文科课程,使学生知识结构不完整,不利于全面提高学生素质。

解决这些问题,必须从端正办学指导思想,调整教学秩序,加强教学管理,改革课程设置、教学内容、考试制度和考试方法等多方面进行综合治理。在新的与九年义务教育教学计划衔接的普通高中教学计划尚未制定之前,先对现行普通高中教学计划进行适当调整,是一种必要的过渡措施。

二、调整现行普通高中教学计划的原则

普通高中教育要在义务教育的基础上进一步提高学生思想道德素质、科学文化素质、身体心理素质,并且要使学生的个性得到健康的发展,为培养社会主义建设者和接班人奠定良好的基础。因此,调整普通高中教学计划应遵循以下原则。

1. 加强思想政治教育,加强劳动教育和社会实践环节,适当调整文理科的比例,力求各类课程比例趋于合理,克服文理偏科现象。

2. 减轻学生过重的课业负担,减少各门学科过多的内容,降低过高的教学要求和难度,以利于打好基础,大面积提高教学质量。

3. 有利于因材施教,发展学生的个性、特长,在打好基础的前提下适当减少必修课的课时,适当增加文科、理科、外语、艺术、体育和职业技术方面的选修课。

4. 有利于适应各地发展不平衡的现状,有利于适应师资、生源和办学条件不同的学校的需要。

5. 有利于普通高中的整体改革,注意与九年义务教育教学计划和新的普通高中教学计划的衔接,推动高中会考制度的实施。

三、调整后普通高中的课程安排

1. 调整后的普通高中学科课程,在必修课为主的原则下,适当增加选修课。选修课分两种。一种为单课性选修,主要安排在高一、高二年级。高一、高二年级单课性选修课的开设可根据学校的条件、学生的要求和社会的需要而定:可以另设新课程,也可以就必修课的某一门或几门开设加深加宽的选修课，还可以开设职业技术选修课，供学生自由选择。另一种为分科性选修，即在文科、理科、外语、艺术、体育、职业技术等方面有所侧重的选修，主要安排在高三年级。

学校可根据条件选择开设若干类型的选修课。某些类型的选修课，如音乐、美术、体育等，可采取几所学校联合开设的办法。职业技术选修课各学校都要积极创造条件开设。各级教育行政部门要帮助学校解决开设职业技术选修课的困难，并可以设置一些劳动技术教育中心，作为附近学校进行职业技术教学的场所，现有的职业技术培训中心也应为附近的学校开设职业技术选修课提供方便。

高三年级学生至少要从同一类型或不同类型的选修课中选修两门学科，选修课结业后，学校要对学生进行考核。

2. 各省、自治区、直辖市可根据会考科目的安排，对个别学科开设的年级进行调整，但不能增加每周必修课的总课时。

3. 对于师资、生源和设备条件均较好的学校，在达到调整后各门必修课教学大纲要求的前提下，经过省、自治区、直辖市教育行政部门批准后，可适当减少高一、高二年级的必修课时数，适当增加高一、高二年级单课性选修课的课时数，选修课可拓宽教学内容，进一步提高学生的能力，发展学生的智力。

4. 根据各地经济、文化发展不平衡的情况，外语课在高三年级可以作为必修课，也可作为必选课或自选课。各省、自治区、直辖市可自行决定采用哪一种方式，如果采用必修课的方式，外语会考安排在高三年级进行。采用必选课或自选课的方式，外语会考仍在高二年级进行。

5. 各省、自治区、直辖市教育行政部门要加紧对开设职业指导课的研究，组织力量编写教材，积极创造条件，争取一两年内在本地区试行开设职业指导课，对学生进行志愿辅导和职业指导。开设年级和课时数由各地自行决定，教学时间可从选修课与课外活动的时间中安排。

四、关于考试问题

为了减轻学生过重的负担，要严格控制考试次数，加强平时考查。每门学科每年只举行一次考试（包括会考在内），非会考科目的考试一律由学校命题，考试时间由各地根据需要自行安排。除会考外，各级教育行政部门不得举行任何形式的统考。

19910729

国家教委印发《关于实施〈现行普通高中教学计划的调整意见〉和普通高中毕业会考制度的意见》等两个文件的通知

1991 年 7 月 29 日

教基〔1991〕16 号

现将《关于实施〈现行普通高中教学计划的调整意见〉和普通高中毕业会考制度的意见》及《关于在普通高中开设选修课的意见》印发给你们，望结合本地实际情况认真研究，遵照执行，并将执行的情况、经验和问题及时报告我委基础教育司。

关于实施《现行普通高中教学计划的调整意见》和普通高中毕业会考制度的意见

实施《现行普通高中教学计划的调整意见》（以下简称《调整意见》）和普通高中毕业会考制度（以下简称"会考制度"）是对普通高中课程、教材和考试制度进行的两项改革。这两项改革在部分省、市实施后已初见成效。实践证明，对提高普通高中办学效益和教育质量具有积极意义。但是，在改革过程中不可避免地会存在一些困难和问题。为了坚决、稳妥地在全国逐步推进这两项改革，特提出如下意见。

一、统一思想、转变观念、提高认识

在普通高中同时实施《调整意见》和会考制度的目的是全面贯彻教育方针，切实加强德育，纠正文理偏科和学生知识结构不合理的现象；使学生在全面打好基础的前提下，发展兴趣和特长，增强适应社会生产和生活的能力；进一步调动每一所高中的办学积极性，大面积提高教学质量。为此，各地教育行政部门和学校在实施两项改革之前，要组织干部、教师认真学习和领会《调整意见》和会考制度的基本精神，在改革的过程中，要重视引导干部和教师不断地转变教育观念和办学指导思想，把高中教育从应试教育转变为全面提高学生素质的教育，从只面向重点学校和升学有望的学生转变为面向全体学生。要切实改变以高考升学率作为评估学校教育质量唯一标准的观念，坚决抵制和纠正各种违背教育规律的错误做法。

同时，各地都要向社会和学生家

长大力宣传普通高中的两项改革措施，以得到社会、家长的理解和支持。

二、切实加强领导，精心组织施工

1. 各省、自治区、直辖市教委、教育厅（局）的主要领导同志要亲自过问高中改革工作。主管领导要亲自主持这两项改革工作，组织教育行政和教学研究等处室以及招生考试机构，根据国家教委提出的关于两项改革的精神，结合本地情况，制定具体实施方案，采取切实可行的措施，解决所需的师资、选修课教材、专用教室和设备等问题。

2. 各级教育行政部门要针对两项改革中的有关问题，选择不同类型地区和学校进行实验和研究，要把改革实践与科学研究结合起来，及时总结经验，加强分类指导。

3. 各级教育行政部门要采取措施加强对教研部门的领导，重视教研队伍建设，充分发挥教研部门在两项改革中的作用。各级教研部门和教研员要自觉贯彻执行《调整意见》和会考制度，为高中两项改革作出新贡献。

三、加强教学管理和督导评估工作

1. 各级教育行政和教学研究等处室要互相配合，共同承担教学行政管理和教学业务指导工作。当前教学管理工作的重点是指导学校严格执行《调整意见》的各项规定，根据修订后的教学大纲和《关于在普通高中开设选修课的意见》，开设好必修课和选修课；指导、帮助学校开展课外活动和社会实践活动，对高中三年级的教学管理进行研究，以便对不同条件的学校进行分类指导。要建立严格的检查制度，定期检查学校执行《调整意见》和会考制度的情况，对随意更改教学计划，提前按照高考科目组分班教学，增加考试次数和对会考成绩不作分析，只简单地进行排队、评比等错误做法，要进行批评、教育，予以纠正，错误严重者要通报批评。

2. 各级督导部门要将《调整意见》和会考制度的执行情况作为督导内容，列入对下一级教育行政部门和学校工作综合督导评估方案的指标体系，必要时可组织专项督导。对违反两项改革精神的做法，督导机构和督学有权要求有关教育行政部门和学校限期改正。

四、认真做好与改革配套的各项工作

做好与改革配套的各项工作是贯彻落实《调整意见》和会考制度的重要措施。当前要进一步抓紧高等院校招生制度改革的试验；可与省（自治区、直辖市）内劳动、人事部门配合制定关于在招工招干时承认会考成绩和对高三选修技术与职业课的学生要根据考核成绩择优录用的有关政策；要进一步充实和改善普通高中的办学条件，加强校内外教育设施和劳动基地的建设。

五、关于对《调整意见》的几点补充意见

1. 从1991年秋季开始将思想政治课由每周2课时改为3课时，其中1课时用于时事政策教育。

2. 从1992年秋季入学的高中一年级开始，在高中一年级开设世界史，高中二年级开设中国近代、现代史，每周2课时，教学大纲和教材将重新修订。

3. 从1992年秋季入学的高中一年级开始，人口教育均为必修内容，总授课时数8—12课时。授课时间占用高一上学期的地理课和时事政策教育部分课时。

4. 社会实践活动中的部分内容（主要为社会生产劳动）可以在劳动技术课的时间内进行，平均每学年不超过一周时间。

5. 每门必修课每学期只举行一次考试（包括会考在内）。除会考外，各级教育行政部门不得举行任何形式的统考，教研部门不得组织统一"练习"，亦不得组织高考模拟测试。

六、关于对会考制度的几点补充意见

1. 将会考成绩的记分办法暂统一如下：考试科目，原始得分用百分制，报告成绩用等级分，分四等，即优、良、及格和不及格；考查项目的成绩分两等，即合格、不合格。补考成绩一律记为合格、不合格。

2. 高中一年级起始的外语课，在高中三个年级均为必修课，每周6课时。毕业会考的办法由各省、自治区、直辖市自行确定。

报考高等艺术院校的考生，凡通过普通高中九门课程的会考，并达到国家教委规定的等第后，可直接参加高等艺术院校及系科的专业考试。

各地高等师范院校招收保送生时，可将高中毕业会考成绩作为毕业生获取保送资格的一项依据。

会考补考由省、自治区、直辖市统一命题，制定参考答案和评分标准，统一考试时间。具体实施办法由省、自治区、直辖市确定，但要严肃补考考场纪律，建立严格的补考阅卷制度。

各省、自治区、直辖市务必在做好充分准备工作的基础上，积极稳妥地、有计划分阶段地实施《调整意见》和会考制度，力争"八五"期间在全国全面实施这两项改革。

关于在普通高中开设选修课的意见

选修课是允许学生根据自己的兴趣、志向进行选择学习的一种课程。在《现行普通高中教学计划的调整意见》（以下简称《调整意见》）中适当加强了选修课，它与必修课和课外活动、社会实践活动组成普通高中课程

结构的有机整体，共同承担贯彻党和国家的教育方针，培养合格的高中毕业生的任务。

长期以来，选修课是普通高中课程结构中的一个薄弱环节，各地教育行政部门和学校对选修课的设置和管理都缺乏经验。因此，加强选修课的建设，使选修课的设置逐步规范、完善是普通高中课程改革的一项重要任务。当前，为了更好地执行《调整意见》，使各地各校开设选修课有所遵循，在我国普通高中选修课的指导纲要尚未制定之前，先提出以下意见，供各地参照执行。

一、开设选修课的目的

在学生学好必修课的基础上，开设选修课的目的是：

（一）更好地发展学生的兴趣、特长，开阔视野，拓宽知识面，发挥学生潜在的能力，培养学生自觉钻研、积极进取的精神。

（二）更好地适应社会多方面的需要，为学生高中毕业后升学或就业进一步打好基础。

二、开设选修课的原则

（一）要加强学生的思想政治教育，有利于他们形成无产阶级世界观和人生观。

（二）要有利于发展学生的特长，满足学生的不同兴趣爱好，充分体现因材施教的原则，有利于提高学生的素质。

（三）要有适应社会生产和社会生活需要的课程，也要有适应部分学生进入高一级各类学校需要的课程。

（四）要从实际出发，根据国情、省地情况和学校情况，确定选修课的科目。

三、选修课的内容和开设方式

总结几年来一些学校开设选修课的经验，根据选修课开设的原则，按照《调整意见》的安排，目前在普通高中可以有两种形式的选修课。

（一）高中一、二年级开设的选修课（亦即《调整意见》中单课性选修课），从当前的需要和可能出发，可以分成以下三种类型。

1. 与必修课相关的选修课。这类选修课的内容是相对应的必修课内容的拓宽和加深，但不能是高中三年级选修课的下放。这类选修课适合于对必修课学有余力的学生。

2. 与必修课不直接相关的知识类选修课。这类选修课的内容可以是介绍新的科学理论，扩大学生的眼界，提高政治理论水平，丰富学生的知识；也可以是适应学生兴趣、爱好、特长的需要，培养学生文化艺术修养，陶冶情操等。

3. 技术类选修课。这类选修课根据学生的爱好和社会的需要而开设，是综合技术性的基础课程，其中有的带有初步职业培训的特点。

对上述三种选修课，各地、各校

要统筹安排，不能只开设其中的一种。

（二）高中三年级开设的选修课，主要分成两种类型。

1. 分科性选修课，包括文科类（历史、地理）、理科类（物理、化学、生物）、外语类（英语、俄语、日语）、艺术类和体育类（这类选修课亦即《调整意见》中的分科性选修课）。这类选修课均有全国统一的教学大纲（除艺术类、体育类），国家教委已委托人民教育出版社依据大纲编写了教材，供准备升学的学生选用。

2. 技术与职业类选修课。通过开设这类选修课，对学生进行职业预备教育，为学生作好就业的技能、知识和心理准备。

此外，高中三年级还可继续开设发展学生兴趣、特长的选修课，供学生自由选择。

每门选修课开设时间应从实际出发，可长可短，可以是一学年、一学期，也可以是若干学时。

当前普通高中的选修课，对学生有两种不同形式的要求。一种选修课对某部分学生是必须选择学习的，称为"指定选修课"（即必选课）。例如高中三年级为分流而开设的各类选修课。它对某些学生来说具有必修课的性质。另一种选修课，学生可在教师指导下，按照自己的兴趣、爱好决定选择与否，可称为"任意选修课"（即任选课）。

四、选修课的师资、教材和设备、场所

建立一支选修课的教师队伍，编写供选修课使用的教材并解决选修课所需的必要设备、教室和场所是上好选修课的必要条件。各地教育行政部门和学校必须予以高度重视。

（一）各级教育行政部门和学校要统筹规划，有计划地培养、培训和配备选修课的师资。可采取下列办法。

1. 采取鼓励政策支持现任教师担任选修课教学。

2. 通过各种途径聘请科研机构有关专业人员，大专院校、中专、中技、职高的教师，企事业单位和工厂技术人员担任选修课的兼职教师。

3. 教育行政部门可统筹规划集中本地区各校能担任选修课的教师，组织巡回教师队伍，互通有无，相互支援。

4. 通过各地的教育学院和高等师范院校，以在职或脱产进修的方式培训选修课的教师。

（二）普通高中选修课的教材建设，应本着积极、稳妥的方针进行。目前阶段可由国家教委、省（自治区、直辖市）、地方或学校三级组织编写。国家教委组织力量编写高中三年级分科性选修课大纲和教材，并编写与高中一、二年级部分必修学科相关的选修课教材，经国家教委中小学教材审定委员会审查通过后列入中小学教学

用书目录，供各省（自治区、直辖市）使用。省教委（教育厅、局）和地方或学校分别组织力量，编写不同类型、不同特色的选修课大纲和教材，分别在省、地方和学校范围内使用。经试用效果较好的地方性选修教材，经各省中小学教材审查委员会审查通过后，可在省内推荐使用；经全国中小学教材审定委员会审查通过后，可向全国推荐。

各出版社出版的用作选修课的读物需经各省（自治区、直辖市）中小学教材审查委员会审查通过后，方可作为普通高中开设的选修课试用教材，在本省范围内推荐使用。

（三）选修课的设备和场地问题

各校可从现有设备条件出发开设选修课，并逐步添置增设选修课所必需的仪器设备，同时争取有关专业单位（如高等院校、中等专业学校、职业中学、科研机构等）的协作和社会的支持。

为了解决开设选修课所需要的教室，首先要立足于挖掘学校的潜力，充分发挥各种场、馆、室的作用，提高使用效率。例如可采取合理排课、一室多用等方法。今后，在新建、改建校舍时，应考虑开设选修课的需要，适当增加校舍面积。此外，还可采取校际联合和厂校挂钩等方式，解决教室和实习场地的困难。

五、选修课的管理

（一）各地教育行政部门要逐步把开设选修课的工作作为各级教育行政领导部门和学校工作质量评估指标之一，加强督导评估，加强分类指导，对实施选修课成效显著的学校，要及时加以指导，帮助解决实际困难，纠正存在的偏差。

为了保证选修课的落实和开课质量，各级教研部门要加强对选修课教学的研究，改进教法，提高选修课的教学质量。

学校要加强对选修课的管理，要把选修课正式列入课表，要有专门的校领导负责选修课的科目设置、师资、教材、教室、设备等工作。

（二）选修课的考核

1. 对"指定选修课"（即必选课）在课程结束时应进行考核。

2. 对"任意选修课"可进行考查，也可不进行考查，只作选修与否的记载。

3. 学生学习选修课的情况应记入学生档案，其成绩可作为高中毕业生升学和就业推荐的参考。选修课的成绩不影响学生的升留级。

各地教育行政部门，要根据本意见制定所辖地区开设选修课的实施方案，并在师资、教材、设备等方面创造条件，积极推动选修课的开设工作。

19920403

国家教委办公厅关于加强普通高中教学管理的几点意见

1992年4月3日

教基厅〔1992〕7号

实施《现行普通高中教学计划的调整意见》（以下简称"调整意见"）和普通高中毕业会考制度（以下简称"会考制度"）是对普通高中进行的两项重要的改革，目前已在全国大部分地区实施。为了全面贯彻教育方针，推动普通高中两项改革的健康发展，提高普通高中的教育质量和办学效益，必须对普通高中加强管理和督导。特提出如下意见。

一、各地教育行政部门和学校应该继续认真贯彻1983年原教育部发布的《关于全日制普通中学全面贯彻党的教育方针，纠正片面追求升学率倾向的十项规定（试行草案）》和1988年国家教委颁发的《关于全日制普通中学端正办学方向，纠正片面追求升学率倾向的督导评估的几点意见》。

二、各地教育行政部门和学校要按照国家教委印发的教基〔1990〕004号、017号，教基〔1991〕11号、16号，教基〔1992〕3号等文件的要求，认真实施"调整意见"和"会考制度"，不得以任何借口和形式，在高中一、二年级按照高考科目组提前分班和组织教学，不得因准备会考而采取擅自调整课时等违反教育规律和"调整意见"的错误做法。

三、各地教育行政部门和学校必须按照教体〔1991〕6号文件要求，认真施行"中学生体育合格标准"，坚决杜绝弄虚作假等错误做法；必须切实在各年级安排开设劳动技术课和开展社会实践活动。

四、各地教育行政部门和学校要对上列规章和文件的执行情况定期进行自查。对违反者，要严肃进行教育，限期纠正，并结合本地、本校实际制定严格有效的奖惩措施。执行中的经验和问题，请及时报告国家教育委员会。

五、各地教育督导部门要依据有关规定，定期督导、检查所辖学校贯彻执行本"意见"的情况。对认真执行上述规定的地方和学校，要给予表扬，并认真总结推广他们的经验；对不认真贯彻执行上述规定的地方和学校，要及时批评；对一切违反规定的做法，应予以纠正；对个别经批评教育仍不改者，要严肃处理。

为贯彻好此意见，各级教育行政部

门应向学校校长、教师、学生、家长和社会做好宣传工作，取得各方面的支持。

附件：
国家教委（教育部）有关文件名称及文号

1. 颁发《关于全日制普通中学全面贯彻党的教育方针，纠正片面追求升学率倾向的十项规定（试行草案）》的通知

(83)教中字016号

2. 关于全日制普通中学端正办学方向，纠正片面追求升学率倾向的督导评估的几点意见

(88)教督字001号

3. 印发《现行普通高中教学计划的调整意见》的通知

教基〔1990〕004号

4. 关于在普通高中实行毕业会考制度的意见

教基〔1990〕017号

5. 关于今年秋季开学后在中小学加强近代现代史及国情教育几项措施的通知

教基〔1991〕11号

6. 关于印发《关于实施〈现行普通高中教学计划的调整意见〉和普通高中毕业会考制度的意见》等两个文件的通知

教基〔1991〕16号

7. 关于印发《高中会考工作会议纪要》的通知

教基〔1992〕3号

8. 关于颁发《中学生体育合格标准实施办法》的通知

教体〔1991〕6号

19920806

国家教委关于印发
《九年义务教育全日制小学、初级中学课程计划（试行）》
和二十四个学科教学大纲（试用）的通知

1992年8月6日

教基〔1992〕24号

一、为了执行《中华人民共和国义务教育法》，国家教委制定了《九年义务教育全日制小学、初级中学课程方案（试行）》（以下简称《课程方案》）。《课程方案》由《九年义务教育全日制小学、初级中学课程计划（试行）》

（以下简称《课程计划》）和小学思想品德、语文、数学、自然、社会、音乐、美术、体育、劳动等九科，初级中学思想政治、语文、数学、英语、俄语、日语、物理、化学、生物、历史、地理、音乐、美术、体育、劳动技术等十五科（共二十四科）教学大纲（试用）组成。现将《课程计划》和二十四科的教学大纲（试用）印发给你们，自1993年秋季起在全国逐步试行。

二、《课程方案》是国家对义务教育阶段教学工作的指导性文件，各省、自治区、直辖市教育委员会、教育厅（局）要组织各级教育行政部门的干部、教研人员及广大中小学校长、教师认真学习、贯彻执行。

三、各省、自治区、直辖市教育委员会、教育厅（局）可根据本地区的实际情况对《课程计划》进行必要的调整。调整后的《课程计划》报我委备案。学校要严格执行省、自治区、直辖市制定的《课程计划》。承担教育、教学改革试验的学校，确需改动课程计划的，要由省、自治区、直辖市教育行政部门批准。

四、各地全日制小学的起始年级，从1993年秋季开学开始实施本《课程方案》。全日制初级中学起始年级开始实施本《课程方案》的时间，由各省、自治区、直辖市教育委员会、教育厅（局）决定。有条件的可以在1993年秋季与小学同时实施本《课程方案》。

五、地方教育行政部门、教研部门必须认真做好实施《课程方案》前的校长、教师培训等准备工作。各地师范院校和教育学院要协助教育行政部门做好教师使用教学大纲和教材的培训工作。

六、实施本《课程方案》要同时使用根据《课程方案》编写的教材。有关教材的选用工作，我委将另行发文指导。

七、实施《课程方案》是我国普及义务教育的一件重要工作，各地应注意研究解决工作中出现的问题，做到全面贯彻教育方针，全面提高义务教育质量。各地要将实施过程中的情况、问题和经验，及时告我委基础教育司。

附件：

一、九年义务教育全日制小学、初级中学课程计划（试行）

二、九年义务教育全日制小学、初级中学二十四科教学大纲（试用）（略）

九年义务教育全日制小学、初级中学课程计划（试行）

九年义务教育全日制小学、初级中学课程计划是依据《中华人民共和国义务教育法》制定的。

本课程计划遵循教育要面向现代化、面向世界、面向未来的战略思想，贯彻国家的教育方针，坚持教育为社会主义建设服务，实行教育与生产劳动相结合，对学生进行德育、智育、体育、美育和劳动教育，以全面提高义务教育质量。

本课程计划把坚定正确的政治方向放在第一位，以人类社会的优秀文化成果教育学生；面向全体学生，注重全面打好基础，因材施教，促进学生个性的健康发展；根据儿童、少年身心发展规律，合理安排课程，注意教学要求和课业负担适当；从我国实际出发，注意城乡和各类地区的不同特点，坚持统一性与灵活性相结合。

一、培养目标

按照国家对义务教育的要求，小学和初中对儿童、少年实施全面的基础教育，使他们在德、智、体诸方面生动活泼地主动地得到发展，为提高全民族素质，培养社会主义现代化建设的各级各类人才奠定基础。

小学阶段的目标：

初步具有爱祖国、爱人民、爱劳动、爱科学、爱社会主义的思想感情，初步养成关心他人、关心集体、认真负责、诚实、勤俭、勇敢、正直、合群、活泼向上等良好品德和个性品质，养成讲文明、讲礼貌、守纪律的行为习惯，初步具有自我管理以及分辨是非的能力。

具有阅读、书写、表达、计算的基本知识和基本技能，了解一些生活、自然和社会常识，初步具有基本的观察、思维、动手操作和自学的能力，养成良好的学习习惯。

初步养成锻炼身体和讲究卫生的习惯，具有健康的身体。具有较广泛的兴趣和健康的爱美的情趣。

初步学会生活自理，会使用简单的劳动工具，养成爱劳动的习惯。

初中阶段的目标：

具有爱祖国、爱人民、爱劳动、爱科学、爱社会主义的思想感情，初步了解辩证唯物主义、历史唯物主义的基本观点，初步具有为人民服务和集体主义的思想，具有守信、勤奋、自立、合作、乐观、进取等良好的品德和个性品质，遵纪守法，养成文明礼貌的行为习惯，具有分辨是非和自我教育的能力。

掌握必要的文化科学技术知识和基本技能，具有一定的自学能力、动手操作能力，以及运用所学知识分析和解决问题的能力；初步具有实事求是的科学态度，掌握一些简单的科学方法。

初步掌握锻炼身体的基础知识和正确方法，养成讲究卫生的习惯，具有健康的体魄。具有初步的审美能力，形成健康的志趣和爱好。

学会生活自理和参加力所能及的家务劳动，初步掌握一些生产劳动的基础知识和基本技能，了解一些择业的常识，具有正确的劳动态度和良好的劳动习惯。

二、课程设置

根据九年义务教育小学阶段、初中阶段的培养目标和儿童、少年身心发育的规律设置课程。课程包括学科、活动两部分，主要由国家统一安排，也有一部分由地方安排。学科以文化基础教育为主，在适当年级，因地制宜地渗透职业技术教育；以分科课为主，适当设置综合课；以必修课为主，初中阶段适当设置选修课；以按学年、学期安排的课为主，适当设置课时较少的短期课。活动在实施全面发展教育中同学科相辅相成。学校在教育、教学工作中，要充分发挥学科和活动的整体功能，对学生进行德育、智育、体育、美育和劳动教育，为学生的全面发展打好基础。

（一）国家安排课程

学科：

小学阶段开设思想品德、语文、数学、社会、自然、体育、音乐、美术、劳动等九科，有条件的小学可增设外语；初中阶段开设思想政治、语文、数学、外语、历史、地理、物理、化学、生物、体育、音乐、美术、劳动技术等十三科，还开设短期的职业指导课。

所有学科都要加强基础知识和基本技能的教学，与此同时要重视培养和提高学生的能力，并根据各门学科的特点有机地渗透思想教育，促进学生个性心理品质的健康发展，全面完成学科教学的任务。

学科设置的基本要求：

思想品德　进行以"五爱"为基本内容的社会公德教育和一般的政治常识教育，教育学生心中有他人、有集体、有祖国，着重提高学生的道德认识，培养道德情感，指导道德行为，使学生初步具有分辨是非的能力。

思想政治　使学生初步明确社会主义道德的基本准则、公民的权利和义务，了解社会发展的一般规律，了解我国国情和建设有中国特色的社会主义的有关知识，使学生初步确立坚持中国共产党领导，坚持走社会主义道路的信念，初步树立道德观念、法制观念、国家观念以及阶级观点、劳动观点、群众观点、集体主义观点，初步具有社会责任感，提高分辨是非的能力。

语文　小学阶段使学生学会汉语拼音和2500个左右的常用汉字，掌握常用词语和一定的写字技能，会说普通话，会使用常用字典，打好听、说、读、写的基础。使学生从小热爱祖国语言文字，发展观察和思维能力，受到生动的思想、政治、品德教育和审美教育。

初中阶段使学生掌握现代语文的基础知识，学一点文言文，扩大识字量和常用词汇，较熟练地使用常用字典、词典等工具书。通过听、说、读、写的基本训练，提高理解和运用语言文字的能力，进一步发展观察和思维能力，受到较深刻的政治教育、思想教育和审美教育。

数学　小学阶段使学生掌握整数、小数、分数的基础知识和四则运算的技能，学一些简单的几何图形、简易方程和珠算知识，学一点简单的统计初步知识。培养初步的逻辑思维能力和空间观念，以及运用所学数学知识解决一些简单实际问题的能力。

初中阶段使学生掌握代数、平面几何的基础知识和基本技能，学一点统计初步知识、直观空间图形知识。进一步培养学生的运算能力、逻辑思维能力和空间观念，以及运用所学数学知识解决简单实际问题的能力。

外语　初中阶段开设英语或俄语、日语等，分两级水平：一级水平学习两年，掌握适量的基础知识，通过初步的言语训练，能进行简单的听、说、读、写活动；二级水平是在一级水平的基础上，继续学习一年或两年，掌握必要的基础知识，经过进一步的言语训练，具有初步的听、说、读、写能力，为继续学习外语打好基础。

社会　使学生初步认识常见的社会事物和现象，初步了解家乡的、祖国的、世界的历史、地理和社会生活等方面的常识，初步培养学生观察社会和适应社会生活的能力，使学生受到爱国主义教育和法制观念的启蒙教育。

历史　使学生掌握中国历史（包括乡土历史）、世界历史的基础知识和历史发展的基本线索，着重学习中国近、现代史的重要事件和主要人物，使学生受到爱国主义、社会主义和国际主义的教育，培养学生初步运用历史唯物主义基本观点分析问题的能力。

地理　使学生获得有关地球、地图的初步知识，掌握世界地理、中国地理（包括乡土地理）的基础知识，初步具有阅读和运用地图、地理图表的技能，初步理解人类活动与地理环境的关系，认识我国地理方面的基本国情，懂得有关人口、资源、环境等方面的基本国策，受到辩证唯物主义和爱国主义的教育。

自然　使学生初步认识自然界常见的物体和现象，初步了解人类对自然的利用、改造、保护与探索，培养学生爱科学、学科学、用科学的志趣和初步的观察、动手能力，使学生受到爱家乡、爱祖国、爱大自然和相信科学、破除迷信的教育。

物理　使学生在观察、实验的基础上，学习力学、热学、电学、光学等方面的初步知识，了解它们在实际中的应用，初步掌握一些力学、电学中的基本概念和规律。培养学生初步的观察能力、实验能力和运用所学物理知识解决简单实际问题的能力，以及实事求是的科学态度。

化学　使学生在观察、实验的基础上，初步掌握一些化学基本概念、基本原理和几种最常见的重要元素及其化合物的基础知识，初步了解它们在实际中的应用。培养学生初步的观察能力、实验能力和运用所学化学知识解决简单实际问题的能力，以及实事求是的科学态度。

生物　使学生在观察、实验的基础上，初步掌握关于植物、细菌、真菌、病毒和动物的形态结构、生理和分类等方面的基础知识，初步学习一些生物遗传、进化和生态等方面的基础知识并了解它们在实际中的应用，初步懂得人体形态结构、生理功能和卫生保健的基础知识。培养学生初步的观察能力、实验能力和运用所学生物学知识解决简单实际问题的能力，以及实事求是的科学态度。

体育 小学阶段使学生掌握体育、卫生、保健的基础知识，简单的体育运动技术。使学生养成锻炼身体、讲究卫生的习惯，增强体质，加强纪律观念，培养学生团结友爱、朝气蓬勃和勇敢顽强的精神。

初中阶段使学生掌握体育基础知识和体育卫生保健知识，初步掌握基本运动技能。使学生养成自觉锻炼身体的习惯，促进身体正常发育，增强体质，进一步加强纪律观念，培养学生团结合作的精神、竞争的意识和勇敢顽强的意志品质。

音乐 小学阶段主要学习我国优秀民族音乐作品，初步接触外国优秀音乐作品，使学生掌握浅显的音乐基础知识和基本技能。培养学生对音乐的兴趣以及对音乐初步的感受和表现能力，激发爱国主义情感和民族自豪感。

初中阶段主要学习我国民族优秀音乐作品，了解一些外国优秀音乐作品，使学生初步掌握音乐的基础知识和基本技能。增强对音乐的兴趣、爱好，进一步培养学生对音乐的感受、表现和鉴赏能力，以及爱国主义精神和民族自豪感。

美术 小学阶段初步接触我国民族民间的、国外的优秀美术作品，使学生掌握浅显的美术基础知识和简单的美术技能。增强学生对美术的兴趣和爱国主义情感，培养学生的观察能力、想象能力和美术欣赏能力。

初中阶段进一步了解我国民族民间的、国外的优秀美术作品，使学生掌握美术基础知识和基本技能。提高学生的观察能力、形象思维能力、美术欣赏能力和表现能力，陶冶学生高尚的情操，增强爱国主义精神。

劳动 通过自我服务劳动、家务劳动、公益劳动和简单的生产劳动，使学生初步掌握一些基本的劳动知识和技能。培养正确的劳动观念、良好的劳动习惯、热爱劳动和劳动人民的感情。

劳动技术 使学生掌握一些服务性劳动和工农业生产的基础知识与基本技能，也可使学生适当掌握某些职业的基础知识和基本技术。通过劳动培养学生具有正确的劳动观点和良好的劳动习惯，以及热爱劳动和劳动人民的感情。

职业指导 使学生了解关于就业和升学的方针政策，了解当地有关学校和主要职业的情况、职（专）业特点和不同职（专）业人员的素质要求，学习择业的一般常识。使学生能够根据国家需要及自身条件正确选择升学和就业的方向。

活动：

本课程计划设置晨会（夕会）、班团队活动、体育活动、科技文体活动、社会实践活动和校传统活动等。

各项活动都要结合其特点，发挥学生的主动性和创造性，使学生受到政治、思想、道德教育，扩大视野，动手动脑，增长才干，发展志趣和特长，丰富精神生活，增进身心健康。

活动设置的基本要求：

晨会（夕会）　举行升旗仪式，进行时事政策和日常行为规范教育。教育学生热爱祖国，关心国家大事，遵守学生守则，养成良好的行为习惯。

班团队活动　有目的有计划地开展内容丰富、形式多样、生动活泼的集体活动。增强学生的组织观念和集体观念，培养学生自我管理和相互交往的能力。

体育锻炼　进行早操、课间操、眼保健操和其他体育锻炼。使学生增强体质，养成自觉锻炼身体的习惯。

科技文体活动　开展科技、文艺、体育等活动，由学生自愿参加。使学生增强兴趣，拓宽知识，增长才干，发展特长。

社会实践活动　参加社会生产劳动和社会服务、社会调查、参观访问以及军事训练等活动。引导学生接触工农，了解社会，认识社会主义制度的优越性，增强热爱劳动人民的感情和社会责任感。

校传统活动　从学校实际出发，因地制宜地组织有教育意义的活动，包括国家重大节日、纪念日和民族传统节日以及学校自定的科技节、体育节、艺术节、远足等活动。引导学生在丰富多彩的活动中生动活泼地发展。

（二）地方安排课程

为了适应城乡经济文化发展和学生自身发展的不同情况，本课程计划设置了地方安排课程。地方课程由各省、自治区、直辖市教育委员会、教育厅（局）根据本地实际情况和需要制定。

（三）课程计划表

表一　学年时间安排表

周数＼阶段＼项目	小学	初中	备注
上课	34	34	初中最后一学年第二学期上课减少2周，毕业复习考试增加2周。
校传统活动	1	1	
社会实践活动	1	1	
期末复习考试	2	3	
机动	1	1	
假期	13	12	包括寒暑假、农忙假、节日假，可组织有意义的活动，但不得用于集体课。
总计	52	52	

表二　九年义务教育"五·四"学制全日制小学、初级中学课程安排表

	学段	小学					初中				九年		合计
	周课时 年级 课程	一	二	三	四	五	一	二	三	四	小学总课时	初中总课时	
学科	思想品德	1	1	1	1	1					170		438
	思想政治						2	2	2	2		268	
	语文	11	11	9	9	9	5	5	5	5	1666	670	2336
	数学	5	6	6	6	6	5	4	4	4	986	570	1556
	外语（Ⅰ）								4	4		272	272
	外语（Ⅱ）						4	4	4	4		536	536
	社会			2	2	2					204		646
	历史							2	3	2		238	
	地理						3	3				204	
	自然	1	1	2	2	2					272		772
	物理								2	3		164	
	化学								2	2		132	
	生物						2	2	2			204	
	体育	2	2	3	3	3	3	3	2	2	442	336	778
	音乐	3	3	2	2	2	1	1	1	1	408	134	542
	美术	2	2	2	2	2	1	1	1	1	340	134	474
	劳动			1	1	1					102		370
	劳动技术						2	2	2	2		268	
	周学科课时	25	26	28	28	28	30	30	25*	22*	4590	3594	8184
活动	晨会（夕会）	每天10分钟											
	班团队活动	1	1	1	1	1	1	1	1	1	170	134	304
	体育锻炼 科技文体活动	3	3	3	3	3	3	3	3	3	510	402	912
	周活动课时	4	4	4	4	4	4	4	4	4	680	536	1216
地方安排课程		2	2	2	2	2	1	1	7*	10*	340	626	966
周课时总量		31	32	34	34	34	35	35	36	36	5610	4756	10 366

＊表示外语课按水平Ⅰ开设的周学科时数和地方安排课程的时数；如果外语课按水平Ⅱ开设，则初中三、四年级的地方安排课程时数各减去4课时，分别为3课时和6课时。

表三　九年义务教育"六·三"学制全日制小学、初级中学课程安排表

课程	学段/年级	小学 一	二	三	四	五	六	初中 一	二	三	九年 小学总课时	初中总课时	合计
学科	思想品德	1	1	1	1	1	1				204		404
	思想政治							2	2	2		200	
	语文	10	10	9	8	7	7	6	6	5	1734	568	2302
	数学	4	5	5	5	5	5	5	5	5	986	500	1486
	外语（Ⅰ）							4	4			272	272
	外语（Ⅱ）							4	4	4		400	400
	社会			2	2	2					204		608
	历史							2	3	2		234	
	地理							3	2			170	
	自然	1	1	1	1	2	2				272		702
	物理								2	3		164	
	化学									3		96	
	生物							3	2			170	
	体育	2	2	3	3	3	3	3	3	3	544	300	844
	音乐	3	3	2	2	2	2	1	1	1	476	100	576
	美术	2	2	2	2	2	2	1	1	1	408	100	508
	劳动			1	1	1	1				136		336
	劳动技术							2	2	2		200	
	周学科课时	23	24	24	25	25	25	32	33	27*	4964	3074	8038
活动	晨会（夕会）	每天10分钟											
	班团队活动	1	1	1	1	1	1	1	1	1	204	100	304
	体育锻炼 / 科技文体活动	4	4	4	4	4	4	3	3	3	816	300	1116
	周活动课时	5	5	5	5	5	5	4	4	4	1020	400	1420
地方安排课程		2	2	3	3	3	3			5*	544	160	704
周课时总量		30	31	32	33	33	33	36	37	36	6528	3634	10 162

＊表示外语课按水平Ⅰ开设的周学科时数和地方安排课程的时数；如果外语课按水平Ⅱ开设，则初中三年级的地方安排课程时数减去4课时，为1课时。

（四）说明

1. 学科和活动都要根据各自的特点贯彻理论联系实际的原则，对学生由浅入深地进行辩证唯物主义、历史唯物主义和无神论的教育；进行热爱社会主义祖国，增强民族自信心、自

尊心的教育；进行加强民族团结，维护祖国统一的教育；进行艰苦奋斗、自力更生和热爱家乡、建设家乡的教育。

2. 小学语文课时中，各个年级每周设 1 课时写字课，一、二年级每周设 1 课时说话课，三年级以上各年级每周设作文课。

3. 初中毕业年级的数学教学内容分必修与选修两部分。准备就业的学生，可以只学必修部分的内容。

4. 初中二级水平的外语所需课时在地方安排课程中解决，一般按每周 4 课时安排。确实不具备师资条件的，经省一级教育行政部门批准，初中可以不设外语，课时由地方安排。根据需要并能解决师资和中小学教学衔接的地方，小学可在高年级开设外语，每周 2 或 3 课时，所需课时在地方安排课程中解决，小学阶段开设外语，使学生掌握所学语种的字母或少量的单词，培养简单的拼读能力，接触一定数量的短语和日常用语，打好语音、语调和书写基础，培养学生学习外语的兴趣，使学生敢于大胆说外语，为初中学习外语作好准备。

5. 学校应积极创造条件开足 3 课时体育课，确有困难的学校，经县一级教育行政部门批准，可暂按 2 课时安排。在体育教学中，要根据学生的年龄特点进行卫生保健教育。

6. 小学一、二年级可开设 1 课时劳动课，四年级以上各年级可增为 2 课时，所需时间从地方安排的课时中调整。农村小学的劳动课可与农忙假统一安排，根据需要与可能，高年级还可学习一些当地实用的生产技能。初中劳动技术课根据需要，可用适当时间进行职业技术教育或参加工农业生产劳动。要重视实践环节教育，注意培养学生的动手能力。

7. 职业指导课一般是设在毕业年级的短期课，也可根据学生升学或准备就业的不同需要适当提前。所需课时在劳动技术课中安排。

8. 人口教育可结合地理、生物、思想政治等学科有关内容讲解。小学自然、社会，初中物理、化学、生物、地理等学科应重视进行环境教育；国防、交通等教育渗透在相关学科和活动中进行。所有这些方面的教育均不单独设课，也不进行考核。

青春期教育，初中主要结合体育（卫生保健部分）和生物（生理卫生部分）进行，其任课教师由学校根据实际情况确定。小学高年级根据需要，可以安排青春期教育的短期课或进行个别指导。

9. 思想品德、思想政治、语文、社会、历史、地理、自然、生物、音乐、美术等学科，都要在本学科总课时中留出适量课时给各地安排乡土教材的教学。

10. 农村小学和初中的语文都应

加强农村应用文和农村常用字的教学。农村小学可根据实际需要在高年级单设珠算课,还可适当补充计量、统计、记账方面的基础知识,所需课时在数学总课时中调整。农村高年级的自然课要结合本学科特点联系当地生产实际。

11. 为与学前教育衔接,小学一年级上学期的前两个月,每天上午安排4课时的学校,应该安排1课时的室外活动或体育、音乐、美术;在每节课中间再安排五分钟的休息或活动,也可提前五分钟下课,在教师指导下开展一些室外活动。小学低年级的音乐包括唱游,一年级的唱游可以多安排一些课时。低年级的各科教学要努力创造条件,改进教学方法,让学生学得更加生动活泼,同时要注意入学年龄和所受学前教育的不同,适当调整教学内容、要求和进度。

12. 小学和初中一般每周按五天半安排课程。每节课时,小学一般为40分钟,初中一般为45分钟。小学、初中每天安排广播操20分钟;眼保健操上、下午各一次,每次5分钟。学校应统一安排体育课和体育活动,以保证学生每天体育锻炼1小时。

13. 体育锻炼与科技文体活动课时的分配,各地要从实际出发,作出明确的规定,其中科技文体活动每周不得少于1课时。

14. 小学一年级一般不留书面家庭作业,二、三年级家庭作业每天不超过30分钟,四年级不超过45分钟,五、六年级不超过1小时,初中不超过1.5小时。切实保证小学生每天睡眠10小时,初中学生每天睡眠9小时。

三、考试考查

(一) 义务教育阶段的学期、学年和毕业的终结性考查、考试是对学生的合格水平的考核。考核要全面,要通过对学科和活动的有关知识和能力等方面的考核,促进学生整体素质的提高和特长的发展。

(二) 小学毕业考核,语文、数学为考试学科,其他为考查科目。语文、数学考试合格,思想品德考查合格,达到小学生体育合格标准,允许毕业。小学毕业考试在县级教育部门的指导下,一般由学校命题,农村也可由乡、镇教育管理机构组织命题,在基本普及初中教育的地区,不另举行小学升学考试。

初中毕业考核,在国家统一规定的毕业年级文化学科范围内确定考试学科,要严格控制考试学科数。其他科目则实行结业考试或考查。考试学科命题权限由各省、自治区、直辖市教育委员会、教育厅(局)确定。考试合格,思想品德考查合格,达到初中学生体育合格标准,允许毕业。地方安排的学科考核要求,由各省、自治区、直辖市教育委员会、教育厅

（局）决定。

（三）考试以每学期进行一次为宜，考查着重在平时进行。除毕业考试外，各级教育部门要严格控制统一考试。

（四）考试、考查可采取闭卷、开卷的书面方式，也可以采用口试、操作等方式。成绩评定可以采用百分制，也可以采用等级制、评语制。

（五）考试命题要以教学大纲为依据，体现教学的目的和要求。要建立必要的审题制度。

四、实施要求

（一）本课程计划国家安排课程所规定的课程门类、教学内容、教学要求和课时分配，体现了国家对义务教育的基本要求，是各级教育部门和小学、初级中学组织安排教学活动的依据，是编订教学大纲和编写教材的依据，也是督导、评估学校教学工作的依据。各省、自治区、直辖市教育委员会、教育厅（局）在本计划的指导下，可结合本地区的实际情况进行适当调整，并对地方安排课程的课程设置、课时分配等作出明确规定。调整后的课程计划，报国家教育委员会备案，各地学校必须严格执行。

（二）本课程计划适用于全日制小学和初中，包括小学五年、初中四年的"五·四"学制，小学六年、初中三年的"六·三"学制和九年一贯制，也适用于小学五年、初中三年的过渡学制。

九年一贯制的课程安排，可参照"五·四"学制执行；"五·三"学制的课程安排，可参照"五·四"学制的小学部分和"六·三"学制的初中部分执行。

（三）各地在实施本课程计划时，要认真组织指导学制、课程、教材、教学方法和考试、考查的改革试验。承担县（区）以上改革实验任务的学校，确需变动课程计划，须经批准。批准权限由各省、自治区、直辖市教育委员会、教育厅（局）规定。

（四）初级中等职业技术学校的课程计划，由各省、自治区、直辖市教育委员会、教育厅（局）根据不同职业技术的需要另行制定。

民族小学、初级中学的课程计划，由有关省、自治区、直辖市教育委员会、教育厅（局）参照本课程计划的精神，结合民族地区的实际自行制定，并报国家教育委员会备案。

（五）农村复式教学点（班）、简易小学和非全日制小学，按本课程计划全面开设各学科尚有困难的，可适当减少学科门类，或只开设思想品德、语文、数学、常识，或只开设语文、数学，但都必须加强德育，积极创造条件开展文娱、体育活动。各级教育部门要根据本课程计划的精神采取切实措施对这些学校、教学点（班）进行指导和管理。

国家教委关于组织实施《九年义务教育全日制小学、初级中学课程方案（试行）》的意见

1992年11月16日

教基〔1992〕30号

为贯彻《中华人民共和国义务教育法》，国家教委制定了《九年义务教育全日制小学、初级中学课程方案（试行）》（以下简称《课程方案》）。《课程方案》由《九年义务教育全日制小学、初级中学课程计划（试行）》（以下简称《课程计划》）和24个学科教学大纲组成，自1993年秋季起在全国逐步试行。试行《课程方案》是普及九年义务教育，全面贯彻教育方针，全面提高教育质量的一项重要工作，各级教育行政部门应予以充分重视。现就《课程方案》的实施提出如下意见。

一、《课程方案》是国家对义务教育阶段教学工作的指导性文件，各地要认真组织学习和宣传，进一步端正办学指导思想，增强执行《课程方案》的自觉性。

1. 要把学习、宣传《课程方案》同当前学习、贯彻党的十四大精神结合起来，明确实施《课程方案》是落实十四大提出的"大力加强基础教育""基本实现九年制义务教育""全面贯彻党的教育方针，全面提高教育质量"的一项重要措施。

2. 地方各级教育行政部门要切实采取措施，首先组织好教育系统内部的全员培训工作。中小学教育行政管理干部、教研人员和校长、教师要在学习《课程方案》的基础上，结合各自的业务工作，有所侧重地、深入学习有关内容，并联系实际，研究贯彻落实的具体办法。

教育系统内部全员培训工作的重点是教师和教研人员。各地务必做到，在今后逐年开始使用新教材前，均要对担任教学任务的教师进行一定时间的培训，学习教学大纲，掌握新的教材，研究改进教学方法。

3. 各地要利用广播、电视、报刊等新闻媒介和其他手段，向社会和学生家长宣传实施《课程方案》对贯彻义务教育法，提高民族素质的重大意义。

4. 为了帮助各地做好全员培训工作，国家教委负责组织对省级有关人员的培训，并通过教育电视台举办有关电视讲座。电视讲座将于今年12月播出，届时请认真组织收看。

二、各省、自治区、直辖市教育委员会、教育厅（局）可根据《课程方案》，结合本地区经济、社会发展的需要，对《课程计划》作必要的调整和补充。调整后的周课时总量不得超过《课程计划》的规定，活动课时不得低于《课程计划》的规定。

各省、自治区、直辖市教育委员会、教育厅（局）要将调整后的《课程计划》报国家教委备案，并要求学校严格执行。

三、《课程方案》应有计划、有步骤地组织实施。各省、自治区、直辖市教育委员会、教育厅（局）要从本地实际情况出发，提出实施《课程方案》的具体安排意见，并对城市、农村或教育基础不同的地区的实施工作实行分类指导。

1.1993年秋季开学，全日制小学的起始年级均应开始执行《课程方案》。有条件的地区，初级中学的起始年级可同时开始执行《课程方案》；条件尚不具备的地区，要积极创造条件，使本地区全日制初级中学的起始年级能在1995年秋季开始执行《课程方案》。

2.1993年秋季开学，小学一年级开设自然课确有困难的学校，可暂延缓至1994年或1995年秋季开设。初中体育课应按规定开足3课时，暂不具备条件的学校也必须保证2课时。有关上述课时的变动，均需经县级教育行政部门批准，报上一级教育行政部门备案。

3.小学社会课和初级中学职业指导课是新设的课程，由于不在起始年级开设，1993年秋季开学后，各地应抓紧时机，做好培训师资的工作，并可在《课程计划》规定的开设年级先行实验，为全面开课创造条件。

四、各省、自治区、直辖市要认真做好师资、场地、仪器设备、教材等方面的配套工作，以保障《课程方案》的顺利实施。

1.加强师资队伍建设。要根据《课程计划》的要求，分析各科师资的现状，做好任课教师需求量的预算和师资的培养及培训工作。特别要注意通过多种渠道，加强师资短缺学科和新设学科教师的培养或培训，使这些学科的教师在数量和质量上能够基本满足要求。根据教育改革的需要，学校可以有目的地培养一批能够"专、兼"结合，担任两个或两个以上学科教学任务的教师。

2.加强校舍、场地和仪器设备的配套建设，以保证《课程方案》的顺利实施，满足教学活动的需要。

3.要加强教材建设，组织力量编写好地方安排课程的教材、教学参考资料和乡土教材。

做好各科教材的印刷、发行工作。教师用书要做到寒暑假前到人，学生用书要做到开学前到校。各地要加强教材选用的指导和管理（有关文件另发）。

五、各级教育行政部门和学校要依据《课程方案》，认真做好教学管理工作。应把学校执行《课程方案》的情况作为教育评估督导的重要内容，定期检查，加强指导，逐步建立教学的督导评估制度。

各级教研部门和学校要认真开展教学研究活动，不断提高教学质量。除在寒暑假期间组织教师培训外，还要注意加强日常的教学研究活动。

六、各省、自治区、直辖市教育行政部门要加强领导。在实施《课程方案》的过程中，注意抓好典型，及时总结经验，以点带面，推动教学改革的不断深入，完成全面贯彻教育方针，全面提高教育质量的任务。

19930330

国家教委办公厅关于贯彻《九年义务教育全日制小学、初级中学课程方案（试行）》中有关体育教学要求的意见

1993 年 3 月 30 日

教体厅〔1993〕7 号

按照我委教基〔1992〕24 号和 30 号文件精神，小学一年级和有条件的初中一年级从 1993 年秋季开学开始实施《九年义务教育全日制小学、初级中学课程方案（试行）》（以下简称《课程方案》），为贯彻落实《课程方案》中有关体育教学的基本要求，特提出如下意见。

一、《课程方案》是国家对义务教育阶段教学工作的指导性文件，各地全日制小学和初级中学在实施《课程方案》时，应严格按照《课程方案》中有关体育课的课时规定和教学的基本要求进行教学。

二、各地区和学校根据《学校体育工作条例》和《学校卫生工作条例》以及《中小学生健康教育基本要求》的精神，在新增体育课时中要安排一定比例的课时，用于加强健康教育的教学。有条件的地区还应利用新增课时进行体育与健康教育相结合的试验并进行体育教学改革。

三、如确因各种条件所限，又经县一级教育行政部门批准，不能实施每周三节体育课的地区和学校，也应在上好每周两节体育课的基础上，安排一定课时进行与体育和健康教育有关的活动。

四、每周三节体育课的教学安排

由各级教育行政主管体育教学的部门和学校体育教研室（组）负责。

五、《课程方案》对体育课提出了新的要求。各地体育教学主管部门应根据各地实际，对如何贯彻落实《课程方案》中有关体育教学的要求进行认真研究、组织实施并把实施意见于6月底前报我委学校体育卫生司。

19940705

国家教委关于印发《实行新工时制对全日制小学、初级中学课程（教学）计划进行调整的意见》和《实行新工时制对高中教学计划进行调整的意见》的通知

1994年7月5日

教基〔1994〕14号

一、为了实行国务院颁布的新工时制，经研究决定对小学、中学课程（教学）计划进行调整。现将《实行新工时制对全日制小学、初级中学课程（教学）计划进行调整的意见》和《实行新工时制对高中教学计划进行调整的意见》（以下简称《调整意见》）印发给你们，请结合本地区实际情况，研究执行。

二、《调整意见》是指导性文件。各省、自治区、直辖市教育委员会、教育厅（局）可根据《调整意见》制定本省（自治区、直辖市）课程（教学）计划的调整方案。调整后的方案要报我委基础教育司备案。学校要严格执行省、自治区、直辖市教育行政部门制定的调整方案。承担教育教学改革试验的学校，确需改动的，要经省、自治区、直辖市教育行政部门批准。

三、各地全日制中小学的各年级，原则上于今年秋季开学起实行调整后的课程（教学）计划。不具备条件的地方，可推迟到明年春季开学实行，但在此以前，当地教育行政部门要根据《调整意见》的精神，适当调整中小学课时安排，以适应新工时制的规定。

四、各地在执行《调整意见》时，要根据中小学各科教学大纲的调整说明（我委将另行发文），对有关教材进行相应调整。各省和地方教研部门，应该协助教育行政部门做好教材调整和对教师的培训指导工作。

五、各地教育行政部门要加强对中小学教学工作的管理。根据《调整

意见》，严格控制中小学生在校活动总量。除中考、高中会考外，必须严格控制统一考试；考试必须按教学大纲的要求进行命题。要加强对中考和高中会考改革的研究。对违反教育规律的错误做法要及时批评，予以纠正。

六、调整课程（教学）计划是一项关系到稳定教学秩序，减轻师生过重负担的重要工作。为顺利实施调整后的课程（教学）计划，各级教育行政部门要高度重视，切实做好宣传、培训工作和其他配套工作。在实施过程中要指导干部和中小学教师转变教学思想，更新课程观念，改革教学方法，提高课堂教学效益。要注意安排好小学生、中学生的课余生活，加强校外教育。使课程（教学）计划的调整有利于全面贯彻教育方针，全面提高教学质量。

请各地将课程（教学）计划和教材的调整情况及执行中存在的问题及时向我委基础教育司反映。

附件一：
实行新工时制对全日制小学、初级中学课程（教学）计划进行调整的意见

为适应国务院颁布的新工时制的要求，现对全日制小学、初级中学目前实行的课程计划及教学计划中关于课程设置部分提出如下调整意见。

一、调整原则

1. 在保持《九年义务教育全日制小学、初级中学课程计划》中的课程设置整体结构不变的前提下，通过适当调整各类课程的课时，减少周课时总量。

2. 小学、初中现行的其他几套教学计划的调整，要有利于向调整后的《九年义务教育全日制小学、初级中学课程计划》过渡。

3. 调整课程（教学）计划要有利于进一步减轻学生过重的课业负担，有利于教学秩序的稳定。

二、课程设置的调整意见

1. 适当调减《九年义务教育全日制小学、初级中学课程计划》中语文、数学、自然、社会、地理、生物、历史、外语、音乐、体育等学科和活动课的课时。适当调整地方安排课程的课时。调整后的课时安排，见表一、表二。

2. 适当调减1981年颁发的《全日制五年制小学教学计划（修订草案）》中语文、数学两学科和课外活动的课时。调整后的课时安排，见表五。

适当调减1984年颁发的《全日制六年制小学教学计划》中语文、数学、体育等学科和活动的课时。调整后的课时安排，见表三、表四。

3. 适当调减1981年颁发的《全日制六年制重点中学教学计划试行草案》中初中三年级语文、数学、外语三学科的课时。调整后的课时安排，见表六。

三、说明

1. 为保证中小学校的德育工作和教育与生产劳动相结合的教学时间,未调减小学思想品德、劳动和初中思想政治、劳动技术课的课时。

2. 为了促进学生身心全面发展,开展健康教育,在活动类课程"科技文体活动"中的体育活动安排一般不应少于该项活动时数的一半,其中每周要有0.5课时用于健康教育。

3. 地方安排课程是为了适应各地经济文化发展和学生自身发展的不同情况而设置的。

为了适应初中学生升学和就业的不同需要,地方安排课程的课时可以安排学科课或活动课,也可以在毕业年级根据当地需要增加劳动技术课课时或进行职业技术教育。

4. 各地教育行政部门可根据情况自行安排学生的自习课。

5. 有条件的地方可以在活动类课程中安排小学一、二年级的唱游课。

6. 实行周五天与周六天工作交替进行的地区,周学科课程安排表可按照本通知精神作相应调整。

四、实施办法

1. 1994年秋季开学后,"五四"学制和"六三"学制的小学一、二年级与初中一、二年级按表一、表二安排教学,小学三年级以上各年级(含三年级)按表三、表四、表五安排教学。初中三年级按表六安排教学。

2. 民族小学、初级中学的课程(教学)计划,由有关省、自治区、直辖市教育委员会、教育厅(局)参照本通知,结合民族地区的实际进行调整。

3. 我委印发的教基〔1992〕24号文件,除《调整意见》中所涉及的内容需进行变动外,其余部分仍有效。各地教育行政部门要认真贯彻执行。

表一 调整后的九年义务教育"六三"学制全日制小学、初级中学课程安排表

课程			小学						初中			课时合计		
			一	二	三	四	五	六	一	二	三	小学课时合计	初中课时合计	九年课时合计
国家规定课程	学科类课程	思想品德	1	1	1	1	1	1				204		404
		思想政治							2	2	2		200	
		语文	9	9	9	8	7	7	6	5	5	1666	534	2200
		数学	4	5	5	5	5	5	5	5	4*	986	468	1454
		外语 (Ⅰ)							3	3			204	204
		外语 (Ⅱ)							4	4	4		400	400
		社会				2	2	2				204		557
		历史							2	2	2		200	
		地理							3/2	2			153	

续表

课程		学段 周课时 年级	小学 一	二	三	四	五	六	初中 一	二	三	课时合计 小学课时合计	初中课时合计	九年课时合计
国家规定课程	学科类课程	自然	1	1	1	1	2	2				272		685
		物理								2	3		164	
		化学									3		96	
		生物							2/3	2			153	
		体育	2	2	3	3	3	3	2	2	2	544	200	744
		音乐	2	2	2	2	2	2	1	1	1	408	100	508
		美术	2	2	2	2	2	2	1	1	1	408	100	508
		劳动			1	1	1	1				136		336
		劳动技术							2	2	2		200	
		周学科课时	21	22	24	25	25	25	29*	29*	25*	4828	2772*	7600*
	活动类课程	晨会（夕会）	每天10分钟											
		班团队活动	1	1	1	1	1	1	1	1	1	204	100	304
		科技文体活动	4	4	3	2	2	2	2	2	2	578	200	778
		周活动课时	5	5	4	3	3	3	3	3	3	782	300	1082
地方安排课程			1	1	2	2	2	2	1	1	5*	340	228*	568*
周课时总计			27	28	30	30	30	30	33*	33*	33*	5950	3300*	9250*

说明："*"表示外语课按水平Ⅰ开设的课时数。如果外语课按水平Ⅱ开设，则初三数学周课时数为5；初一至初三周学科课时数都是30，初三地方安排课程课时数为1，地方安排课程初中合计为100课时，九年合计为440课时；初一至初三周课时总计数都为34，初中课时数合计为3400，九年课时数合计为9350。

表二　调整后的九年义务教育"五四"学制全日制小学、初级中学课程安排表

课程		学段 周课时 年级	小学 一	二	三	四	五	初中 一	二	三	四	课时合计 小学课时合计	初中课时合计	九年课时合计
国家规定课程	学科类课程	思想品德	1	1	1	1	1					170		438
		思想政治						2	2	2	2		268	
		语文	10	10	9	9	9	4	5	5	5	1598	636	2234
		数学	5	6	6	5	6	4	4	4	4	952	536	1488
		外语（Ⅰ）						4	4				272	272
		外语（Ⅱ）						4	4	4	4		536	536
		社会			2	2	1					170		
		历史							2	2	2		204	578
		地理						3	3				204	

续表

课程		周课时\年级\学段	小学 一	二	三	四	五	初中 一	二	三	四	课时合计 小学课时合计	初中课时合计	九年课时合计
国家规定课程	学科类课程	自然	1	1	1	2	2					238		738
		物理								2	3		164	
		化学								2	2		132	
		生物						2	2	2			204	
		体育	2	2	2	2	2	3	2	2	2	340	302	642
		音乐	2	2	2	2	2	1	1	1	1	340	134	474
		美术	2	2	2	2	2	1	1	1	1	340	134	474
		劳动			1	1	1					102		370
		劳动技术						2	2	2	2		268	
		周学科课时	23	24	26	26	26	28	28	25*	22*	4250	3458	7708
	活动类课程	晨会（夕会）	每天10分钟											
		班团队活动	1	1	1	1	1	1	1	1	1	170	134	304
		科技文体活动	3	3	2	2	2	3	2	2	2	408	302	710
		周活动课时	4	4	3	3	3	4	3	3	3	578	436	1014
地方安排课程			1	1	1	1	1	1	2	5*	8*	170	528	698
周课时总计			28	29	30	30	30	33	33	33	33	4998	4422	9420

说明："*"表示外语课按水平Ⅰ开设的课时数。如果外语课按水平Ⅱ开设，则初三、初四周学科课时数分别为29和26，地方安排课程初三、初四分别为1课时和4课时。

1984年《全日制六年制小学教学计划》课时调整安排见表三、表四。

表三　六年制城市小学教学计划课时调整表

周课时\年级\科目	小学 三	四	五	六
思想品德	1	1	1	1
语文	9	9	8	9
数学	6	5	6	5
历史				2
地理			2	
自然	2	2	1	1

续表

周课时\年级\科目	小学 三	四	五	六
体育	2	2	2	2
音乐	2	2	2	2
美术	2	2	1	1
劳动		1	1	1
周学科课程课时总量	24	24	24	24
各项活动 自习	6	6	6	6
各项活动 体育活动、科技文娱活动				
各项活动 校会班会活动				
周课时总量	30	30	30	30

注："各项活动"中含2节体育活动。

表四　六年制农村小学教学计划课时调整表

周课时＼年级＼科目	小学三	小学四	小学五	小学六
思想品德	1	1	1	1
语文	10	10	8	9
数学	6	5	6	5
历史				2
地理			2	
自然	2	2	2	
体育	2	2	2	2
音乐	2	2	1	1
美术	1	1	1	1
劳动			1	1
农业常识				2
周学科课程课时总量	24	24	24	24
各项活动	据农村实际安排			

表五　1981年《全日制五年制小学教学计划（修订草案）》课时调整表

周课时＼年级＼科目	小学三	小学四	小学五
思想品德	1	1	1
语文	10	9	9
数学	6	6	6
历史			2
地理		2	
自然	2	2	2
体育	2	2	2
音乐	2	2	2
美术	2	1	1
劳动		1	1
周学科课程课时总量	25	26	26
各项活动（自习／体育活动／科技文娱活动／周会班队活动）	4	5	5
周课时总量	29	31	31

注："各项活动"中含2节体育活动。

表六　1981年《全日制六年制重点中学教学计划试行草案》课时调整表

周课时＼年级＼科目	初三
思想政治	2
语文	5
数学	5
外语	4
物理	3
化学	3
生理卫生	2
体育	2
音乐	1
美术	1
周学科课程课时总量	28
劳动技术	2周*

*：劳动技术课每天按4节计算。

说明：小学一、二年级和初中一、二年级的教学计划已经或将要被义务教育课程计划替代，因此表三、表四、表五、表六中未列出这几个年级的课时安排。

附件二：

关于实行新工时制对高中教学计划进行调整的意见

为适应国务院颁布的新工时制的要求，现对我委印发的教基〔1990〕004号文件（印发《现行普通高中教学计划的调整意见》的通知）中关于调整后的普通高中教学计划部分提出如下调整意见。

一、调整原则

1. 在保持普通高中课程设置整体结构不变的前提下，通过适当调整各类课程的课时，减少周活动总量。

2. 各类课程课时的调整，要有利于向普通高中新课程计划过渡。

3. 加强艺术教育，在普通高中开设艺术学科。

二、课程设置的调整意见

1. 适当调减必修课中语文、数学、外语、化学、物理等学科和选修课、课外活动的课时。

2. 将艺术学科作为必修课，在高中一、二年级开设。

3. 为保证普通高中的德育工作和教育与生产劳动相结合的教学时间，未调减思想政治课和劳动技术课的课时。

4. "时事教育"可利用选修课或课外活动时间安排，并要做到与学校思想政治课教学计划有机结合。"时事教育"每学年不少于17课时。

调整后的普通高中教学计划见下表。

调整后的普通高中教学计划

课程＼年级课时	高一	高二	高三	授课总时数
政治	2	2	2	184
语文	4	3/4	5	375
数学	4	4	5	392
外语	4/5	4		289
物理	3	3/2		187
化学	3/2	3		187

续表

课程＼年级课时	高一	高二	高三	授课总时数
生物		3		102
历史	2	2		136
地理	3			102
体育	2	2	2	184
艺术（音乐、美术）	1	1		68
劳动技术	每学年4周，共12周。			
社会实践活动	每学年安排2周。在劳动技术课、课外活动或学科教学活动的时间内安排。			
每周必修课总课时数	28	27	14	2206
选修课	2	2	15	
课外活动	5（体育锻炼3；其他2）	同左	同左	
周活动总量	35	34	34	

三、实施办法

1. 1994年秋季入学的高中一年级按调整后的普通高中教学计划安排教学。高中二、三年级的必修课课时暂不变，选修课及课外活动的周课时各减一节。其他未变动的部分，仍按原要求执行。

2. 我委印发的教基〔1990〕004号文件，除《调整意见》中所涉及的内容需进行变动外，其余部分仍有效，各地教育行政部门要认真贯彻执行。

19940712

国家教委关于在普通高中开设"艺术欣赏"课的通知

1994年7月12日

教体〔1994〕13号

为全面贯彻教育方针，开阔高中学生的文化艺术视野，提高艺术修养，陶冶情操，使之确立正确的审美观念，促进其全面发展，经研究，自1994年秋季起，在普通高中开设"艺术欣赏"课。现将普通高中开设艺术欣赏课的方案下发给你们，请遵照执行。

在普通高中开设艺术欣赏课，是国家教委加强艺术教育所采取的一项重要措施。各地要提高认识，加强领导，认真落实，妥善解决师资和设备器材等问题，确保该项工作顺利进行。我委将在适当时机召开有关方面会议，总结经验，研究问题，以推动普通高中艺术教育健康发展。

附件：

关于在普通高中开设"艺术欣赏"课的方案

一、课程名称和开设年级。普通高中艺术必修课暂定名为"艺术欣赏"课（分为美术欣赏课和音乐欣赏课）。在高一、高二年级开设，每周一课时。按《关于印发〈实行新工时制对全日制小学、初级中学课程（教学）计划进行调整的意见〉和〈实行新工时制对高中教学计划进行调整的意见〉的通知》（教基〔1994〕14号文件），占用必修课时开设。

二、开课方式。可采取班级授课或大课方式进行。在一些师资和教学设备条件尚有困难的学校，艺术欣赏课可采取大课方式进行。音乐欣赏课与美术欣赏课的具体安排，可根据各地各校情况灵活掌握。

三、教材。因目前没有普通高中艺术欣赏课（必修）教材，先暂用由国家教委基础教育司组织编写的、由国家教委中小学教材审定委员会审查通过的《美术欣赏高中选修课本》和《音乐欣赏高中选修课本》。我委将于今年下半年，制定普通高中艺术欣赏课教学大纲，并组织编写或修订相应教材。具体书目为：

《高中音乐欣赏》（一）
辽宁教育出版社出版
《高中音乐欣赏》（二）
辽宁教育出版社出版

《高中美术欣赏》

人民美术出版社出版

《高中美术欣赏基础》

人民美术出版社出版

以上教材配有教学参考书。其辅助材料有：

《高中音乐欣赏录音带》

中央教育音像出版社出版

《高中美术欣赏幻灯片》

北京文化幻灯出版公司出版

四、师资。在当前高中艺术教师严重缺额的情况下，可采取多途径解决，如请有关学校的艺术教师和文艺团体中有专业教学能力的人员兼任，或请身体状况良好、业务水平较高的离退休艺术教师任教。

各地应从现在起，着手制定高中艺术欣赏课教师的培养和培训计划，逐步解决高中艺术课教师的缺额问题。

请各地于今年第四季度将普通高中开设艺术欣赏课的情况报我委体育卫生与艺术教育司，我委将结合目前正在进行的学校艺术教育检查评估工作，对此进行调研和检查，及时总结经验，推动此项工作的开展。

各地订购教材可与出版单位直接联系。

19950412

国家教委办公厅
关于印发《关于实行每周40小时工作制后调整全日制中小学课程（教学）计划的意见》的通知

1995年4月12日

教基厅〔1995〕10号

根据中华人民共和国国务院174号令（《关于修改〈国务院关于职工工作时间的规定〉的决定》）、人事部关于印发《国家机关、事业单位贯彻〈国务院关于职工工作时间的规定〉的实施办法》的通知（人新发〔1995〕32号），及学校与教学工作的特点，全国普通中小学应最迟于今年秋季开学时实行每日工作8小时、每周工作40小时标准工时制度。现将《关于实行每周40小时工作制后调整全日制中小学课程（教学）计划的意见》印发，请各省（区、市）结合实际情况，提出本地区中小学课程的安排意见，并于 1995 年秋季开学前下发到学校。

各级教育行政部门、教研部门和中小学校应以实行新工时制为契机，全面贯彻教育方针，加强对课堂教学的指导和管理，努力提高教学质量。同时，认真安排好假日期间学生的课余生活，做好集体活动的安全教育和组织工作，进一步减轻学生过重的课业负担，促进学生在德智体等方面生动、活泼、健康发展。

关于实行每周 40 小时工作制后调整全日制中小学课程（教学）计划的意见

为执行国务院关于实行每周 40 小时工作制的规定，现对全日制中小学课程（教学）计划提出如下调整意见。

一、调整原则

（一）教学计划的调整，有利于教育方针的贯彻和教育教学质量的提高，有利于教学秩序的稳定。要有利于进一步减轻学生过重的课业负担。

（二）高中各年级课时的调整，要有利于向普通高中新课程计划过渡。

二、调整意见

（一）继续执行教基〔1994〕14 号文件中关于全日制小学、初级中学课程（教学）计划调整的意见，这个意见即是按照每周 5 天工作日的要求安排课程的。小学与初中各年级学科教学每周最高时数分别为 26 和 29 课时，周活动总量分别在 30 和 33 课时以下。

（二）对教基〔1994〕14 号文件中关于高中教学计划部分（《实行新工时制对高中教学计划进行调整的意见》）提出如下调整意见。

1. 实行每周 5 日工作制后，高中各年级每周的活动总量在 34 课时以下。

2. 高中语文必修课 3 个年级的周课时总数不变，对各年级的周课时分配进行适当调整（见教学计划表）。

3. 其他学科必修课的课时，仍按教基〔1994〕14 号文件规定执行。

4. 适当增加了选修课的课时。

5. 课外活动的课时从原来每周 5 课时减为 4 课时。

三、说明和要求

（一）1995 年秋季开学后，小学、初中和高中各个年级均按调整的课程（教学）计划安排教学。各地教育行政部门和教研机构应加强教学管理和教学指导。

（二）新工时制全面实行后，要积极引导，作好学生每周两天课余时间的安排。各地可根据实际情况，适当组织一些有利于学生身心健康、丰富多彩的集体活动，并做好安全教育和组织工作。

（三）各地要抓紧教材的调整与修订工作，按照国家教委办公厅 1995 年 2 月 21 日传真电报《关于认真做好调整中小学教材的紧急通知》的要求，根据调整后的教学大纲安排教学。

（四）我委印发的教基〔1994〕4号文件和教基〔1994〕14号文件，除本文所涉及的内容做相应变动外，其余部分仍有效，各地教育行政部门要认真贯彻执行。

普通高中教学计划表

	高一	高二	高三	授课总时数
政治	2	2	2	184
语文	4	4	5/4	380
数学	4	4	5	392
外语	4/5	4		289
物理	3	3/2		187
化学	3/2	3		187
生物		3		102

续表

	高一	高二	高三	授课总时数
历史	2	2		136
地理	3			102
体育	2	2	2	184
艺术	1	1		68
劳动技术	每学年4周，共12周。			
社会实践活动	每学年安排2周。在劳动技术课或学科教学活动的时间内安排。			
每周必修课总时数	28	28/27	14/13	2211
选修课	2	2/3	16/17	
课外活动	4（体育锻炼2；其他2）	同左	同左	
周活动总量	34	34	34	

19960117

国家教委办公厅关于下发实验《"体育两类课程整体教学改革"的方案》的通知

1996年1月17日

教体厅〔1996〕1号

为了进一步推进体育课程和教学的改革，促进中小学生的体育锻炼，提高活动类体育课程的教学质量，适应我国的课程改革和课程建设，根据《九年义务教育全日制小学、初级中学课程计划（试行）》和《全日制普通高级中学课程计划（讨论稿）》中的有关安排和精神，特拟定实验《"体育两类课程整体教学改革"的方案》并下发给你们，请你们认真领会其精神，结合本地区的具体实际，选择有条件的地区进行实验并认真总结经验，逐步推广落实，各地还应把实验情况和经验、意见及时反馈到我委体育卫生与艺术教育司。

"体育两类课程整体教学改革"的方案

在《九年义务教育全日制小学、初级中学课程计划（试行）》和《全日制普通高级中学课程计划（讨论稿）》中，课程设置发生了较大变化，即将以往的单一的学科类课程体系改变为学科类课程与活动类课程相结合的新的课程体系，这既是我国课程研究和改革的成果，也反映了我国课程理论的新的发展，其目的是使理论知识的传授、实践技能的培养和体能的发展更好地结合起来，以保证学生德、智、体全面发展。在新的课程设置中，体育课程也由原来的单一的体育课教学变为学科类课程体育与活动类课程体育相结合的新的课程体系（见表一、表二、表三）。

表一　九年义务教育全日制小学、初级中学体育课时安排（六三制）

学段	小学						初中		
年级	一	二	三	四	五	六	一	二	三
学科类	2	2	3	3	3	3	2	2	2
活动类	2	2	1.5	1	1	1	1	1	1

表二　九年义务教育全日制小学、初级中学体育课时安排（五四制）

学段	小学					初中			
年级	一	二	三	四	五	一	二	三	四
学科类	2	2	2	2	2	3	2	2	2
活动类	1.5	1.5	1	1	1	1.5	1	1	1

表三　全日制普通高级中学体育课时安排

年级	一	二	三
学科类	2	2	2
活动类	1	1	1

鉴于上述新的体育课程设置的要求和体育教学改革的实际情况，特拟定此"体育两类课程整体教学改革"（以下简称"整体教学改革"）方案，以推动这项改革工作的全面开展。

一、实施"整体教学改革"的目的

"整体教学改革"是适应当前我国课程整体改革的一项新的举措，是贯彻《中国教育改革和发展纲要》、实施《学校体育工作条例》、深化学校体育改革的具体步骤之一。"整体教学改革"按照新调整的教学计划对课程设置变化的要求，旨在更有效地达到体育课程的整体目标、完成多元教学任务，提高体育教学质量，改变目前体育教学实践中单一课程实施时体育课程的整体目标难以达成、多元教学任务难以完成的状况；"整体教学改革"力求解决和纠正教学实践中，长期争议的"以技术、技能传播为主"与"以增强体质为主"的矛盾和偏颇，使两者在新的课程体系中得到统一；"整体教学改革"试图对单一课程体系中教材分类的原则进行重新认识，实现"以运动技术项目为主的分类方式"向"以两类课程体育的不同性质和要求为依据的分类方式"的转变；"整体教学改革"试图实现体育教学和终身体育的接轨，使体育课程能最大限度地适应社会经济发展对体育的需求；"整体教学改革"有利于创立新型的体育教学模式，为深化体育教学改革开创新的领域。

二、体育学科类课程和活动类课程的含义

就整体而言，体育课程要完成以下课程任务：向学生传授体育基础知识、基本技术，发展其基本运动技能；促进学生的生长发育，发展学生体能，增强学生体质；结合体育课程特点培养学生良好的品行等。这是一个综合的目标，从这个意义上讲，体育课程是一个具有综合性质的课程。它以教育科学和体育运动科学作为课程的理论基础，是以体育、卫生保健的理论知识、技术体系和各种体育活动作为课程内容，兼有学科类课程和活动类课程特点的一门学科。

（一）学科类课程的体育（体育教学课）：是通过对体育文化的传授，使学生掌握体育基础知识、运动技术和战术，并形成相应的体育技能为目的的课程。

（二）活动类课程的体育（体育活动课）：是重视让学生在大量的体育活动中，加深学生对体育原理的理解和对运动体验，以提高体能、活跃身心、培养学生体育实践能力为主要目的的课程。

三、体育两类课程整体教学改革的含义

与以往体育课程只把体育课教学列入课程范围、课外体育活动被视为"体育课的延伸和发展"的看法不同，"两类课程整体教学改革"是以整体的观点，将课内、课外教学活动统一于课程范围，并将具有两类不同性质和特点的体育课程有机结合起来的新的课程思想，其目的是更有效地达到全面发展学生的身心、培养学生的能力。这一思想在教学中要求把知识的学习、技术的掌握、技能的形成与意志品质的培养、心理需求的满足、情感的体验相协调，以提高教学效果和质量。

两类课程之间既有区别，又统一于体育课程整体之中，相辅相成。

"两类课程整体教学改革"之"整

体"体现在两个方面。一是两类课程所要达到的目标是一致的，都以达到体育课程的整体目标为终极点。二是两类课程内容相互联系、渗透，学科类课程体育与活动类课程体育在内容上相互补充和发展，学科类课程体育是活动类课程体育学习的基础，活动类课程体育是学科类课程体育的运用、深化和发展，这样，学生既能学到系统的体育知识、技术，发展相应的体育技能，又能发挥学习、运用体育知识、技术的主动性、创造性，提高体育能力。

四、学科类课程体育和活动类课程体育的教学

（一）教学任务

1. 学科类课程体育（体育教学课）：传授各学段体育教学大纲（或课程标准）规定的体育原理知识、技术，培养和提高相应的体育技能；传授有关健康、安全的知识，进行有关健康行为的教学。

2. 活动类课程体育（体育活动课）：与学科类课程密切衔接，使学生运用所学体育知识、技术于实践，发展学生能力，娱乐身心，培养学生参加体育活动的意识和习惯，对学生进行竞争、协同精神、意志品质和创造能力的培养。

以上两类课程的任务各有侧重，但两者是相互联系、渗透、交叉的，共同完成体育课程的整体目标。如学科类课程虽以传授体育知识、技术为主，但同时也要注意对学生进行能力培养和思想品德教育；同样，活动类课程虽以培养学生的能力，锻炼、娱乐学生身心和对其进行品行教育为主，但也应根据实际情况进行必要的知识、技术的传授。

（二）教学内容

根据两类课程不同的教学任务，在选择教学内容时，应有所区分和侧重（见表四）。

1. 学科类课程教学内容：九年义务教育全日制小学、初级中学体育教学大纲中的"体育卫生保健基础常（知）识"；"实践内容"中的各项运动的基本技术、基本技术的复杂串联或套路、（小）球类中的简单战术、教学比赛等，即那些需要教师进行系统教学，学生才能学会的较复杂的运动技术、战术等；健康教育内容。

2. 活动类课程教学内容：九年义务教育全日制小学、初级中学体育教学大纲中"实践内容"中大部分的"发展身体素质的练习"、游戏类和各项运动的"基本技术""基本战术"等在实践中的运用，即那些不需要教师进行系统教学或在教学时间不长的情况下学生也能掌握的教材内容。

表四 体育两类课程整体的教学的内容

学科类	活动类
1. 体育卫生保健常（知）识 2. 实践内容： 　　各项运动的基本技术、基本技术的复杂串联或套路、（小）球类中的简单战术、教学比赛等 3. 健康教育内容	实践教学内容： "发展身体素质练习"的大部分内容，游戏类和各项运动中的基本技术和基本战术在实践中的运用，娱乐体育类

注：《全日制普通高级中学体育教学大纲（讨论稿）》已将高中部分的两类课程的教学内容进行了区分，已颁布的《九年制义务教育全日制小学、初级中学体育教学大纲》规定的内容将根据上述原则进行区分，调整后的内容另发。

（三）教学组织的不同要求

由于两类课程所需完成的教学任务和确定的内容不同，因此，在教学过程的规律、教学组织形态、教学方法、师生关系、教学计划的制订和实施、单元设计和规模、课时教材量、教学评价、教学对象和要求等方面都存在差异（见表五）。

1. 学科类课程体育的教学

教学过程应以认识规律和动作技能形成规律为主进行设计；教学组织应以班级授课和分组教学为主；教学方法以教师的传授法和学生的多种练习法为主，采用讲解、示范法、多种有效的练习方法、保护与帮助、预防和纠正错误、教学检查等方法，要求精讲多练；在重视学生学习积极性和主动性的同时，以强调教学过程中教师的主导作用为主，以知识技术教学的最大实效性为前提；各种教学计划的制订和教学实施全部由教师完成；对教学效果的评价着重于单位时间内学生对知识、技术的掌握程度；单元应以主题单元、运动技术教学单元为主，单元规模可以采用大单元（4—8课时）；考虑到教学的实效性，应以每课时安排一个主教材为宜；教学面向全体学生，依据体育教学大纲规定，教学要求基本统一。

2. 活动类课程体育的教学

教学过程应以人体生理机能变化规律、对运动负荷的适应性规律，以及运动中意志、注意、情绪等心理变化规律为主进行设计；以小组教学、分组教学、班级教学甚至年级教学等多种组织形态来组织教学；教学方法以学生的多种练习法为主，辅以教师的指导法，采用自主练习与自学方法等多种学习方法，注意指导学生通过自我设计、自我调控、自我评价的学习实践掌握自我学习、自我锻炼的原理与方法；教学中教师是学生锻炼与娱乐学习的引导者、辅导者和调控者，教师要激发学生的学习动机，并设立最佳、安全的学习情景和环境;各类主要教学计划应由教师制订,部分教学计划(如课时计划)也可在体育教师的指导下由教师和学生共同完成,计划的实施由教师组织,或在教师的指导下由学生完成,高年级的教学组织也提倡在教师指导下由学生自己完成;教学单元以活动性单元为主,单元规模可以安排小单元(1—4课时);考虑到活动类课程体育教学内容的多样性,可在一课时里安排单一教材,也可安排两个或多个教材;对教学效果的评价侧重于发展体能的效果以及学生能力的发展情况、学生体育意识和习惯的养成情况;教学面向全体学生,教师根据学生的特点组织练习,参照"活动类课程指导纲要"的规定,教学要求可根据实际制定不同层次的标准。

表五 体育两类课程整体改革的教学组织要求

	学科类	活动类
教学过程的规律	依据动作技能形成规律、认识规律为主设计	依据人体生理机能变化规律、对运动负荷的适应性规律、有关心理规律为主进行设计
教学组织形态	以班级授课、分组教学为主	小组教学、分组教学、班级教学、年级教学等多种形态
教学方法	以教师的传授法和学生的多种练习法为主	以教师的指导法和学生的主动练习法为主
师生关系	以强调教师的主导作用为主,同时重视学生学习的积极性、主动性	以强调学生的主体作用为主,教师注意激发学生学习动机,创设学习情景,教师是引导者、辅导者、调控者
教学计划的制订和实施	由教师制订并组织实施	主要由教师制订;课时计划也可在教师指导下,师生共同制订。教师组织实施,或在教师指导下由学生组织实施
单元设计和规模	主题单元、运动技术教学单元为主,采用大、中单元,每单元4—8课时	以活动单元为主,可以采用中、小单元,每单元1—4课时
课时教材量	以一课时一教材为主	一课时一教材、双教材或多教材均可
教学评价	着重于学生掌握知识技术的实效	着重于学生的能力发展、学生体育意识和习惯养成情况,发展体能的效果
教学对象和要求	教学面向全体学生,依据体育教学大纲规定,教学要求基本统一	教学面向全体学生,教师根据学生的特点组织练习,参照"活动类课程指导纲要"的规定,教学要求可根据实际制定不同层次的标准

以上两类课程体育的教学任务、教学内容、教学组织要求的确定丝毫不意味着割裂两类课程的联系，相反，是为了明确两者之间差异，是为了使体育课程整体目标的实现更具有操作性。现代教育的发展使体育课程的整体目标具有多元化的特征，两类课程的不同性质恰恰使这一整体目标的实现有了可操作的模式。因此，两类课程体育之间是统一的，两者统一于整体目标的一致性及内容的相互联系和渗透。另外，两类课程的教学组织的变化是多种多样的，都可以形成有特色的教学模式，这已为国内众多体育教学实践所证实。这样，两类课程体育教学可以得到不断地充实和完善，更加有利于体育课程整体目标的完成。

五、进行体育两类课程整体教学改革实验的要求

"体育两类课程整体教学改革"是我国课程改革体系中的组成部分，是一项与体育教学指导思想、课程理论与结构、教学内容和方法、师资培养、教学计划与评价等都密切联系的一项全局性的改革，因此，各级体育行政管理部门、体育教研部门都应在充分理解和认识此项工作重要性及其实质内容的同时，认真组织实验并注意积累经验，以推进此项工作的开展并使之逐步完善。

（一）各级教育主管部门和教研部门应加强学习和研究，学习新的课程理论，用课程改革的思想指导工作，以便更有效地组织体育两类课程整体教学改革工作。

体育两类课程整体教学改革工作的实验关键是教师，因此，各级教育主管部门和教研部门必须组织教师培训，为改革提供人员素质方面的保证。

（二）体育两类课程整体教学改革是一项新的改革举措，许多理论和实践问题需要在实践工作中不断地加以研究和解决。因此，在组织实验中，要不断摸索经验并上升到理论，以完善此项课程改革的体系。

（三）教材建设是体育两类课程整体教学改革工作中的重要工作，"体育两类课程整体教学改革"要求从体育课程整体的观点和从两类课程的不同特点出发建设教材体系，新的教材体系的建立应注意两类课程的横向联系，处理好知识技能系统与能力发展、学生兴趣和需要系统的关系。

国家教委将在近期下发已将学科类、活动类课程内容加以区分的《全日制普通高级中学体育教学大纲》和与九年义务教育小学、初级中学体育教学大纲相配套的《九年义务教育全日制小学、初级中学活动类课程体育教学指导纲要》，各级教育主管部门应在这些文件指导下进行教材建设，同时，结合各地实际情况，适当采用乡土教材和民族传统体育教材，使教材体系更加科学和完善。

（四）活动类课程的实施由各级教育行政主管部门负责，各学校在主管校长的领导下由学校体育组负责。活动类课程一般由体育教师负责计划和实施。考虑到以往课外体育活动的实施情况和目前体育教师的配备情况，活动类课程也可由体育教师统筹安排与计划，由班主任组织实施。活动类课程工作量的计算方法同其他活动类课程的计算方法一致。

（五）在实验中将对学校体育场地器材的配备提出新的要求，各级教育主管部门应根据情况本着自力更生、艰苦奋斗的精神，积极配备新的教学内容必需的场地器材。办学条件尚有困难的学校，仍以因陋就简、因地制宜、修旧利废、自制器材的要求来配备场地器材，从而保证此项教学改革工作的顺利进行。

19960326

国家教委基础教育司
关于印发《全日制普通高级中学课程计划（试验）》的通知

1996年3月26日

教基司〔1996〕13号

为了进一步深化普通高中教育改革，全面贯彻教育方针，面向全体学生，全面提高教育质量，更好地适应社会主义现代化建设的需要，依据邓小平同志关于"教育要面向现代化，面向世界，面向未来"的指示和《中国教育改革和发展纲要》的精神，我司制定了《全日制普通高级中学课程计划（试验）》（以下简称《课程计划》）。经国家教委主任办公会议讨论同意，现印发给你们。

《课程计划》与九年义务教育课程计划相衔接，是编订普通高中各学科新教学大纲、编写各学科新教材、进行教学试验的依据。我司正组织力量依《课程计划》编订和编写普通高中各学科新的教学大纲和教材。《课程计划》和新编普通高中各学科教学大纲、教材将于1997年秋季在部分地区的学校进行试验，并在试验的基础上，经过修改完善，拟于2000年在全国范围实施。

各地在贯彻落实 1995 年召开的全国普通高中教育工作会议精神，制定高中教育总体规划过程中，可根据《课程计划》着手做好师资、教学设备、教学管理等方面的准备工作。

附件：

全日制普通高级中学课程计划（试验）

全日制普通高级中学（以下简称普通高中）课程计划依据《中华人民共和国教育法》和《中国教育改革和发展纲要》制定，与《九年义务教育全日制小学、初级中学课程计划（试行）》相衔接，适用于三年制普通高中。本课程计划体现国家对普通高中教育的基本要求，是编订各学科教学大纲和编写各学科教材的基本依据。

本课程计划遵循教育要面向现代化、面向世界、面向未来的战略思想；贯彻教育必须为社会主义现代化建设服务，必须与生产劳动相结合，培养德、智、体等方面全面发展的社会主义事业的建设者和接班人的方针；充分发挥课程体系的整体教育功能，全面提高普通高中教育质量。

本课程计划坚持社会主义方向，坚持以马列主义、毛泽东思想和邓小平同志建设有中国特色社会主义理论为指导，以中华民族优秀的文化传统和人类文明发展的优秀成果教育学生；坚持面向全体学生，因材施教，促进受教育者生动活泼主动地发展，以适应社会发展的需要；坚持依据培养目标和学生的身心发展规律，合理安排课程，既有统一的基本要求，又具有适度的灵活性，以适应不同办学模式的学校的需要，鼓励学校在实现国家基本要求的前提下办出特色。

一、培养目标

普通高中是与九年义务教育相衔接的高一层次的基础教育。普通高中要进一步提高学生的思想道德、文化科学、劳动技能和身体心理素质，发展学生的个性和特长，有侧重地对学生实施升学预备教育或就业预备教育，为高等学校输送合格的新生，为社会各行各业输送素质较高的劳动后备力量，为培养社会主义现代化建设所需要的各类人才奠定基础。

培养学生热爱祖国，热爱人民，热爱中国共产党，热爱社会主义，具有正确的政治方向，初步树立正确的世界观、人生观和价值观。使学生具有社会责任感和事业心，树立为人民服务的思想，具有为祖国社会主义现代化建设甘于奉献的精神；具有良好的思想品德和文明礼貌行为；具有分辨是非和自立自律的能力。

培养学生掌握现代社会需要的普通文化科学基础知识和基本技能，具有自觉的学习态度和自学的能力，掌握基本的学习方法，具有创新的精神和分析问题、解决问题的基本能力。

培养学生自觉锻炼身体的习惯，

使他们具有健康的体魄和身心保健的能力；具有健康的审美观念和一定的审美能力；具有良好的意志品质和一定的应变能力。

培养学生树立正确的劳动观点，具有基本的技术意识和初步的择业能力，具有一定的劳动技能和现代生活技能。

二、课程设置

（一）课程结构

普通高中课程由学科类课程和活动类课程组成。

1. 学科类课程

普通高中学科类课程分为必修、限定选修和任意选修三种方式。

必修学科是每个高中学生必须修习的课程，设有思想政治、语文、数学、外语（英语、俄语、日语等语种）、物理、化学、生物、历史、地理、体育、艺术和劳动技术等12门学科。

限定选修学科是学生在学习必修学科的基础上，侧重接受升学预备教育或接受就业预备教育所必需的、进一步学习的课程，设有语文、数学、外语、物理、化学、生物、历史、地理、劳动技术等学科。学生可根据自己的志向、爱好和需要，在教师的指导下选择修习。

任意选修学科是为发展学生兴趣爱好、拓宽和加深知识、培养特长、提高某方面能力而设置的。学生可根据个人的兴趣和志向，在教师的指导下，从学校可能提供的任意选修学科科目中自主选择修习。

2. 活动类课程

活动类课程包括校会、班会，社会实践，体育锻炼，科技、艺术等活动。校会班会、社会实践和体育锻炼是全体学生必须参加的活动课程，科技、艺术等活动是学生自愿选择参加的活动课程。

社会实践活动可集中安排，其他活动宜分散安排。

（二）课程安排

1. 各学年时间安排

全年52周：

教学时间40周；

假期（包括寒暑假、节假日和农忙假）10—11周；

机动时间1—2周。

各学年40周教学时间安排：

高一、高二年级每学年上课35周，复习考试2周，社会实践活动2周，集中安排劳动技术课程1周；

高三年级上课26周，复习考试12周，社会实践活动2周。

2. 每周活动总量

每周按5天安排教学，周活动总量33课时，每课时45分钟。

3. 课程设置表

类别	学科		必修、限选 周课时累计（＊1）	必修、限选 授课总时数（＊2）	授课总时数
学科	必修和限选	思想政治	6	192	192
		语文 必修	8	280	332—384
		语文 限选	2—4	52—104	
		数学 必修	8	280	332—384
		数学 限选	2—4	52—104	
		外语 必修	7	245	297—349
		外语 限选	2—4	52—104	
		物理 必修	4.5	158	158—306
		物理 限选	5	148	
		化学 必修	4	140	140—253
		化学 限选	4	113	
		生物 必修	3	105	105—183
		生物 限选	3	78	
		历史 必修	3	105	105—253
		历史 限选	5	148	
		地理 必修	3	105	105—192
		地理 限选	3	87	
		体育	6	192	192
		艺术 音乐美术	2	70	70
		劳动技术 必修 限选	分散 4 集中 2 周（＊3） 9	122 234	122—356
	任选		9.5—16.5		288—497
活动	校会班会 科技艺体活动 课间操眼保健操		9 每天半小时		315
	社会实践活动		每学年 2 周，三年共 6 周		

表中的限选系指限定选修学科，任选系指任意选修学科，下同。

＊1. 周课时累计指每个学科各学年周课时之和。如：思想政治每学年周课时为 2，三年累计为 6。

＊2. 授课总时数是以《课程安排示例表》为依据计算的。

由于各地和学校可在周课时累计不变的情况下编排课程表，因此各学校实际授课总时数会有所不同。

＊3. 劳动技术必修学科采取分散和集中相结合的方式安排。

分散安排：周课时累计为 4，授课总时数为 122；

集中安排：高一、高二年级各 1 周，共 2 周。

4. 课程安排示例表

学科		高一	高二 Ⅰ	高二 Ⅱ	高二 Ⅲ	高三 Ⅰ	高三 Ⅱ	高三 Ⅲ	必修、限选周课时累计	必修、限选授课总时数
必修和限选	思想政治	2	2	2	2	2	2	2	6	192
	语文 必修	4	4	4	4				8	280
	语文 限选					2	4	2	2—4	52—104
	数学 必修	4	4	4	4				8	280
	数学 限选					2	2	4	2—4	52—104
	外语 必修	4	3	3	3				7	245
	外语 限选					2	4	4	2—4	52—104
	物理 必修	2	3/2	3/2	3/2				4.5	158
	物理 限选				2		3		5	148
	化学 必修	2	2	2	2				4	140
	化学 限选				1		3		4	113
	生物 必修		3	3	3				3	105
	生物 限选						3		3	78
	历史 必修	3							3	105
	历史 限选			2			3		5	148
	地理 必修	3							3	105
	地理 限选			1			2		3	87
	体育	2	2	2	2	2	2	2	6	192
	艺术 音乐美术	1	1	1	1				2	70
	劳动技术 必修	每周1节*				2			4	122
	劳动技术 限选					9			9	234
任意选修学科与活动类课程		5	8.5	5.5	5.5	12	12	8		
周活动总量		33	33			33				

注：Ⅰ 为侧重就业预备教育，Ⅱ、Ⅲ 分别为侧重升学预备教育的文、理科。

＊劳动技术必修课时的分散安排为：高一、高二年级可隔周两节连排；劳动技术必修课时的集中安排为：高一、高二年级各1周，共2周。社会实践活动每学年2周，三年共6周。

（三）课程设置的说明

1. 时事政策教育是普通高中阶段思想政治教育的重要组成部分，主要通过组织收听、收看广播电视的时事新闻，并结合思想政治课和社会实践活动进行，使学生及时了解国内外重要时事，进行时事政策教育。时事政策教育时间每学年不少于17课时。

2. 职业指导、人口教育、国防教育和环境教育等主要渗透在思想政治、劳动技术、生物、地理、历史、物理、化学等相关学科中，也可利用任意选修课和活动类课程的课时开设专题讲座。

3. 劳动技术学科以分散和集中两种方式安排。学校应根据本计划的规定，认真组织教学。

4. 积极推进计算机教育。凡具备进行计算机教学条件的学校，应把计算机课程作为必学内容，并根据《中小学计算机课程指导纲要》中有关高中阶段开设计算机课程的要求组织教学。学校根据实际情况，可把计算机课程作为劳动技术学科的一部分内容，也可作为必修或选修学科，在相关的教学时间内安排。

5. 社会实践活动包括组织学生进行社会调查，参加工农业生产劳动和军训活动等。各校要认真按照本计划规定，精心安排，使学生走出学校，深入社会，联系实际，受到教育与锻炼。

6. 高中三年级总复习阶段，校会、班会及体育锻炼等活动应照常进行。

三、考试考查

（一）普通高中的学期、学年和毕业考试、考查或考评，是对学生学业的合格水平的考核，通过对学科类课程和活动类课程的有关知识和能力等方面的全面考核，促进学生整体素质的提高和德智体等方面的全面发展。

（二）必修学科中的思想政治、语文、数学、外语、物理、化学、生物、历史、地理等九门课程作为考试学科；必修学科中的体育、艺术、劳动技术和全部选修学科作为考查学科；活动类课程只进行考评。

（三）考试、考查的命题要以学科教学大纲为依据，准确把握教学目标和要求。学期和学年考试、考查一律由学校命题。

考试每学期举行一次。

（四）学科类课程的考试、考查可采取闭卷、开卷的书面方式，也可采用口试、操作等方式。成绩评定一般可采用百分制或等级制，也可采用评语制。活动类课程的考试可通过记录参加活动的次数和表现，从学生参与活动的积极性和实绩等方面进行评定。考评结果可采用等级制或评语制。

（五）普通高中实行毕业会考制度。会考是国家承认的省级普通高中文化课毕业水平考试。会考采取考试和考查两种方式。考试学科一般为：思想政治、语文、数学、外语、物理、化学、生物、历史、地理等学科；考查学科和项目为：劳动技术学科和物理、化学、生物的实验操作。体育学科由学校按教学大纲规定的内容进行考查。

普通高中毕业会考由各省、自治区、直辖市教委、教育厅（局）根据学科教学大纲中必修内容的基本要求，结合本地实际情况，确定考试范围和标准，作为会考命题的依据。

会考的考试和考查一般应在本学科必修内容的教学全部结束后进行。

各学科考试和考查的时间安排由各省、自治区、直辖市教委、教育厅（局）根据本课程计划的有关规定，结合本地区、学校具体的课程安排确定。

四、课程管理

普通高中课程由中央、地方、学校三级管理。

本课程计划中的 12 门学科课程（包括必修和限选学科）由国家教育委员会统一规定基本课时数，颁布学科教学大纲，并规划、组织编写和审查教材。

各地根据本课程计划的精神，按照实际情况，由省级教育行政部门或其授权的教育部门参照本课程计划中的《课程安排示例表》，制定本省实施的高中课程计划，提出有关任意选修学科及活动类课程的实施方案，指导学校执行，并报国家教育委员会基础教育司备案。

学校应根据国家教育委员会和本省（自治区、直辖市）课程计划的有关规定，从实际出发，对必修学科和限选学科作出具体安排，合理设置本学校的任选课和活动课，并报上级教育行政部门批准。

本课程计划的修订、审定权属国家教育委员会基础教育司。

19990726

教育部办公厅关于印发《落实全教会精神，深化高考改革座谈会纪要》的通知

1999 年 7 月 26 日

教学厅〔1999〕6 号

教育部高考改革实施工作小组于 1999 年 7 月 12 日至 13 日，在广东省珠海市召开了落实全教会精神，深化高考改革座谈会。现将座谈会纪要印发给你们，请在学习和贯彻全教会精神、制定你省（自治区、直辖市）高考改革实施方案的过程中认真贯彻落实。今年 3 月武汉招生工作会上要求各省（自治区、直辖市）于 6 月底前上报高考改革实施方案，可延迟至 9 月底。

落实全教会精神，深化高考改革座谈会纪要

为贯彻落实全教会精神和教育部《关于进一步深化普通高等学校招生考试制度改革的意见》（教学〔1999〕3号），进一步推进高考改革，促进素质教育，教育部高考改革实施工作小组于1999年7月12日至13日，在广东省珠海市召开了落实全教会精神，深化高考改革座谈会。教育部副部长周远清与代表们共同研讨，并作了重要讲话。教育部高考改革实施工作小组、高校学生司、基础教育司、考试中心的负责人，广东、山西、吉林、江苏、浙江及北京、天津、上海、黑龙江等省市教委主任、分管高校招生或基础教育工作的副主任和有关方面负责人共30人参加了会议。会议以落实全教会精神、深化高考改革为主题，围绕"3+X"科目设置方案、一年两次考试等议题进行了认真、深入的研讨，广东省详细介绍了实施"3+X"方案一年来的工作情况、对基础教育产生的积极影响以及深化"3+X"方案的工作思路；山西、吉林、江苏、浙江等省汇报了明年进行"3+X"科目设置改革的工作方案；天津、上海两市汇报了对一年进行两次考试的论证情况。通过研讨，大家进一步提高了认识、统一了思想，明确了2000年进行高考科目设置改革及相关工作的基本方案。

一、要站在落实全教会精神的高度，从强化素质意识、全面提升教育质量的角度，认识高考改革的紧迫性，增强责任感。高考改革要按照《中共中央国务院关于深化教育改革全面推进素质教育的决定》和教育部《关于进一步深化普通高等学校招生考试制度改革的意见》，进一步加快改革。高考改革要始终全面坚持"三有助"的原则；科目设置、考试内容、考试形式和网上录取四方面的改革，要联系起来认识，互相推动、重点深入、全面深化。高考改革的实施，会有很多困难，操作比较复杂，也有一定风险，我们要有勇气和智慧去解决矛盾，确保高考改革的健康发展和不断深入。

二、在工作方法上，要坚持坚决地改、大胆地试，在实践中完善。在明确目标的前提下，分步实施是必要的，但也不要将步骤分得太多太细，应保持整个高考制度的相对稳定。同时，近一年来高考改革的实践说明，一条重要的经验是招生考试与基础教育部门必须密切协作。基础教育部门要充分利用高考改革作为机制促进高中课程设置、教学内容和教学方法的改革，真正发挥高考改革对推进中小学全面实施素质教育的积极导向作用。各省（自治区、直辖市）应建立高考改革工作小组，加强研究，加强协调，加强配合，各部门努力做好各自的工作。

三、进一步加深对"3+X"科目设置方案的认识，正确把握其本质。

"3＋X"的科目设置方案，把统一性的要求和多样性的要求结合起来，是现有条件下的一个好方案，已经得到了社会的广泛认同。针对当前的情况，会议强调要特别注意：第一，"X"的可选择性。要给高校一定的选择权，逐步打破高考"大一统"的局面。"X"部分可以有限选和任选，但一定要由高校选。各省（自治区、直辖市）在制定高考改革实施方案时对此要高度重视。第二，综合科目进入"X"。综合科目是对考生的综合能力测试。大规模地对考生进行综合能力测试，是我国考试制度的一个创造。综合能力测试不以知识点的交叉为考查重点，而是以理解、掌握和运用中学所学知识的能力为考查重点。要在近两年对保送生进行"综合能力测试"的基础上总结经验，逐步完善。"综合科目"不是一门新的课程。各地在高中教学改革中，鼓励进行专题性研究学习，但不要在已有的文化课程以外开设以应对综合能力测试为目的的"综合课程"。

四、一年来，广东省政府、省人大对高考改革十分关心，给予了许多具体指导和支持，高教和普教方面的同志积极探索、仔细研究、认真实践，积累了许多宝贵的经验；在总结1999年工作基础上提出的深化"3＋X"科目设置的方案是一个好的方案。山西、吉林、江苏、浙江等四省也都以严肃认真的态度提出了进行"3＋X"科目设置改革的方案。教育部高考改革实施工作小组同意四省立即启动试点工作，并要求在试点中总结经验，不断完善。

五、会议对2000年山西、吉林、江苏、浙江四省进行"3＋X"科目设置改革后各科的命题原则进行了讨论。与会代表充分肯定了今年的高考命题工作的积极导向。在2000年，语文科目仍坚持今年的命题原则，数学按对文理科考生分卷、但内容有合也有分的原则命题；在外语考试中积极推进听力测试。"X"部分试行文科综合（含政治、历史、地理）、理科综合（含物理、化学、生物），其中地理、生物依据教学大纲必修部分命题。文科综合、理科综合以能力考查为主导，既有学科内的综合又有跨学科的综合，并反映相关各学科的主干内容；文科综合、理科综合考试时间为150分钟，分值为260分。

山西及其他一些省市正在进行高中课程改革的试点工作，不管采取何种科目设置方案，高考命题都将依据新教学大纲，以支持课程改革工作。

六、关于一年两次考试问题。要按照《中共中央国务院关于深化教育改革全面推进素质教育的决定》的要求，结合教育管理体制的改革情况，积极进行一年两次考试方案的论证和试点。迫切的是研究本、专科如何分开考，两次考试如何操作，既解决个别考生偶然因素而影响升学的问题，又不致造成多数学生过重的考试负担。会议委托天津、上海在已有工作基础上进一步予以论证，其他省（自治区、直辖市）也应加强研究。方案须经教育部审批后实施。

会议认为，当前还应加强对中学校长、教师的培训，转变教育观念，深化中学的教育教学改革，使教改与高考改革相互支持、相互促进；应进一步加强高考改革宣传工作，宣传改革的目的、意义、做法，争取更加广泛的共识和支持。

20000131

教育部关于印发《全日制普通高级中学课程计划（试验修订稿）》的通知

2000 年 1 月 31 日

教基〔2000〕3 号

1996 年，原国家教委颁布了《全日制普通高级中学课程计划（试验）》和语文等十二个学科的教学大纲，组织编写了各学科教材（以下统称为"课程方案"），并于 1997 年在江西省、山西省和天津市进行试验。经过两年多的试验，该套课程方案受到试验省、市师生以及专家的肯定和普遍好评。

为贯彻落实《中共中央国务院关于深化教育改革全面推进素质教育的决定》，加快普通高中课程改革，在对试验中存在的问题进行分析与研究的基础上，我部组织专家进一步修改了《全日制普通高级中学课程计划（试验）》，现将《全日制普通高级中学课程计划（试验修订稿）》印发给你们。

2000 年进行普通高中课程试验的地方要充分研究《全日制普通高级中学课程计划（试验修改稿）》，全面落实课程计划的精神，并做好师资培训、教学仪器设备的配备、教学改革和管理等方面的工作。

仍执行《关于实行每周 40 小时工作制后调整全日制中小学课程（教学）计划的意见》（教基厅〔1995〕10 号）的地方，要认真学习领会《全日制普通高级中学课程计划（试验修订稿）》的精神，从当地实际出发，积极进行普通高中课程改革，全面提高普通高中教育质量。

全日制普通高级中学课程计划
（试验修订稿）

全日制普通高级中学（以下简称普通高中）课程计划依据《中华人民共和国教育法》《中共中央国务院关于深化教育改革全面推进素质教育的决定》及《面向21世纪教育振兴行动计划》制定，与《九年义务教育全日制小学、初级中学课程计划（试行）》相衔接，适用于三年制普通高中。本课程计划体现国家对普通高中教育的基本要求，是编订各科教学大纲和编写教材的基本依据，是课程实施评价和管理的基本准则。

本课程计划以马克思主义、毛泽东思想和邓小平理论为指导，遵循教育要面向现代化、面向世界、面向未来的战略思想，贯彻教育必须为社会主义现代化建设服务，必须与生产劳动相结合，培养德、智、体、美等方面全面发展的社会主义事业的建设者和接班人的方针，以全面推进素质教育为宗旨，全面提高普通高中教育质量。

本课程计划按照普通高中教育的培养目标和学生身心发展规律，适应社会发展需要和各地学校实际，合理安排课程，发挥课程体系的整体教育功能，既有统一的基本要求，又具有较大的灵活性；坚持面向全体学生，因材施教，充分发挥学生学习的自主性，促进学生生动活泼主动地发展。

一、培养目标

普通高中教育是与九年义务教育相衔接的高一层次基础教育。普通高中教育要进一步提高学生的思想道德、文化科学、劳动技能、审美情趣和身体心理素质，培养学生创新精神、实践能力、终身学习的能力和适应社会生活的能力，促进学生个性的健康发展，为高等学校和社会各行各业输送素质良好的普通高中毕业生。

在九年义务教育基础上，普通高中教育的培养目标特别强调以下内容。

（一）热爱社会主义祖国，拥护中国共产党，了解中国历史和国情，对国家和民族具有责任感，初步形成正确的世界观、人生观和价值观。

具有民主和法制精神，学习行使公民权利和履行公民义务；积极参与社会公益活动；具有自觉保护环境的意识和行为；具有集体意识和合作精神；具有参与国际活动和国际竞争的意识；具有独立生活的能力；形成健全的人格。

（二）具有适应学习化社会所需要的文化科学知识；形成独立思考、自主学习的能力；具有科学精神，形成科学态度，学会科学方法；能够利用现代信息技术手段进行学习，解决问题；进一步发展创新精神和实践能力，逐步形成适应学习化社会需要进行终身学习的能力。

（三）具有健康体魄和身心保健能

力，养成自觉锻炼身体的习惯，掌握科学的锻炼方法；具有良好的心理素质；形成文明健康、积极向上的生活方式。

（四）树立健康的审美观，养成健康的审美情趣，对自然美、社会美、科学美和艺术美具有一定的感受力、鉴赏力、表现力和创造力。

（五）具有与社会生活相适应的职业意识、创业精神和一定的择业能力，形成一定的劳动技能和现代生活技能，能够对自己的生活和发展作出恰当的选择。

二、课程设置

普通高中必修课设有思想政治、语文、数学、外语（英语、俄语、日语等语种）、物理、化学、生物、历史、地理、信息技术、体育和保健、艺术以及综合实践活动。

选修课设有数学、物理、化学、生物、历史、地理、信息技术7门学科，以及地方和学校根据学生兴趣要求和发展需要所开设的课程。

（一）课程安排

1.各学年教学时间安排

全年52周：教学时间40周；假期（包括寒暑假、节假日和农忙假）10—11周；机动时间1—2周。

各学年40周教学时间安排：高一、高二年级每学年上课35周，复习考试3周，社会实践和劳动技术教育2周；高三年级上课26周，复习考试12周，社会实践和劳动技术教育2周。

2.每周活动总量

每周按5天安排教学，周活动总量34课时，每课时45分钟。

3.课程设置表

学科		周课时累计*	必修、选修授课时数	总授课时数
思想政治	必修	6	192	192
语文	必修	12	384	384
外语	必修	12	384	384
数学	必修	8	280	332—384
	选修	2—4	52—104	
信息技术	必修	2	70	70—140
	选修	2	70	
物理	必修	4.5	158	158—306
	选修	5	148	
化学	必修	4	140	140—271
	选修	4.5	131	
生物	必修	3	105	105—183
	选修	3	78	
历史	必修	3	105	105—236
	选修	4.5	131	

续表

学科		周课时累计*	必修、选修授课时数	总授课时数
地理	必修	3	105	105—209
	选修	4	104	
体育和保健	必修	6	192	192
艺术（音乐、美术）	必修	3	96	96
综合实践活动	研究性学习	9	288	288
	劳动技术教育	必修	每学年1周（可集中安排，可分散安排）	
	社区服务		一般应利用校外时间安排	
	社会实践		每学年1周（可集中安排，可分散安排）	
地方和学校选修课		11—19	340—566	

注：周课时累计指各学科每学年周课时之和。

（二）课程设置说明

1. 普通高中必修课是为学生打好共同基础开设的，每位学生必须修习。选修课是在必修课基础上，为拓宽和增强学生有关学科领域的知识和能力开设的，学校除按照国家规定开设选修课外，地方和学校为满足学生多样发展的需要也应创造条件开设灵活多样的选修课，学生可以根据个人志向、兴趣和需要自主选择修习。

2. 时事政策教育是思想政治课的重要组成部分，主要通过组织学生每天收听、收看广播电视时事新闻进行。

3. 国防教育、环境教育、人口教育等专题教育内容主要渗透在相关学科和活动中进行，也可利用地方和学校选修课开设专题讲座。

4. 综合实践活动是国家规定的必修课，包括研究性学习、劳动技术教育、社区服务、社会实践四部分内容。开设综合实践活动旨在让学生联系社会实际，通过亲身体验进行学习，积累和丰富直接经验，培养创新精神、实践能力和终身学习的能力。学校要从实际出发，具体安排、确定综合实践活动各部分内容和组织形式。

研究性学习以学生的自主性、探索性学习为基础，从学生生活和社会生活中选择和确定研究专题，主要以个人或小组合作的方式进行。通过亲身实践获取直接经验，养成科学精神和科学态度，掌握基本的科学方法，提高综合运用所学知识解决实际问题的能力。在研究性学习中，教师是组织者、参与者和指导者。

劳动技术教育主要对学生进行劳动观念和一般劳动技术能力的教育，进行现代职业意识、职业技能的培养和就业选择的指导。

社区服务主要通过学生在本社区以集体或个人形式参加各种公益活动，进行社会责任意识、助人为乐精神的教育，为社区的建设和发展服务。

社会实践主要通过军训和工农业生产劳动对学生进行国防教育、生产劳动教育，培养组织纪律性、集体观念和吃苦耐劳精神。学校可以结合实际，为学生走出学校，深入社会创造条件。

5. 各地要根据本地实际，充分利用当地资源，积极创造条件开设职业技术类课程，可在地方和学校选修课中安排。学生可结合个人兴趣和需要选择修习。

6. 校、班、团等集体活动原则上每周1课时，可在地方和学校选修课中安排，并且要与综合实践活动的开展紧密结合。

7. 学校要根据普通高中学生的特点，结合实际，组织开展丰富多彩、形式多样的社团、俱乐部、兴趣小组等课外、校外活动。

三、课程实施

课程实施是课程体系的有机组成部分，是实现课程目标的重要途径。课程实施应加强对学生创新精神和实践能力的培养。课程实施主要涉及教材、教师、学生、教学组织等因素。

（一）教材是教学内容的重要载体，是课程实施的基本依据，应体现科学性、基础性、时代性和开放性。课程实施要充分发挥和利用教材以外的课程资源，充分利用信息技术在开发课程资源方面的巨大潜力，引导和启发学生生动、活泼、主动地学习。

（二）教师是课程实施的组织者、促进者，也是课程的开发者和研究者；在教学目标的设计、教学活动的组织、课程资源的选择、现代教育技术的运用等方面都应有利于每一个学生的发展；教师的教学应是富有创造性的活动；教师应当不断提高师德素养和专业水平。

（三）学生的发展是课程实施的出发点和归宿。课程实施应当着眼于学生全面素质的提高，为学生健全人格的形成和态度、能力、知识诸方面的学习与发展创造条件；根据学习内容和目标的不同，采用多样化的学习方式和现代化的学习手段；使学生的学习成为主动、富有个性的过程。

（四）倡导教学民主，建立平等的师生关系。教师要尊重学生的人格，每一位教师都有责任爱护和培养学生的探索精神、创新精神，营造崇尚真知、追求真理的氛围，促进学生自主学习、独立思考，为学生禀赋和潜能自由、充分的发展创造宽松的环境。

四、课程评价

课程评价是实现课程目标的关键环节。正确的教育质量观是实施课程评价的关键。课程评价在课程实施过程中发挥着教育导向和质量监控的作用。同时，课程评价也是重要的教育手段之一，它可以及时地指导和帮助师生改进教和学的活动，不断提高教学质量。

课程评价应以尊重学生为基本前提，以促进学生发展为根本目的。课程评价应根据普通高中教育的性质和任务，重视学生个性健康发展和人格完善，促进学生的全面发展；应根据普通高中学生的成长规律和发展需要，正确地确定评价标准和使用恰当的评价方式；积极地发挥评价结果的作用，通过评价帮助学生正确地认识自己在态度、能力、知识等方面的成就和问题，增加自尊和自信，改进学习方法，提高学习质量。

（一）考试是课程评价的重要方式之一。考试应依据教学大纲规定的目标和标准确定考试方式和组织命题，侧重考查学生对知识的综合理解，运用所学知识综合解决问题的能力。

正确地对待考试结果。教师要指导每个学生认真分析考试结果，帮助学生改进学习，进一步提高学习成绩；教师要通过对每一位学生考试结果的分析和说明，改进和提高教学质量。不允许公布学生的考试成绩和名次。

（二）普通高中毕业会考或其他形式的毕业考试都要坚持毕业水平考试的性质，要依照学科教学大纲规定的教学目标或标准，全面考核学生的学习水平。学科会考应在学科必修内容的教学活动全部结束后进行。

（三）要利用学分制管理综合实践活动，各地要指导学校制定相应的学分制实施办法，学生必须按照规定取得相应学分后方可毕业。

五、课程管理

普通高中课程实行国家、地方和学校三级管理体制。

教育部规定普通高中教育的培养目标、课程设置及课时安排，颁布各学科教学大纲（或课程标准）和《普通高中研究性学习指南》。

省级教育行政部门应按照本课程计划的精神，结合实际情况，制定本省（自治区、直辖市）的课程计划，并报教育部基础教育司备案。各级教育主管部门应结合当地经济、社会、文化教育发展实际，积极创造条件，努力开发、完善地方课程，并对综合实践活动和由学校安排的选修课的开发与实施给予全面的指导。

学校应根据教育部和本省（自治区、直辖市）课程方案的有关规定，从实际出发，认真实施国家规定的必修课和选修课以及地方课程，积极开发综合实践活动资源以及由学校安排的选修课资源，办出学校特色。学校对课程的具体安排需上一级教育行政部门批准后实施。

20000410

教育部关于做好 2001 年普通高考"3＋X"科目设置改革工作的通知

2000 年 4 月 10 日

教学〔2000〕7 号

根据有关省（自治区、直辖市）报来的贯彻我部《关于进一步深化普通高等学校招生考试制度改革的意见》（教学〔1999〕3 号）的实施方案，经研究，同意天津、内蒙古、辽宁、黑龙江、上海、安徽、福建、河南、湖北、湖南、海南、四川、陕西等十三个省（自治区、直辖市）于 2001 年进行高考"3＋X"科目设置改革。现就有关事项通知如下：

一、高考科目设置改革，推行"3＋X"科目设置方案，是新一轮高校招生考试制度改革的内容之一，也是落实高考改革有助于高等学校选拔人才、有助于中学实施素质教育、有助于高等学校扩大办学自主权三项原则的重要措施。"3"指语文、数学、外语，其中英语逐步增加听力测试，数学将来不再分文理科。"X"指政治、历史、地理、物理、化学、生物或综合能力测试。各个考试科目的命题都要更加注重对考生能力和素质的考查。还要指出的是，综合能力测试进入"X"及"X"的可选择性，体现了"3＋X"科目设置方案的特点，各省（自治区、直辖市）在进一步完善本省（自治区、直辖市）高考科目改革方案时对此要注意把握。

二、上述省（自治区、直辖市）2001 年高考科目改革方案中均试行综合能力测试。实行"文理综合"（含政治、历史、地理、物理、化学、生物）考试的，原始分满分为 150 分，考试时间为 120 分钟。

实行"文科综合"（含政治、历史、地理）和"理科综合"（含物理、化学、生物）考试的，原始分满分各为 260 分，考试时间为 150 分钟。

三、高等教育、基础教育、教研与招生考试部门要相互配合，积极支持，以高考科目设置改革为契机，促进中学课程设置、教学内容和教学方法的改革，真正发挥高考改革对全面推进素质教育的积极导向作用。

四、上述省（自治区、直辖市）应尽早向社会公布本省（自治区、直辖市）2001 年高考"3＋X"科目设置改革实施方案。加大宣传力度，争取领导支持，以得到考生及其家长的认同和更广泛的社会支持，确保高考改革平稳进行。

五、上述省（自治区、直辖市）在2001年高考科目改革工作中，要高度重视、审慎操作，认真处理报名、考试、阅卷、出档录取等各环节的问题，及时总结经验，在试点过程中逐步完善。

20000804

教育部办公厅
关于《全日制普通高级中学课程计划（试验修订稿）》的补充通知

2000年8月4日

教基厅〔2000〕13号

2000年1月31日，我部印发了《全日制普通高级中学课程计划（试验修订稿》）（教基〔2000〕3号），现将《全日制普通高级中学课程计划（试验修订稿》）（以下简称"课程计划"）的有关问题补充通知如下。

一、课程计划中"体育和保健"课程名称更正为"体育与健康"。

二、为了促进学生身心的健康成长，各学校必须贯彻国务院批准印发的《学校体育工作条例》的规定，"每天应当安排课间操，每周安排三次以上课外体育活动，保证学生每天有一小时体育活动的时间（含体育课）"。

三、在学校安排的每周三次以上的课外体育活动中，应有一课时在体育教师指导下进行体育锻炼。

请各地按照上述意见，进一步加强体育与健康课程建设，并做好体育场地、器材设施的配备以及教育、教学的改革和管理等方面的工作。

20010118

教育部关于积极推进小学开设英语课程的指导意见

2001年1月18日

教基〔2001〕2号

为了贯彻党的十五届五中全会和第三次全国教育工作会议的精神，进一步落实"教育要面向现代化，面向世界，面向未来"的战略指导思想，教育部决定，把小学开设英语课程作为21世纪初基础教育课程改革的重要内容。现就小学开设英语课程提出如下意见。

第一，积极推进小学开设英语课程。

推进小学开设英语课程的基本目标是：2001年秋季始，全国城市和县城小学逐步开设英语课程；2002年秋季，乡镇所在地小学逐步开设英语课程。小学开设英语课程的起始年级一般为三年级。各省、自治区、直辖市教育行政部门可结合实际，确定本地区小学开设英语课程的工作目标和步骤。

在积极推进小学开设英语课程的工作中，要保护和支持日语和俄语等其他语种的外语教学。鼓励以其他语种作为主要外语课程的学校办出自己的特色。积极支持"双外语"等教学实验活动。

第二，小学开设英语课程的基本要求。

小学英语教学要依据《小学英语课程教学基本要求（试行）》，重视激发和培养学生学习英语的兴趣，培养一定的语感和良好的语音、语调基础，引导学生乐于用英语进行简单的交流。防止和纠正以教授语音和语法等语言知识为主的做法，把教学重点放在培养学生用英语进行交流的能力和兴趣上。小学英语的评价应按照课程目标的要求，以形成性评价为主。不允许将学生的考试成绩排队，并以此作为各种评比和选拔的依据。

小学开设英语课程应遵循短课时、高频率的原则，学校可通过长短课结合，课内外配合，开展丰富多彩的英语教学活动。要保证每周至少四次教学活动，学校可根据具体条件，灵活安排。开设英语课程的小学，从三年级起，语文课减少一课时，其余英语教学活动时间，由地方课时中解决。

各地可根据实际情况，确定小学英语的教学方式。转变传统的课堂教学观念，充分利用远距离教学手段和英语教学音像资源，为学生创设良好的语言学习环境。教师条件较好的城市或地区，在课堂教学中，应积极利用英语音像媒体。英语师资条件暂不具备的地区，要积极利用英语电视节目、录像带、光盘和录音带等资源，在教师的指导和组织下开展教学活动。

从2001年上半年开始，中国教育电视台将播放小学英语教师培训系列节目，以提高教师英语教学能力，并制作部分小学英语电视教学节目，2001年秋季开学起定时和滚动播放，同时提供相应的音像媒体，供小学组织英语教学选用。

第三，加强小学英语教材的管理。

鉴于目前国内已有相当数量的小学英语教材，当前，解决小学英语教材的需求主要是按照《小学英语课程教学基本要求（试行）》组织对现有教材的审查，规范管理。审查通过的教材将列入中小学教学用书目录。2002年秋季开始，未列入中小学教学用书目录的小学英语教材将停止使用。新编小学英语教材须报我部立项核准。鼓励研制开发高质量的英语教学软件。

第四，加强小学英语师资队伍的建设。

加强小学英语师资队伍建设，是提高小学英语教学质量的基本条件。目前，要重点搞好小学英语骨干教师和辅导教师的培训工作，以解决小学开设英语课程的急迫需要。对具有一定英语基础的在职小学教师可开展转岗培训，培训合格后，可转岗从事英语教学或兼职承担英语教学辅导工作。各级师范院校、教师进修院校、中小学教研室要在当地教育行政部门的规划和指导下对在职小学教师进行培训。

加强各级各类师范院校英语教育专业建设，努力扩大和提高师范院校培养小学师资的规模和能力。要继续办好中等外语师范学校。鼓励并支持有条件的中等师范学校举办英语专业班。中等师范学校要开设英语必修课。有条件的中等师范学校可改建为中等外语师范学校。

依据本地区实际，对小学英语教师的配备标准、教学工作量、职务聘任和工资待遇等作出合理规定。为吸引优秀小学英语教师，各地可根据实际情况，采取适当的鼓励政策。鼓励非师范院校英语专业毕业生到小学任教。

第五，加强对小学开设英语课程的领导。

各级教育行政部门要充分认识推进小学开设英语课程的重要性，加强领导，制定可操作的实施方案，讲求实效，稳步推进。有条件的地区要为小学接收英语课程节目，提供必要的条件。特别是解决有线电视的接收，配备电视机、录像机和录音机等必要的设备。其他地区要充分利用"村村通广播电视工程"和"校校通工程"。

加强小学英语课程与教学的科学研究。我部将建立全国小学英语教学指导委员会，对全国的小学英语教学工作和科研工作进行指导。各级教研部门要配备专职的小学英语教研员，积极组织小学英语教师开展教学研究工作。

各地要有计划地建立若干"示范

班""示范校"和"示范区",开展教学改革实验,总结推广先进经验,为当地推进小学开设英语课程发挥示范作用。

20010120

教育部关于全国使用《全日制普通高级中学课程计划（试验修订稿）》和各学科教学大纲（试验修订版）的通知

2001年1月20日

教基函〔2001〕3号

1996年,原国家教委组织编制了《全日制普通高级中学课程计划（试验）》和12个学科教学大纲（以下简称"新课程方案"）,并于1997年秋季在江西省、山西省和天津市试验,取得了较好的效果。1999年,我部根据第三次全国教育工作会议和有关文件的精神,针对试验中反映出的问题,对"新课程方案"进行了修订和完善,于2000年印发了《全日制普通高级中学课程计划（试验修订稿）》和语文等学科教学大纲（试验修订版）。在原两省一市的基础上,江苏、山东、河南、黑龙江、辽宁、安徽、青海等省也于2000年秋季开始使用这套课程方案,同时,全国统一使用了普通高中语文、思想政治两个学科教学大纲的试验修订版;2001年全国统一使用普通高中体育与健康教学大纲的试验修订版。

为进一步贯彻落实全国教育工作会议精神,不断深化普通高中教育改革,积极推进普通高中实施素质教育,经研究,我部决定从2002年秋季入学的高中一年级开始,全国使用《普通高级中学课程计划（试验修订稿）》和各学科教学大纲（试验修订版）；需要将教材翻译成少数民族语言文字,且工作量较大的省、自治区可延迟到2003年。届时,现行普通高中课程方案将停止使用。

为确保普通高中新课程方案的顺利推进和有效实施,我部将于2001年和2002年组织《普通高级中学课程计划（试验修订稿）》和各学科教学大纲（试验修订版）的国家级培训,各地要根据我部对普通高中课程实施工作的总体部署,确定当地使用普通高中新课程方案的计划,做好师资培训、教学仪器、教学配套改革等各方面的准备工作,尤其要做好各级教育行政部门、教研部门,特别是校长和教师的省级和地市级培训工作。请各省（自治区、直辖市）将使用普通高中新课程方案的计划于2月底以前报我部备案。

20011119

教育部关于印发《义务教育课程设置实验方案》的通知

2001 年 11 月 19 日

教基〔2001〕28 号

为贯彻落实《国务院关于基础教育改革与发展的决定》和经国务院同意的《基础教育课程改革纲要（试行）》，我部决定从 2001 年秋季起进行义务教育课程改革实验工作。现将供实验区使用的《义务教育课程设置实验方案》印发给你们，请认真研究，并根据实验区的实际制定具体的课程实施计划，精心组织实施。对实验中出现的问题，请及时反馈到我部基础教育司。

义务教育课程设置实验方案

根据《国务院关于基础教育改革与发展的决定》和《基础教育课程改革纲要（试行）》构建符合素质教育要求的新的基础教育课程体系的要求，设置义务教育阶段的课程。课程设置应体现义务教育的基本性质，遵循学生身心发展规律，适应社会进步、经济发展和科学技术发展的要求，为学生的持续、全面发展奠定基础。

一、培养目标

全面贯彻党的教育方针，体现时代要求，使学生具有爱国主义、集体主义精神，热爱社会主义，继承和发扬中华民族的优秀传统和革命传统；具有社会主义民主法制意识，遵守国家法律和社会公德；逐步形成正确的世界观、人生观、价值观；具有社会责任感，努力为人民服务；具有初步的创新精神、实践能力、科学和人文素养以及环境意识；具有适应终身学习的基础知识、基本技能和方法；具有健壮的体魄和良好的心理素质，养成健康的审美情趣和生活方式，成为有理想、有道德、有文化、有纪律的一代新人。

二、课程设置的原则

1. 均衡设置课程

根据德智体美等方面全面发展的要求，均衡设置课程，各门课程比例适当，并可按照地方、学校实际和学生的不同需求进行适度调整，保证学生和谐、全面发展；依据学生身心发展的规律和学科知识的内在逻辑，义务教育阶段九年一贯整体设置课程；根据不同年龄段儿童成长的需要和认知规律，根据时代发展和社会发展对人才的要求，课程门类由低年级到高年级逐渐增加。

2. 加强课程的综合性

注重学生经验，加强学科渗透。各门课程都应重视学科知识、社会生活和学生经验的整合，改变课程过于强调学科本位的现象。

设置综合课程。一至二年级设品德与生活课，三至六年级设品德与社会课，旨在适应儿童生活范围逐步从家庭扩展到学校、社会，经验不断丰富以及社会性逐步发展；六至九年级设科学课，旨在从生活经验出发，让学生体验探究过程，学习科学方法，形成科学精神；一至九年级设艺术课，旨在丰富学生的艺术经验，发展感受美、创造美、鉴赏美的能力，提高审美情趣。

增设综合实践活动，内容主要包括：信息技术教育、研究性学习、社区服务与社会实践以及劳动与技术教育等。使学生通过亲身实践，发展收集与处理信息的能力、综合运用知识解决问题的能力以及交流与合作的能力，增强社会责任感，并逐步形成创新精神与实践能力。

3. 加强课程的选择性

国家通过设置供选择的分科或综合课程，提供各门课程课时的弹性比例和地方、学校自主开发或选用课程的空间，增强课程对地方、学校、学生的适应性，鼓励各地发挥创造性，办出有特色的学校。

在达到九年义务教育基本要求的前提下，农村普通中学试行"绿色证书"教育，形成有农村特点的学校课程结构。城市普通中学也要逐步开设职业技术课程。

三、课程设置

表一　义务教育课程设置表

	年级								
	一	二	三	四	五	六	七	八	九
课程门类							思想品德	思想品德	思想品德
	品德与生活		品德与社会				历史与社会（或选择历史、地理）		
			科学				科学（或选择生物、物理、化学）		
	语文	语文	语文	语文	语文	语文	语文	语文	语文
	数学	数学	数学	数学	数学	数学	数学	数学	数学
			外语	外语	外语	外语	外语	外语	外语
	体育	体育	体育	体育	体育	体育	体育与健康	体育与健康	体育与健康
	艺术（或选择音乐、美术）								
	综合实践活动								
	地方与学校课程								

表二　义务教育课程设置及比例

课程门类	年级									九年课时总计（比例）
	一	二	三	四	五	六	七	八	九	
	品德与生活	品德与生活	品德与社会	品德与社会	品德与社会	品德与社会	思想品德	思想品德	思想品德	7%—9%
							历史与社会（或选择历史、地理）			3%—4%
			科学	科学	科学	科学	科学（或选择生物、物理、化学）			7%—9%
	语文	语文	语文	语文	语文	语文	语文	语文	语文	20%—22%
	数学	数学	数学	数学	数学	数学	数学	数学	数学	13%—15%
			外语	外语	外语	外语	外语	外语	外语	6%—8%
	体育	体育	体育	体育	体育	体育	体育与健康	体育与健康	体育与健康	10%—11%
	艺术（或选择音乐、美术）									9%—11%
	综合实践活动									16%—20%
	地方与学校课程									
周总课数（节）	26	26	30	30	30	30	34	34	34	274
学年总时（节）	910	910	1050	1050	1050	1050	1190	1190	1122	9522

注：

1. 表格内为各门课的周课时数，九年总课时按每学年35周上课时间计算。

2. 综合实践活动主要包括：信息技术教育、研究性学习、社区服务与社会实践以及劳动与技术教育。

四、义务教育课程设置的有关说明

1. 表一为义务教育阶段一至九年级的课程设置，表二为义务教育阶段各年级周课时数、学年总课时数、九年总课时数和各门课程课时比例，每门课的课时比例有一定弹性幅度。地方与学校课程的课时和综合实践活动的课时共占总课时的16%—20%。

省级教育行政部门可根据本省（自治区、直辖市）不同地区社会、经济、文化发展的实际情况，制定不同的课程计划；学年课时总数和周课时数应控制在国家所规定的范围内；根据教育部关于地方课程、学校课程管理与开发的指导意见，提出本省（自治区、直辖市）地方课程、学校课程管理与开发的具体要求，报教育部备案。

民族学校、复式教学点、简易小学等学校的课程设置，由省级教育行政部门自主决定。

2. 每学年上课时间35周。学校机动时间2周，由学校视具体情况自行安排，如学校传统活动、文化节、运动会、远足等。复习考试时间 2 周（初中最后一年的第二学期毕业复习考试时间增加 2 周）。寒暑假、国家法定节假日共 13 周。

3. 晨会、班队会、科技文体活动等，由学校自主安排。

4. 综合实践活动是国家规定的必修课，其具体内容由地方和学校根据教育部的有关要求自主开发或选用。综合实践活动的课时可与地方、学校自主使用的课时结合在一起使用，可以分散安排，也可以集中安排。

为培养学生的创新精神和实践能力，各门课程普遍增加了实践活动。学校在作学年教学安排时，应根据活动的性质和内容，统筹合理安排。

5. 初中阶段的学校在选择分科与综合相结合的课程时，若选择科学、历史、地理，可相应减少自然地理的内容；若选择历史与社会、生物、物理、化学，则应参照相关课程标准安排自然地理的内容。

6. 各门课程均应结合本学科特点，有机地进行思想道德教育。环境、健康、国防、安全等教育也应渗透在相应课程中进行。

7. 一至六年级设体育课，七至九年级设体育与健康课，均应贯彻"健康第一"的原则。七至九年级体育与健康课程标准中要求的健康知识，应在学生进行相关体育活动时，使学生了解，但不得组织笔试。

8. 小学开设英语课程的起始年级一般为三年级。各省级教育行政部门可结合实际，确定本地区小学开设英语课程的工作目标和步骤。

初中阶段开设外语课程的语种，可在英语、日语、俄语等语种中任选一种。外国语学校或其他有条件的学校可开设第二外语。民族地区的中小学校，外语课程的设置由省级教育行政部门决定。

20020426

教育部关于印发《全日制普通高级中学课程计划》的通知

2002 年 4 月 26 日

教基〔2002〕7 号

为贯彻《国务院关于基础教育改革与发展的决定》，落实《基础教育课程改革纲要（试行）》，配合从 2003 年起高考时间提前一个月的改革举措，我部组织部分专家对普通高中课程计划进行了调整，重新修订了《全日制普通高级中学课程计划（试验修订版）》，调整了课时。现将《全日制普通高级中学课程计划》印发给你们，请遵照执行。

希望各地认真组织对《全日制普通高级中学课程计划》的学习、研究，全面落实课程计划精神。同时结合实际情况，加强管理，深化教学改革，做好师资培训、教学仪器设备的配备等工作，全面提高普通高中的教育质量。

《全日制普通高级中学课程计划》将由人民教育出版社印发单行本，供各地订购、使用。

附件：

全日制普通高级中学课程计划

全日制普通高级中学（以下简称普通高中）课程计划依据《中华人民共和国教育法》《中共中央国务院关于深化教育改革全面推进素质教育的决定》及《面向21世纪教育振兴行动计划》制定，与《九年义务教育全日制小学、初级中学课程计划（试行）》相衔接，适用于三年制普通高中。本课程计划体现国家对普通高中教育的基本要求，是编订各科教学大纲和编写教材的基本依据，是课程实施、评价和管理的基本准则。

本课程计划以马克思主义、毛泽东思想和邓小平理论为指导，遵循教育要面向现代化、面向世界、面向未来的战略思想，贯彻教育必须为社会主义现代化建设服务，必须与生产劳动和社会实践相结合，培养德、智、体、美等方面全面发展的社会主义事业的建设者和接班人的方针，以全面推进素质教育为宗旨，全面提高普通高中教育质量。

本课程计划按照普通高中教育的培养目标和学生身心发展规律，适应社会发展需要和各地学校实际，合理安排课程，发挥课程体系的整体教育功能，既有统一的基本要求，又具有较大的灵活性；坚持面向全体学生，因材施教，充分发挥学生学习的自主性，促进学生生动活泼主动地发展。

一、培养目标

普通高中教育是与九年义务教育相衔接的高一层次基础教育。普通高中教育要进一步提高学生的思想道德、文化科学、劳动技能、身体心理素质和审美情趣，培养学生创新精神、实践能力、终身学习的能力和适应社会生活的能力，促进学生个性的健康发展，为高等学校和社会各行各业输送素质良好的普通高中毕业生。

在九年义务教育基础上，普通高中教育的培养目标特别强调：

（一）热爱社会主义祖国，拥护中国共产党，了解中国历史和国情，对国家、民族和社会具有责任感，初步形成正确的世界观、人生观和价值观。

具有民主和法制精神，学习行使公民权利和履行公民义务；积极参与社会公益活动；具有自觉保护环境的意识和行为；具有集体意识和合作精神；具有参与国际活动和国际竞争的意识；具有独立生活的能力；形成健全的人格。

（二）具有适应学习化社会所需要的文化科学知识；形成独立思考、自主学习的能力；具有科学精神，形成科学态度，学会科学方法；能够利用现代信息技术手段进行学习，解决问题；进一步发展创新精神和实践能力，逐步形成适应学习化社会需要的终身学习的能力。

（三）具有健康体魄和身心保健能力，养成自觉锻炼身体的习惯，掌握科学的锻炼方法；具有良好的心理素质；形成文明健康、积极向上的生活方式。

（四）树立健康的审美观，养成健康的审美情趣，对自然美、社会美、科学美和艺术美具有一定的感受力、鉴赏力、表现力和创造力。

（五）具有与社会生活相适应的职业意识、创业精神和一定的择业能力，形成一定的劳动技能和现代生活技能，能够对自己的生活和发展作出恰当的选择。

二、课程设置

普通高中必修课设有思想政治、语文、数学、信息技术、外语（英语、俄语、日语等语种）、物理、化学、生物、历史、地理、体育和保健、艺术以及综合实践活动。

选修课设有数学、信息技术、物理、化学、生物、历史、地理 7 门学科，以及地方和学校根据学生兴趣要求和发展需要所开设的课程。

（一）课程安排

1. 各学年教学时间安排

全年 52 周：教学时间 40 周；假期（包括寒暑假、节假日和农忙假）10—11 周；机动时间 1—2 周。

高一、高二年级教学时间 40 周：上课 35 周，复习考试 3 周，社会实践和劳动技术教育 2 周；高三年级上课 22 周，复习考试 12 周，社会实践和劳动技术教育 2 周。

2. 每周活动总量

每周按 5 天安排教学，周活动总量 34 课时，每课时 45 分钟。

3. 课程设置表

课程			周课时累计*	必修、选修授课时数	总授课时数
学科	思想政治	必修	6	184	184
	语文	必修	12	368	368
	外语	必修	12	368	368
	数学	必修	8	280	324—368
		选修	2—4	44—88	
	信息技术	必修	2	70	70—140
		选修	2	70	

续表

课程			周课时累计*	必修、选修授课时数	总授课时数
学科	物理	必修	4.5	158	158—294
		选修	5	136	
	化学	必修	4	140	140—259
		选修	4.5	119	
	生物	必修	3	105	105—171
		选修	3	66	
	历史	必修	3	105	105—228
		选修	4.5	123	
	地理	必修	3	105	105—193
		选修	4	88	
	体育和保健	必修	6	184	184
	艺术（音乐、美术）	必修	3	92	92
综合实践活动	研究性学习	必修	9	276	276
	劳动技术教育		每学年1周（可集中安排，可分散安排）		
	社区服务		一般应利用校外时间安排		
	社会实践		每学年1周（可集中安排，可分散安排）		
地方和学校选修课			11—19	340—566	

注：周课时累计指各学科每学年周课时之和。

（二）课程设置说明

1. 普通高中必修课是为学生打好共同基础开设的，每位学生必须修习。选修课是在必修课基础上，为拓宽和增强学生有关学科领域的知识和能力开设的。除按照国家规定开设选修课外，地方和学校为满足学生多样发展的需要也应创造条件开设灵活多样的选修课，学生可以根据个人志向、兴趣和需要自主选择修习。

2. 时事政策教育是思想政治课的重要组成部分，主要通过组织学生每天收听、收看广播电视时事新闻进行。

3. 国防教育、环境教育、人口教育等专题教育内容主要渗透在相关学科和活动中进行，也可利用地方和学校选修课开设专题讲座。

4. 综合实践活动是国家规定的必修课，包括研究性学习、劳动技术教育、社区服务、社会实践四部分内容。开设综合实践活动旨在让学生联系社会实际，通过亲身体验进行学习，积累和丰富直接经验，培养创新精神、实践能力和终身学习的能力。学校要从实际出发，具体安排、确定综合实践活动各部分内容和组织形式。

研究性学习以学生的自主性、探索性学习为基础，从学生生活和社会生活中选择和确定研究专题，主要以个人或小组合作的方式进行。通过亲身实践获取直接经验，养成科学精神和科学态度，掌握基本的科学方法，提高综合运用所学知识解决实际问题的能力。在研究性学习中，教师是组织者、参与者和指导者。

劳动技术教育主要对学生进行劳动观念和一般劳动技术能力的教育，进行现代职业意识、职业技能的培养和就业选择的指导。

社区服务主要通过学生在本社区以集体或个人形式参加各种公益活动，进行社会责任意识、助人为乐精神的教育，为社区的建设和发展服务。

社会实践主要通过军训和工农业生产劳动对学生进行国防教育、生产劳动教育，培养组织纪律性、集体观念和吃苦耐劳精神。学校可以结合实际，为学生走出学校，深入社会创造条件。

5. 各地要根据本地实际，充分利用当地资源，积极创造条件开设职业技术类课程，可在地方和学校选修课中安排。学生可结合个人兴趣和需要选择修习。

6. 校、班、团等集体活动原则上每周1课时，可在地方和学校选修课中安排，并且要与综合实践活动的开展紧密结合。

7. 学校要根据普通高中学生的特点，结合实际，组织开展丰富多彩、形式多样的社团、俱乐部、兴趣小组等课外、校外活动。

三、课程实施

课程实施是课程体系的有机组成部分，是实现课程目标的重要途径。课程实施应加强对学生创新精神和实践能力的培养。课程实施主要涉及教材、教师、学生、教学组织等因素。

（一）教材是教学内容的重要载体，是课程实施的基本依据，应体现科学性、基础性、时代性和开放性。课程实施要充分发挥和利用教材以外的课程资源，充分利用信息技术在开发课程资源方面的巨大潜力，引导和启发学生生动、活泼、主动地学习。

（二）教师是课程实施的组织者、促进者，也是课程的开发者和研究者；在教学目标的设计、教学活动的组织、课程资源的选择、现代教育技术的运用等方面都应有利于每一个学生的发展；教师的教学应是富有创造性的活动；教师应当不断提高师德素养和专业水平。

（三）学生的发展是课程实施的出发点和归宿。课程实施应当着眼于学生全面素质的提高，为学生健全人格的形成和态度、能力、知识诸方面的学习与发展创造条件；根据学习内容和目标的不同，采用多样化的学习方式和现代化的学习手段，使学生的学习成为主动、富有个性的过程。

（四）倡导教学民主，建立平等的师生关系。教师要尊重学生的人格，每一位教师都有责任爱护和培养学生的探索精神、创新精神，营造崇尚真知、追求真理的氛围，促进学生自主学习、独立思考，为学生禀赋和潜能自由、充分的发展创造宽松的环境。

四、课程评价

课程评价是实现课程目标的关键环节。正确的教育质量观是实施课程评价的关键。课程评价在课程实施过程中发挥着教育导向和质量监控的作用。同时，课程评价也是重要的教育手段之一，它可以及时地指导和帮助师生改进教和学的活动，不断提高教育质量。

课程评价应以尊重学生为基本前提，以促进学生发展为根本目的。课程评价应根据普通高中教育的性质和任务，重视学生个性健康发展和人格完善，促进学生的全面发展；应根据普通高中学生的成长规律和发展需要，正确地确定评价标准和使用恰当的评价方式；积极地发挥评价结果的作用，通过评价帮助学生正确地认识自己在态度、能力、知识等方面的成就和问题，增加自尊和自信，改进学习方法，提高学习质量。

（一）考试是课程评价的重要方式之一。考试应以教学大纲（或课程标准）为依据，注重考查学生对知识的综合理解以及运用所学知识分析、解决问题的能力。

正确地对待考试结果。教师要指导每个学生认真分析考试结果，帮助学生改进学习，进一步提高学习成绩；教师要通过对每一位学生考试结果的分析和说明，改进和提高教学质量。不允许公布学生的考试成绩和名次。

（二）普通高中毕业会考或其他形式的毕业考试都要坚持毕业水平考试的性质，要依照学科教学大纲（或课程标准）规定的教学目标，全面考核学生的学习水平。学科会考应在学科必修内容的教学活动全部结束后进行。

（三）要利用学分制管理综合实践活动，各地要指导学校制定相应的学分制实施办法，学生必须按照规定取得相应学分后方可毕业。

五、课程管理

普通高中课程实行国家、地方和学校三级管理体制。

教育部规定普通高中教育的培养目标、课程设置及课时安排，颁布各学科教学大纲（或课程标准）和《普通高中研究性学习指南》。

省级教育行政部门应按照本课程计划的精神，结合实际情况，制定本省（自治区、直辖市）的课程计划，并报教育部基础教育司备案。各级教育主管部门应结合当地经济、社会、文化教育发展实际，积极创造条件，努力开发、完善地方课程，并对综合实践活动和由学校安排的选修课的开发与实施给予全面的指导。

学校应根据教育部和本省（自治区、直辖市）课程方案的有关规定，从实际出发，认真实施国家规定的必修课和选修课以及地方课程，积极开发综合实践活动资源以及由学校安排的选修课资源，办出学校特色。学校对课程的具体安排需上一级教育行政部门批准后实施。

20030331

教育部关于印发《普通高中课程方案（实验）》和语文等十五个学科课程标准（实验）的通知

2003 年 3 月 31 日

教基〔2003〕6 号

为贯彻落实《中共中央国务院关于深化教育改革全面推进素质教育的决定》《国务院关于基础教育改革与发展的决定》和经国务院同意的《基础教育课程改革纲要（试行）》的精神，大力推进教育创新，我部研制了《普通高中课程方案（实验）》和语文等十五个学科课程标准（实验），并分别经教育部党组和课程标准专家审议会讨论通过。现印发给你们，请认真学习研究。课程实验将于 2004 年秋季在部分省市进行，拟参加课程实验的地区要正式向教育部提出申请，并根据本地实际制定全面的课程实验工作方案，组织好新课程的学习和培训，精心组织实验工作。有关课程实验的具体事宜将另行通知。

附件：
普通高中课程方案（实验）
语文等学科课程标准（实验）（略）

普通高中课程方案（实验）

普通高中课程方案以教育要"三个面向"的指示和"三个代表"的重要思想为指导，坚持全面贯彻党的教育方针，认真落实《中共中央国务院关于深化教育改革全面推进素质教育的决定》和《国务院关于基础教育改革与发展的决定》，适应时代发展的需要，立足我国实际，借鉴国际课程改革的有益经验，大力推进教育创新，努力构建具有中国特色、充满活力的普通高中课程体系，为造就数以亿计的高素质劳动者、数以千万计的专门人才和一大批拔尖创新人才奠定基础。

一、普通高中教育的培养目标

普通高中教育是在九年义务教育基础上进一步提高国民素质、面向大众的基础教育。普通高中教育为学生的终身发展奠定基础。

普通高中教育应全面落实《国务院关于基础教育改革与发展的决定》所确定的基础教育培养目标，并特别强调使学生：

初步形成正确的世界观、人生观、价值观；

热爱社会主义祖国，热爱中国共产党，自觉维护国家尊严和利益，继承中华民族的优秀传统，弘扬民族精神，有为民族振兴和社会进步作贡献的志向与愿望；

具有民主与法制意识，遵守国家法律和社会公德，维护社会正义，自觉行使公民的权利，履行公民的义务，对自己的行为负责，具有社会责任感；

具有终身学习的愿望和能力，掌握适应时代发展需要的基础知识和基本技能，学会收集、判断和处理信息，具有初步的科学与人文素养、环境意识、创新精神与实践能力；

具有强健的体魄、顽强的意志，形成积极健康的生活方式和审美情趣，初步具有独立生活的能力、职业意识、创业精神和人生规划能力；

正确认识自己，尊重他人，学会交流与合作，具有团队精神，理解文化的多样性，初步具有面向世界的开放意识。

为实现上述培养目标，普通高中课程应注意以下内容。

（一）精选终身学习必备的基础内容，增强与社会进步、科技发展、学生经验的联系，拓展视野，引导创新与实践。

（二）适应社会需求的多样化和学生全面而有个性的发展，构建重基础、多样化、有层次、综合性的课程结构。

（三）创设有利于引导学生主动学习的课程实施环境，提高学生自主学习、合作交流以及分析和解决问题的能力。

（四）建立发展性评价体系。改进校内评价，实行学生学业成绩与成长记录相结合的综合评价方式；建立教育质量监测机制。

（五）赋予学校合理而充分的课程自主权，为学校创造性地实施国家课程、因地制宜地开发学校课程，为学生有效选择课程提供保障。

二、课程结构

（一）课程结构

普通高中课程由学习领域、科目、模块三个层次构成。

1. 学习领域

高中课程设置了语言与文学、数学、人文与社会、科学、技术、艺术、体育与健康和综合实践活动八个学习领域。

设置学习领域能更好地反映现代科学综合化的趋势，有利于在学习领域的视野下研制各科课程标准，指导教师教学；有利于整体规划课程内容，提高学生的综合素养，体现对高中学生全面发展的要求；同时，要求学生每一学年在所有学习领域都获得一定学分，以防止学生过早偏科，避免并学科目过多，有利于学生全面发展。

2. 科目

每一领域由课程价值相近的若干科目组成。八个学习领域共包括语文、数学、外语（英语、日语、俄语等）、思想政治、历史、地理、物理、化学、生物、艺术（或音乐、美术）、体育与健康、技术等12—13个科目。其中技术、艺术是新增设的科目，艺术与音乐、美术并行设置，供学校选择。鼓励有条件的学校开设两种或多种外语。

3. 模块

每一科目由若干模块组成。模块之间既相互独立，又反映学科内容的逻辑联系。每一模块都有明确的教育目标，并围绕某一特定内容，整合学生经验和相关内容，构成相对完整的学习单元；每一模块都对教师教学行为和学生学习方式提出要求与建议。

模块的设置有利于解决学校科目设置相对稳定与现代科学迅猛发展的矛盾，并便于适时调整课程内容；有利于学校充分利用场地、设备等资源，提供丰富多样的课程，为学校有特色的发展创造条件；有利于学校灵活安排课程，学生自主选择并及时调整课程，形成有个性的课程修习计划。

（二）课程设置及其说明

普通高中学制为三年。课程由必修和选修两部分构成，并通过学分描述学生的课程修习状况。具体设置如下：

学习领域	科目	必修学分（共计116学分）	选修学分Ⅰ	选修学分Ⅱ
语言与文学	语文	10	根据社会对人才多样化的需求，适应学生不同潜能和发展的需要，在共同必修的基础上，各科课程标准分类别、分层次设置若干选修模块，供学生选择。	学校根据当地社会、经济、科技、文化发展的需要和学生的兴趣，开设若干选修模块，供学生选择。
语言与文学	外语	10		
数学	数学	10		
人文与社会	思想政治	8		
人文与社会	历史	6		
人文与社会	地理	6		
科学	物理	6		
科学	化学	6		
科学	生物	6		
技术	技术（含信息技术和通用技术）	8		

续表

学习领域	科目	必修学分（共计116学分）	选修学分Ⅰ	选修学分Ⅱ
艺术	艺术或音乐、美术	6		
体育与健康	体育与健康	11		
综合实践活动	研究性学习活动	15		
	社区服务	2		
	社会实践	6		

说明：

(1) 每学年52周，其中教学时间40周，社会实践1周，假期（包括寒暑假、节假日和农忙假）11周。

(2) 每学期分两段安排课程，每段10周，其中9周授课，1周复习考试。每个模块通常为36学时，一般按每周4学时安排，可在一个学段内完成。

(3) 学生学习一个模块并通过考核，可获得2学分（其中体育与健康、艺术、音乐、美术每个模块原则上为18学时，相当于1学分），学分由学校认定。技术的8个必修学分中，信息技术和通用技术各4学分。

(4) 研究性学习活动是每个学生的必修课程，三年共计15学分。设置研究性学习活动旨在引导学生关注社会、经济、科技和生活中的问题，通过自主探究、亲身实践的过程综合地运用已有知识和经验解决问题，学会学习，培养学生的人文精神和科学素养。

此外，学生每学年必须参加1周的社会实践，获得2学分。三年中学生必须参加不少于10个工作日的社区服务，获得2学分。

(5) 学生毕业的学分要求：学生每学年在每个学习领域都必须获得一定学分，三年中获得116个必修学分（包括研究性学习活动15学分，社区服务2学分，社会实践6学分），在选修Ⅱ中至少获得6学分，总学分达到144方可毕业。

三、课程内容

高中课程内容的选择遵循如下基本原则。

时代性——课程内容的选择体现当代社会进步和科技发展，反映各学科的发展趋势，关注学生的经验，增强课程内容与社会生活的联系。同时，根据时代发展需要及时调整、更新。

基础性——强调掌握必需的经典知识及灵活运用的能力；注重培养学生浓厚的学习兴趣、旺盛的求知欲、积极的探索精神、坚持真理的态度；注重培养搜集和处理信息的能力、获取新知识的能力、分析和解决问题的能力、交流与合作的能力。高中课程内容既进一步提升所有学生的共同基础，同时更为每一位学生的发展奠定不同基础。

选择性——为适应社会对多样化人才的需求，满足不同学生的发展需要，在保证每个学生达到共同基础的前提下，各学科分类别、分层次设计了多样的、可供不同发展潜能学生选择的课程内容，以满足学生对课程的不同需求。

国家通过制定各科目课程标准规定高中课程的主要内容和要求。

四、课程实施与评价

（一）合理而有序地安排课程

高中一年级主要设置必修课程，逐步增设选修课程，学生可跨班级选修；高三下学期，学校应保证每个学生有必要的体育、艺术等活动时间，同时鼓励学生按照自己的兴趣和需要继续修习某些课程，获得一定学分，也可以安排总复习。

学校在保证开设好所有必修模块的同时，要积极创造条件，制订开设选修课程的规划，逐步开设丰富多彩的、高质量的选修课程。

为加强集体主义教育，发展学生的团队精神和合作意识，高中三年以行政班为单位进行学生管理，开展教育活动。

（二）建立选课指导制度，引导学生形成有个性的课程修习计划

学校要积极进行制度创新，建立行之有效的校内选课指导制度，避免学生选课的盲目性。学校应提供课程设置说明和选课指导手册，并在选课前及时提供给学生。班主任及其他教师有指导学生选课的责任，并与学生建立相对固定而长久的联系，为学生形成符合个人特点的、合理的课程修习计划提供指导和帮助。学校要引导家长正确对待和帮助学生选课。

学校要鼓励学生在感兴趣、有潜能的方面，选修更多的模块，使学生实现有个性的发展。

（三）建立以校为本的教学研究制度

学校应建立以校为本的教学研究制度，鼓励教师针对教学实践中的问题开展教学研究，重视不同学科教师的交流与研讨，建设有利于引导教师创造性实施课程的环境，使课程的实施过程成为教师专业成长的过程。学校应与教研部门、高等院校等建立联系，形成有力推动课程发展的专业咨询、指导和教师进修网络。

（四）充分挖掘课程资源，建立课程资源共享机制

为保障高中课程的实施，学校应加强课程资源建设，充分挖掘并有效利用校内现有课程资源。同时，大力加强校际以及学校与社区的合作，充分利用职业技术教育的资源，努力实现课程资源的共享。

学校课程的开发要因地制宜，努力为当地经济建设和社会发展服务，注重普通高中教育、职业技术教育与成人教育的融合与渗透。农村地区的高中学校要结合农村建设和发展的实际开发课程资源。

学校课程既可以由学校独立开发或联校开发，也可以联合高校、科研院所等共同开发；要积极利用和开发基于现代信息技术的课程资源，建立广泛而有效的课程资源网络。

（五）建立发展性评价制度

实行学生学业成绩与成长记录相结合的综合评价方式。学校应根据目标多元、方式多样、注重过程的评价原则，综合运用观察、交流、测验、实际操作、作品展示、自评与互评等多种方式，为学生建立综合、动态的成长记录手册，全面反映学生的成长历程。教育行政部门要对高中教育质量进行监测。

20041108

教育部关于保证中小学体育课课时的通知

2004年11月8日

教体艺〔2004〕10号

自基础教育课程改革工作开展以来，各地根据《基础教育课程改革纲要（试行）》精神和《体育（1—6年级）、体育与健康（7—9年级）课程标准》（以下简称《课程标准》）的要求，认真组织新课程标准的实验工作。各实验区教育行政部门、中小学校和广大体育教师，按照《课程标准》的理念和要求，积极开展体育课程的改革和实践，不断更新教学观念，打破了传统的按运动项目划分课程内容和教学时数的框架，"健康第一"的指导思想逐步得到落实，新的教学方法和学习方式不断涌现，学生学习体育的兴趣普遍提高，体育课的健身育人功能得到了充分的发挥。《课程标准》实验工作取得的显著成效，为全面实施《课程标准》奠定了坚实的基础。

目前，基础教育课程改革工作进入全面实施阶段，为保证《课程标准》的贯彻实施和体育课程改革的顺利进行，现将有关工作要求通知如下。

一、贯彻《课程标准》要求，保证体育课课时

根据《义务教育课程设置实验方案》（教基〔2001〕28号）规定的义务教育阶段体育（体育与健康）课占总课时10%—11%的比例，1—2年级体育课相当于每周4课时，3—6年级体育课和7—9年级体育与健康课相当于每周3课时。各地在制定体育课程实施计划时，应明确小学体育和初中体育与健康课的周课时要求，确保开足体育课。

二、采取有效措施，保证体育教师的数量和质量

各地教育行政部门应按照《学校体育工作条例》中有关学校体育教师

配备的要求，结合《义务教育课程设置实验方案》课程设置方案和小学体育、初中体育与健康课时比例提高的实际，科学核定体育教师的工作量，相应增加中小学体育教师编制数额，避免因缺少体育教师而削减体育课课时的现象。

要建立健全贯彻《课程标准》的教师培养、培训机制，通过职前培养、岗前培训，提高体育教师队伍的质量；要完善以校为本的教研制度，立足学校开展经常性培训和研究；要充分调动中小学校长、体育教研员、体育教师参与课程改革的积极性，激励广大体育工作者投身到体育课程改革中去，认真学习《课程标准》，切实领会新课程标准的精神实质和基本要求。

三、加强领导和管理，保证体育课程改革顺利进行

各地教育行政部门要加强对体育课程改革的领导和管理，依据国家课程管理政策和本地实际情况，制定本地实施《课程标准》具体措施；要及时总结和推广实施《课程标准》先进经验，积极开展教学研究和教学成果的交流活动，树立典型，表彰先进；要加强对新课程标准实施情况的检查评估，督促学校做好体育教学场地、器材、设施的保障工作；要进一步推进体育课程改革，努力构建符合素质教育要求的体育课程体系，全面提升体育教学的质量和水平。

20110802

教育部关于中小学开展书法教育的意见

2011年8月2日

教基二〔2011〕4号

为贯彻《国家中长期教育改革和发展规划纲要（2010—2020年）》精神，全面实施素质教育，继承与弘扬中华民族优秀文化，现对中小学开展书法教育提出以下意见。

一、充分认识开展书法教育的重要意义

书法是中华民族的文化瑰宝，是人类文明的宝贵财富，是基础教育的重要内容。通过书法教育对中小学生进行书写基本技能的培养和书法艺术欣赏，是传承中华民族优秀文化，培养爱国情怀的重要途径；是提高学生汉字书写能力，培养审美情趣，陶冶情操，提高文化修养，促进全面发展的重要举措。

当前，随着信息技术的迅猛发展以及电脑、手机的普及，人们的交流方式以及学习方式都发生了极大的变化，中小学生的汉字书写能力有所削弱，为继承与弘扬中华优秀文化，提高国民素质，有必要在中小学加强书法教育。

二、中小学书法教育的总体要求

1. 开设书法课的要求

中小学校主要通过有关课程及活动开展书法教育。在义务教育阶段语文课程中，要按照课程标准要求开展书法教育，其中三至六年级的语文课程中，每周安排一课时的书法课。在义务教育阶段美术、艺术等课程中，要结合学科特点开展形式多样的书法教育。普通高中在语文等相应课程中设置与书法有关的选修课程。中小学校还可在综合实践活动、地方课程、校本课程中开展书法教育。

2. 书法教学的要求

中小学书法教育应本着打好技能基础、坚持循序渐进、注重书法修养、提高文化素质的原则。

明确写字的基本要求。书法教育应培养学生正确的写字姿势，养成良好的书写习惯；一至三年级着重培养学生硬笔书写能力，首先要能使用硬笔熟练地书写正楷字，做到规范、端正、整洁；随着年级升高，逐步要求行款整齐，力求美观，并学写规范、通行的行楷字，提高书写速度。三年级开始，过渡到硬笔软笔兼学。

明确使用毛笔书写的基本要求。学生要用毛笔书写楷书，临摹名家书法；大致了解书法历史和汉字字体源流；从书法作品的内涵、章法、结构、笔法等方面鉴赏历代重要书法家作品，培养初步的书法欣赏能力，提高审美情趣。

三、为落实书法教育提供条件保障

1. 省级教育行政部门要结合本地区中小学校书法教育的实际情况，对书法教育的课程安排、教学管理、教师任职条件及资源配置等进行规划，稳妥推进书法教育。

2. 地方各级教育行政部门应有计划、有步骤地安排书法教师的培养和培训，逐步提高教师书法教育教学的能力和水平。

3. 各级教研部门要把书法教育纳入教学研究工作的范围，研究中小学书法教育的教学规律和评价方法，安排教研人员指导学校和教师开展书法教学工作。

4. 学校可根据需要，聘请当地青少年校外活动中心、少年宫、文化艺术团体的书法专业人员根据中小学书法教学要求指导学生学习书法。鼓励社会各界及个人为学校开展书法教育活动提供支持。学校全体教师应努力提高自己的书写技能和书法欣赏水平。

5. 书法教育基础较好的地区和有条件开设书法课的地区，应争取在今年秋季开设书法课。尚不具备条件的地区，要做好开课的规划和具体实施方案。

6. 各地教育行政部门要加强对书法教育工作的指导和管理，教育督导部门要把书法课开设情况纳入教育督导的专项内容。

20171229

教育部关于印发《普通高中课程方案和语文等学科课程标准（2017年版）》的通知

2017年12月29日

教材〔2017〕7号

现将《普通高中课程方案和语文等学科课程标准（2017年版）》印发给你们，并于2018年秋季开始执行。

高中阶段教育是学生个性形成、自主发展的关键时期，对提高国民素质、培养担当民族复兴大任的时代新人，具有特殊意义。普通高中课程是实现高中阶段育人目标的重要载体，体现着国家意志，在落实立德树人根本任务中发挥着关键作用。各地要认真贯彻党的十九大精神，将习近平新时代中国特色社会主义思想落实到课程中。要切实加强组织领导，系统谋划、整体推进普通高中课程改革，不断提升教育教学质量。要面向地方教育行政部门相关负责同志以及全体普通高中教研人员、校长和教师，有计划、有步骤地开展培训工作，促进普通高中课程的育人理念深入人心，育人模式改革不断深化。要强化课程实施管理与指导，加大条件保障力度，确保课程开齐开足、开设到位。要全面加强教研工作，创新教研方式，创造条件，激励教师开展教研的积极性，促进课程有效实施。要注重普通高中课程改革与高考综合改革统筹衔接，推动"教""考""招"形成育人合力，促进学生全面而有个性的发展。

附件：

普通高中课程方案（2017年版）

各学科课程标准（2017年版）（略）

普通高中课程方案（2017年版）

前言

党的十九大明确提出，"要全面贯彻党的教育方针，落实立德树人根本任务，发展素质教育，推进教育公平，培养德智体美全面发展的社会主义建设者和接班人"。

基础教育课程承载着党的教育方针和教育思想，规定了教育目标和教育内容，是国家意志在教育领域的直接体现，在立德树人中发挥着关键作用。

2003年，教育部印发的普通高中课程方案和课程标准实验稿，指导了十余年来普通高中课程改革的实践，坚持了正确的改革方向和先进的教育理念，基本建立起适合我国国情、适应时代发展要求的普通高中课程体系，促进了教育观念的更新，推进了人才培养模式的变革，提升了教师队伍的整体水平，有效推动了考试评价制度的改革，为我国基础教育质量的提高作出了积极贡献。但是，面对经济、科技的迅猛发展和社会生活的深刻变化，面对新时代社会主要矛盾的转化，面对新时代对提高全体国民素质和人才培养质量的新要求，面对我国高中阶段教育基本普及的新形势，普通高中课程方案和课程标准实验稿还有一些不相适应和亟待改进之处。

2013年，教育部启动了普通高中课程修订工作。本次修订深入总结21世纪以来我国普通高中课程改革的宝贵经验，充分借鉴国际课程改革的优秀成果，努力将普通高中课程方案和课程标准修订成既符合我国实际情况，又具有国际视野的纲领性教学文件，构建具有中国特色的普通高中课程体系。

一、修订工作的指导思想和基本原则

（一）指导思想

以马克思列宁主义、毛泽东思想、邓小平理论、"三个代表"重要思想、科学发展观、习近平新时代中国特色社会主义思想为指导，深入贯彻党的十八大、十九大精神，全面贯彻党的教育方针，落实立德树人根本任务，发展素质教育，推进教育公平，以社会主义核心价值观统领课程改革，着力提升课程思想性、科学性、时代性、系统性、指导性，推动人才培养模式改革创新，培养德智体美全面发展的社会主义建设者和接班人。

（二）基本原则

1. 坚持正确的政治方向。坚持党的领导，坚持社会主义办学方向，充分体现马克思主义的指导地位和基本立场，充分反映习近平新时代中国特色社会主义思想，有机融入坚持和发展中国特色社会主义、培育和践行社会主义核心价值观的基本内容和要求，继承和弘扬中华优秀传统文化、革命文化，发展社会主义先进文化，加强法治意识、国家安全、民族团结、生态文明和海洋权益等方面的教育，培养良好政治素质、道德品质和健全人格，使学生坚定中国特色社会主义道路自信、理论自信、制度自信和文化自信，引导学生形成正确的世界观、人生观、价值观。

2. 坚持反映时代要求。反映先进的教育思想和理念，关注信息化环境下的教学改革，关注学生个性化、多样化的学习和发展需求，促进人才培养模式的转变，着力发展学生的核心素养。根据经济社会发展新变化、科学技术进步新成果，及时更新教学内容和话语体系，反映新时代中国特色社会主义理论和建设新成就。

3. 坚持科学论证。遵循教育教学规律和学生身心发展规律，贴近学生的思想、学习、生活实际，充分反映学生的成长需要，促进每个学生主动地、生动活泼地发展。加强调查研究和测试论证，广泛听取相关领域人员的意见建议，重大问题向权威部门、专业机构、知名专家学者咨询，求真务实，严谨认真，确保课程内容科学，表述规范。

4. 坚持继承发展。对十余年普通高中课程改革实践进行系统梳理，总结提炼并继承已有经验和成功做法，确保课程改革的连续性。同时，发现并切实面对改革过程中存在的问题，有针对性地进行修订完善，在继承中前行，在改革中完善，使课程体系充满活力。

二、修订的主要内容和变化

（一）关于课程方案

1. 进一步明确了普通高中教育的定位。我国普通高中教育是在义务教育基础上进一步提高国民素质、面向大众的基础教育，任务是促进学生全面而有个性的发展，为学生适应社会生活、高等教育和职业发展作准备，为学生的终身发展奠定基础。普通高中的培养目标是进一步提升综合素质，着力发展核心素养，使学生具有理想信念和社会责任感，具有科学文化素养和终身学习能力，具有自主发展能力和沟通合作能力。

2. 进一步优化了课程结构。一是保留原有学习科目，调整外语规划语种，在英语、日语、俄语基础上，增加德语、法语和西班牙语。二是将课程类别调整为必修课程、选择性必修课程和选修课程，在保证共同基础的前提下，为不同发展方向的学生提供有选择的课程。三是进一步明确各类课程的功能定位，与高考综合改革相衔接：必修课程根据学生全面发展需要设置，全修全考；选择性必修课程根据学生个性发展和升学考试需要设置，选修选考；选修课程由学校根据实际情况统筹规划开设，学生自主选择修习，学而不考或学而备考，为学生就业和高校招生录取提供参考。四是合理确定各类课程学分比例，在毕业总学分不变的情况下，对原必修课程学分进行重构，由必修课程学分、选择性必修课程学分组成，适当增加选修课程学分，既保证基础性，又兼顾选择性。

3. 强化了课程有效实施的制度建设。进一步明确课程实施环节的责任主体和要求，从课程标准、教材、课程规划、教学管理，以及评价、资源建设等方面，对国家、省（自治区、直辖市）、学校分别提出了要求。增设"条件保障"部分，从师资队伍建设、教学设施和经费保障等方面提出具体要求。增设"管理与监督"部分，强化各级教育行政部门和学校课程实施的责任。

（二）关于学科课程标准

1. 凝练了学科核心素养。中国学生发展核心素养是党的教育方针的具体化、细化。为建立核心素养与课程教学的内在联系，充分挖掘各学科课程教学对全面贯彻党的教育方针、落实立德树人根本任务、发展素质教育的独特育人价值，各学科基于学科本质凝练了本学科的核心素养，明确了学生学习该学科课程后应达成的正确价值观念、必备品格和关键能力，对知识与技能、过程与方法、情感态度价值观三维目标进行了整合。课程标准还围绕核心素养的落实，精选、重组课程内容，明确内容要求，指导教学设计，提出考试评价和教材编写建议。

2. 更新了教学内容。进一步精选了学科内容，重视以学科大概念为核心，使课程内容结构化，以主题为引领，使课程内容情境化，促使学科核心素养的落实。结合学生年龄特点和学科特征，课程内容落实习近平新时代中国特色社会主义思想，有机融入社会主义核心价值观，中华优秀传统文化、革命文化和社会主义先进文化教育内容，努力呈现经济、政治、文化、科技、社会、生态等发展的新成就、新成果。充实丰富培养学生社会责任感、创新精神、实践能力相关内容。

3. 研制了学业质量标准。各学科明确学生完成本学科学习任务后，学科核心素养应该达到的水平，各水平的关键表现构成评价学业质量的标准。引导教学更加关注育人目的，更加注重培养学生核心素养，更加强调提高学生综合运用知识解决实际问题的能力，帮助教师和学生把握教与学的深度和广度，为阶段性评价、学业水平考试和升学考试命题提供重要依据，促进教、学、考有机衔接，形成育人合力。

4. 增强了指导性。本着为编写教材服务、为教学服务、为考试评价服务的原则，突出课程标准的可操作性，切实加强对教材编写、教学实施、考试评价的指导。课程标准通俗易懂，逻辑更清晰，原则上每个模块或主题由"内容要求""教学提示""学业要求"组成，大部分学科增加了教学与评价案例，同时依据学业质量标准细化评价目标，增强了对教学和评价的指导性。

此次修订是深化普通高中课程改革的重要环节，直接关系育人质量的提升。普通高中课程方案和课程标准必须在教育教学实践中接受检验，不断完善。可以预期，广大教育工作者将在过去十余年改革的基础上，在丰富而生动的教育教学实践中，不断提高课程实施水平，推动普通高中课程改革不断深化，共创普通高中教育的新辉煌，为实现国家教育现代化、建设教育强国作出新贡献。

正文

普通高中教育是在义务教育基础上进一步提高国民素质、面向大众的基础教育。

普通高中教育的任务是促进学生全面而有个性的发展，为学生适应社会生活、高等教育和职业发展作准备，为学生的终身发展奠定基础。

普通高中课程建设坚持全面贯彻党的教育方针，落实立德树人根本任务，发展素质教育，推进教育公平，努力构建具有中国特色、体现国际发展趋势、充满活力的课程体系，培养德智体美全面发展的社会主义建设者和接班人。

一、培养目标

普通高中课程在义务教育的基础上，进一步提升学生综合素质，着力发展学生核心素养，使学生成为有理想、有本领、有担当的时代新人。

（一）具有理想信念和社会责任感

初步形成正确的世界观、人生观和价值观。热爱祖国，拥护中国共产党。弘扬中华优秀传统文化，继承革命文化，发展社会主义先进文化，培育和践行社会主义核心价值观，增强文化自信，树立为中国特色社会主义、人民幸福、民族振兴和社会进步作贡献的远大志向。

遵纪守法，履行公民义务，行使公民权利，维护社会公平正义，具有法治意识、道德观念。热心公益、志愿服务，具有奉献精神。尊重自然，保护环境，具有生态文明意识。维护民族团结，树立国家总体安全观，捍卫国家主权、尊严和利益。

（二）具有科学文化素养和终身学习能力

掌握适应时代发展需要的基础知识和基本技能，丰富人文积淀，发展理性思维，不断提升人文素养和科学素养。敢于批判质疑，探索解决问题，勤于动手，善于反思，具有一定的创新精神和实践能力。

具有强烈的好奇心、积极的学习态度和浓厚的学习兴趣。能够自主学习，独立思考，形成良好的学习习惯和适合自身的学习方法。学会获取、判断和处理信息，具备信息化时代的学习与发展能力。

（三）具有自主发展能力和沟通合作能力

坚持锻炼身体，养成积极健康的行为习惯与生活方式，珍爱生命，强健体魄。自尊自信自爱，坚韧乐观，奋发向上，具有积极的心理品质。具有发现、鉴赏和创造美的能力，具有健康的审美情趣。学会独立生活，热爱劳动，具备社会适应能力。正确认识自我，具有一定的生涯规划能力。

文明礼貌，诚信友善，尊重他人，与人和谐相处。学会交流与合作，具有团队精神和一定的组织活动能力，具备全球化时代所需要的交往能力。尊重和理解文化的多样性，具有开放意识和国际视野。

二、课程设置

（一）学制与课时

普通高中学制为三年。每学年52周，其中教学时间40周，社会实践1周，假期（包括寒暑假、节假日和农忙假）11周。每周35课时，每课时按45分钟计。18课时为1学分。

（二）课程类别

普通高中课程由必修、选择性必修、选修三类课程构成。

必修课程，由国家根据学生全面发展需要设置，所有学生必须全部修习。

选择性必修课程，由国家根据学生个性发展和升学考试需要设置。参加普通高等学校招生全国统一考试的学生，必须在本类课程规定范围内选择相关科目修习；其他学生结合兴趣爱好，也必须选择部分科目内容修习，满足毕业学分的要求。

选修课程，由学校根据实际情况统筹规划开设，学生自主选择修习。其中，一部分是国家在必修和选择性必修基础上设计的拓展、提高及整合性课程；一部分是学校根据学生的多样化需求，当地社会、经济、文化发展的需要，以及学校办学特色等设计的校本课程。

（三）开设科目与学分

普通高中开设语文、数学、外语、思想政治、历史、地理、物理、化学、生物学、技术（含信息技术和通用技术）、艺术（或音乐、美术）、体育与健康科目和综合实践活动等国家课程，以及校本课程。具体学分安排如下：

科目	必修学分	选择性必修学分	选修学分
语文	8	0—6	0—6
数学	8	0—6	0—6
外语	6	0—8	0—6
思想政治	6	0—6	0—4
历史	4	0—6	0—4
地理	4	0—6	0—4
物理	6	0—6	0—4

续表

科目	必修学分	选择性必修学分	选修学分
化学	4	0—6	0—4
生物学	4	0—6	0—4
技术（含信息技术和通用技术）	6	0—18	0—4
艺术（或音乐、美术）	6	0—18	0—4
体育与健康	12	0—18	0—4
综合实践活动	14		
校本课程			≥8
合计	88	≥42	≥14

（四）科目安排

科目内容根据学科自身特点和学生学习需要设计。必修内容原则上按学期或学年设计，选择性必修和选修内容原则上按模块设计。模块之间既相对独立，又体现学科内在逻辑。模块教学时间根据实际需要设定，一般为18课时的倍数。

外语包括英语、日语、俄语、德语、法语、西班牙语。学校自主选择第一外语语种。鼓励学校创造条件开设第二外语。

技术包括信息技术和通用技术，其必修内容分别按3学分设计模块。

艺术可与音乐、美术两科相互替代，具体开设科目由学校自行确定。

体育与健康的必修内容，必须在高中三学年持续开设。

综合实践活动由研究性学习、社会实践和志愿服务三部分组成，主要通过考察探究、社会服务、职业体验等方式进行，由学校统筹规划与实施。综合实践活动共14学分：研究性学习6学分，完成2个课题研究或项目设计，以开展跨学科研究为主；社会实践6学分，包括党团活动、军训、社会考察、职业体验等；志愿服务2学分，在课外时间进行，三年不少于40小时。

（五）毕业学分要求

学生完成相应课程规定课时的学习并考试（考核）合格，即可获得相应学分。

学生毕业学分最低要求为144学分。其中，必修课程88学分，选择性必修课程42学分，选修课程14学分（含校本课程8学分）。

三、课程内容确定的原则

国家通过课程标准规定普通高中课程的主要内容和要求。

确定课程内容应遵循如下基本原则。

思想性。坚持辩证唯物主义和历史唯物主义，加强中国特色社会主义教育，充分反映习近平新时代中国特色社会主义思想，全面落实社会主义核心价值观的基本内容和要求，提升道德修养，有机融入中华优秀传统文化、革命文化、社会主义先进文化、法治意识、国家安全、民族团结和生态文明等教育，充分体现中国特色。

时代性。充分反映马克思主义中国化最新成果、当代社会进步、科技发展和学科发展前沿，充分体现先进的教育思想和教育理念，紧密联系学生生活与经验，及时更新教学内容。

基础性。面向全体学生，依据学生发展核心素养，精选学生终身发展必备的基础知识和基本技能，打牢学生成长的共同基础。注重培养学生的学习兴趣、学习能力和探索精神，注重培养分析问题、解决问题的能力。合理控制学生的课业负担。

选择性。适应国家人才培养需要，在保证每个学生达到共同基本要求的前提下，充分考虑学生不同的发展需求，结合学科特点，遵循学习科学的基本原理，分类分层设计可选择的课程，满足学生不同学习需要，促进学生发展。

关联性。注重学科内容选择、活动设计与学生发展核心素养养成的有机联系。关注学科间的联系与整合。增强课程内容与社会生活、高等教育和职业发展的内在联系。

四、课程实施与评价

（一）科学编制课程标准与教材

课程标准研制应遵循本课程方案的总体要求，明确学科的育人价值，确定学科核心素养和目标，明确内容和学业质量要求，以指导和规范教材编写、教学与评价。

教材编写以课程标准为依据，遵循思想性、时代性、基础性、选择性和关联性的基本原则精选课程内容，创新呈现方式，充分反映课程性质和理念。教材编写应有利于学校组织安排教学，有利于促进教与学方式的转变。

（二）合理制订课程实施规划

学校应依据国家课程设置要求，结合办学目标、学生特点和实际条件，制订满足学生发展需要的课程实施规划。开齐国家规定的各类课程，特别是综合实践活动、技术（含信息技术和通用技术）、艺术（或音乐、美术）、体育与健康等课程；开足规定的课时，如果确有需要，可适当调整课堂教学时长，但应保证科目教学时间总量不变。充分挖掘课程资源，开发、开设丰富多彩的选修课程。因地制宜，科学安排综合实践活动，发挥综合实践活动在促进学生发展中的独特作用。

（三）切实加强学生发展指导

学校应建立学生发展指导制度，采用专职教师与兼职教师相结合的方式，组建专门队伍，加强对学生的理想、心理、学业、生活、生涯规划等方面的指导，开展多种形式的指导活动，帮助学生树立坚定的社会主义理想信念，正确地认识自我，更好地适应高中阶段的学习与生活，处理好兴趣特长、潜能倾向与社会需要的关系，选择适合的发展方向，提高生涯规划能力和自主发展能力。

学校应建立选课指导制度，提供课程说明和选课指南，安排班主任或导师与学生建立相对固定的联系，指导学生选课，帮助学生形成个性化的课程修习方案，引导家长正确对待和帮助学生选课。

（四）大力推进教学改革

深入理解普通高中课程改革要求，准确把握课程标准和教材，围绕核心素养开展教学与评价。关注学生学习过程，创设与生活关联的、任务导向的真实情境，促进学生自主、合作、探究地学习，注重对学生学习过程的评价，推进信息技术在教学中的合理应用，提高课程实施水平。

健全以校为本的教学研究制度，建立平等互助的教学研究共同体，倡导自我反思与同伴合作，营造民主、开放、共享的教学研究文化，鼓励和支持教师进行教学方式改革的探索，形成教学风格和特色。

完善教学管理制度，创新教学组织形式和运行机制。科学安排每学年授课科目，特别是控制高一年级必修课程并开科目数量。合理安排教学进度，严格控制周课时总量。探索建立行政班和教学班并存等多种教学组织形式。统筹教师调度、班级编排、学生管理、教学设施配套等资源和条件，为走班教学的实施提供保障。

（五）努力完善考试评价制度

建立学分认定和管理制度。学生修习的学分由学校认定。地方教育行政部门应加强对学校学分认定的指导和管理。学校应依据有关规定制定学分认定的具体办法。学分认定应综合考虑学生实际修习的课时、学习表现，并达到课程标准或相关文件的要求。

完善综合素质评价制度。学校应制定学生综合素质评价实施方案，建立学生综合素质档案，指导学生客观记录成长过程，记录集中反映综合素质主要内容的具体活动。综合实践活动、选修课程的修习情况应作为综合素质档案的重要内容。教师要充分利用写实记录材料，对学生成长过程进行科学分析，加强对学生成长的指导。

规范考试评价要求。校内评价或考试、学业水平考试、普通高等学校招生全国统一考试均应以本课程方案、课程标准和国家相关教学文件为依据。学业水平合格性考试以必修课程要求为准，考试成绩合格是毕业的重要依据。普通高等学校招生全国统一考试和计入高校招生录取总成绩的学业水平等级性考试以必修课程和选择性必修课程的综合要求为准。考试命题应注重紧密联系社会实际与学生生活经验，强调综合运用知识分析解决实际问题能力的考查，要有利于促进学生核心素养的发展。

（六）充分开发与利用课程资源

统筹各方力量，创设课程实施条件和环境，开发课程实施所需的资源，为学生提供丰富、便利的实践体验机会。课程资源可以由学校独立开发，也可与其他学校、科研院所、企事业单位等联合开发，鼓励共建共享。学校要系统规划校内外课程资源的使用，提高课程资源的有效性和利用率。

五、条件保障

普通高中课程实施是一个系统工程，各地应根据普通高中课程实施的需要，因地制宜制定相应的政策，提供有力的条件保障。

（一）加强教师队伍建设

根据课程实施需要，调整普通高中教师编制标准，配齐配足教师，特别要满足实行选课走班教学、指导学生发展等方面的师资需要。支持学校聘用具有专业特长的兼职教师。

结合实际，完善教师工作量核定办法，改进教师奖惩机制，充分调动教师的积极性和创造性。加强教师培训与研修，探索教师专业发展新模式，建立和完善教师专业发展保障机制。

（二）加强教学设施建设

根据课程实施需要，修订完善普通高中教学设施设备、图书资料等教育技术装备标准，改善教学环境与教学条件。配齐专用教室与场馆，保障技术（含信息技术和通用技术）、艺术（或音乐、美术）、体育与健康、综合实践活动等课程及有关学科实验的开设。创设良好的课程实施环境，提供足够的图书资料、设施设备及耗材。

（三）加强经费保障

根据课程实施需要，合理核定经费投入标准，建立稳定的经费保障机制，满足课程开发、教学研究、设施设备配置、资源建设、教师培训与研修以及开展综合实践活动等必要的经费需求。

六、管理与监督

（一）完善国家、地方和学校三级课程管理制度，切实加强对普通高中课程实施的领导和管理。注重发挥课程在推动普通高中多样化发展中的作用。

省级教育行政部门应依据本课程方案制定符合本省实际的课程实施指导意见，并抄报教育部。市县级教育行政部门应指导学校做好课程实施规划。学校的课程实施规划应报上级教育行政主管部门备案，作为开展学校教育督导的重要依据。

地方教育行政部门应为学校提供必要的条件和保障，协调好师资培训、人事编制、经费投入、设施设备配置等，做好舆论宣传，为课程实施创造良好的环境。

（二）建立国家、省两级课程实施监测制度，健全课程建设和管理反馈改进机制。

国家制定监测方案，重点对本课程方案执行情况、课程标准落实情况及国家审查通过的教材使用情况进行监测，并对各地监测工作进行指导和督查。

省级教育行政部门应建立相应的监测和反馈改进机制，并协助完成国家级监测相关工作。